한국생산성본부 공식 인증 교재

SW코딩자격
엔트리 3급

저자 이민경, 최경희

YoungJin.com Y.
영진닷컴

Welcome to Entry World! ....

머리말

인공지능과 사물인터넷 등의 눈부신 발전이 가져올 4차 산업혁명 시대에 부응하는 핵심 역량을 지닌 미래 인재 양성은 이미 국가 경쟁력의 중요한 사안으로 주목받고 있습니다.

그렇다면 어떻게 하면 비판적 사고력, 창의력, 소통 능력, 협업 능력 등으로 거론되는 미래 인재의 핵심 역량을 키울 수 있을까요? 소프트웨어 코딩 교육 과정 중에 얻게 되는 교육적 효과들을 통해 그 상당 부분의 역량들을 키울 수 있습니다. 실생활의 여러 문제를 컴퓨팅 사고력(CT : Computational Thinking)을 통해 창의적으로 해결함으로써 우리는 그 역량을 키워갈 수 있는 것입니다. 이러한 변화의 중요성을 인식한 세계 각국에서도 코딩 교육을 공교육 과정으로 앞다투어 도입하여 가르치고 있으며, 이에 우리나라 역시 2018년을 기점으로 공교육에서 코딩 교육을 의무과정으로 시작하게 되었습니다.

한국생산성본부(KPC : Korea Productivity Center)는 디지털 시대의 미래인재 핵심 역량인 컴퓨팅 사고력 배양의 저변을 확대할 수 있도록 자격 시험을 마련하였습니다. SW코딩자격 3급 시험은 교육부와 미래창조과학부의 SW 교육 운영 기조에 부합하는 과정으로 구성되어 있습니다. 또한, 국제 IT 자격기관인 ECDL Foundation과 공동 개발한 국제 평가 표준을 반영하여 완성한 공신력 있는 자격 시험입니다. SW코딩자격 3급 시험의 과목은 크게 두 가지로 구분되어 있습니다. 1과목은 문제 해결과 알고리즘 설계를 통하여 컴퓨팅 사고력을 높일 수 있도록 마련되었고, 2과목은 엔트리(또는 스크래치)를 통하여 기본 프로그래밍 능력을 키울 수 있도록 하였습니다. 프로그래밍 도구로 사용되는 엔트리는 우리나라에서 개발한 교육용 프로그래밍 언어(EPL : Educational Programming Language)로서, 코딩 교육을 처음 접하기 시작하는 학생도 쉽게 프로그래밍을 할 수 있습니다.

이 책은 SW코딩자격 시험을 대비하여 충분히 연습할 수 있도록 출제 기준과 공개 문제를 자세히 분석하여 실제 시험과 동일하게 구성하였습니다. 그러므로 시험을 준비하시는 분들에게 본 수험서는 SW코딩자격 시험 마련의 본래 목적에 부합하는 미래인재 핵심 역량에 필요한 컴퓨팅 사고력을 통한 문제 해결력 신장의 학습 효과를 얻게 할 것이며, 합격을 향한 정확하고 효과적인 길잡이가 될 것입니다.

저자 일동

15일 학습 플랜

일자	날짜	단계	학습내용
1일차	월 일	PART 01	SW코딩자격 이렇게 준비하세요. 꼼꼼히 읽기
2일차	월 일	PART 02	문제 해결과 알고리즘 설계
3일차	월 일	PART 03	CHAPTER 1~3 엔트리 핵심 기능 익히기 1
4일차	월 일		CHAPTER 4~6 엔트리 핵심 기능 익히기 2
5일차	월 일	PART 04	CHAPTER 1~2 순차 구조, 반복 구조 알아보기
6일차	월 일		CHAPTER 3~4 선택 구조, 산술 · 비교 · 논리 연산 알아보기
7일차	월 일		CHAPTER 5~6 이벤트와 신호, 변수 알아보기
8일차	월 일	PART 05	최신 기출 유형 따라 하기 1회
9일차	월 일		최신 기출 유형 따라 하기 2회
10일차	월 일	PART 06, 07	최신 기출 유형 문제 1회
11일차	월 일		최신 기출 유형 문제 2회
12일차	월 일		최신 기출 유형 문제 3회
13일차	월 일		최신 기출 유형 문제 4회
14일차	월 일		최신 기출 유형 문제 5회
15일차	월 일		최신 기출 유형 문제 6회

학습 방법

- **SW코딩자격 시작하기** : 'PART 01 SW코딩자격 이렇게 준비하세요'를 자세히 읽어보고 어떻게 시험을 준비할지 계획하세요.
- **PART 02** : SW코딩자격 3급 시험의 1과목에 해당하는 주관식 문제를 풀 수 있는 이론적 지식을 정리했습니다. 가장 중요한 핵심만 정리했으니 꼭 학습하시기 바랍니다.
- **엔트리 핵심 기능 익히기** : 아직 엔트리 프로그램에 익숙하지 않은 독자들을 위해 프로그램의 전체 기능을 살펴볼 수 있도록 하였습니다.
- **주요 출제 기능 익히기** : 시험 출제 기준을 철저히 분석하여 시험에서 요구하는 엔트리 핵심 기능들만 학습할 수 있도록 했습니다. 이 부분만 학습하면 시험에서 요구하는 대부분의 기능들을 익힐 수 있습니다.
- **최신 기출 유형 따라 하기** : 시험에 출제된 기출 문제와 동일한 유형의 문제를 자세하게 따라 하기 식으로 구성하였습니다. 블록 조립을 따라하면서 왜 이렇게 블록을 조립하였는지 생각해보시기 바랍니다.
- **최신 기출 유형 문제** : 다양한 문제를 풀어볼 수 있도록 총 6회의 최신 기출 유형 문제를 수록하였습니다. 꼭 정답대로만 조립하지 말고 자신의 방식으로도 조립해보시기 바랍니다.

이 책의 차례

- 학습 자료(예제 파일, 문제 파일, 완성 파일 등)는 이기적 수험서 사이트(license.youngjin.com)의 [자료실]-[기타]에서 다운 받을 수 있습니다.
- 무료 동영상은 이기적 수험서 사이트(license.youngjin.com)의 [무료 동영상]-[코딩자격증]에서 볼 수 있습니다.(무료 동영상 제공 범위는 차례에 표시되어 있습니다.)

이 책의 구성

❶ SW코딩자격 이렇게 준비하세요

SW코딩자격 시험에 관한 시험 안내, 응시 자격 및 응시 절차, 출제 기준, 답안 작성 요령 등 SW코딩자격 시험을 준비하기 전에 꼭 확인해야 할 사항들을 담았습니다. 본 도서로 공부하기 전 꼭 자세히 읽어보고 시험을 준비하시기 바랍니다.

❷ 소프트웨어와 실생활의 문제 해결

SW코딩자격 3급 시험의 1과목인 컴퓨팅적 사고력과 문제 해결, 그리고 알고리즘 설계의 이론적 지식을 제공합니다. 컴퓨팅적 사고력에서 말하는 문제 해결과 알고리즘 설계가 무엇인지 쉽게 이해할 수 있을 것입니다.

❸ 엔트리 핵심 기능 익히기

엔트리 프로그램을 처음 접하는 독자를 위해 엔트리 기본 기능을 미리 학습할 수 있도록 자세하고 친절하게 설명하였습니다.

❹ 주요 출제 기능 익히기

SW코딩자격 3급의 출제 기준을 자세히 분석하여 시험에서 요구하는 주요 기능을 선별하였습니다. 순차와 반복 구조, 조건별 실행, 변수 · 리스트 · 함수, 복제, 연사자 등의 기능들을 실습 파일과 함께 쉽고 자세하게 따라하며 학습할 수 있습니다.

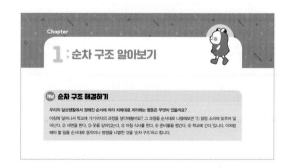

❺ 최신 기출 유형 따라 하기

실제 시험에서 출제되고 있는 문제와 동일한 유형의 문제를 자세하게 따라하기 식으로 구성하였습니다. 한 단계 한 단계 따라하다 보면 엔트리 프로그램을 자유자제로 다룰 수 있게 될 것입니다.

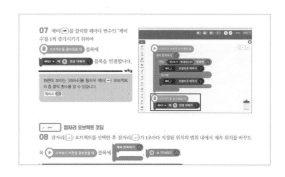

❻ 최신 기출 유형 문제

다양한 유형의 문제를 풀어볼 수 있도록 총 6회의 최신 기출 유형 문제를 수록하였습니다. 시험에서 출제되고 있는 유형과 동일한 다양한 문제를 통해 SW코딩자격 3급 시험을 완벽하게 준비할 수 있을 것입니다.

❼ 무료 동영상 강의 제공

아직 엔트리 프로그램에 익숙하지 않고, 혼자 공부하여 프로그램 코딩을 따라하기 어려운 독자들을 위해 5~7파트 2과목 프로그래밍의 무료 동영상 강의를 제공합니다. 해당 영상은 이기적 수험서 사이트(license.youngjin.com)에 접속한 뒤 [무료 동영상]-[코딩자격증] 메뉴에서 이용할 수 있습니다.

❽ 학습 자료 안내

도서를 학습하는 데 필요한 다양한 자료(예제 파일, 문제 파일, 완성 파일 등)는 이기적 수험서 사이트(license.youngjin.com)의 [자료실]-[기타]에서 다운받아 사용할 수 있습니다.

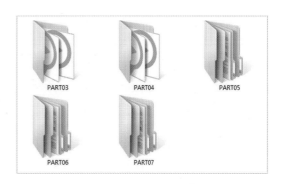

자주 질문하는 Q&A ....

* SW코딩자격 시험에 대한 일반사항은 언제든지 변경될 수 있으니 KPC 자격 홈페이지(license.kpc.or.kr)에서 최종 확인하시기 바랍니다.

Q SW코딩자격 3급은 어떤 시험인가요?

SW코딩자격은 컴퓨팅 사고력 기반 문제해결능력을 평가하기 위한 자격으로 상황 기반의 창의적 문제 해결력을 평가합니다. 시험 구성은 주관식 5문제, 프로그래밍 5문제로 구성되었습니다.

Q 1년에 몇 회 정도 시험이 시행되나요?

1년에 총 4회 시행하며, 지역센터에서 시험을 응시할 수 있습니다.

Q 엔트리 버전 시험과 스크래치 버전 시험에는 어떤 차이점이 있나요?

SW코딩자격에 접수할 때 시험 소프트웨어를 엔트리나 스크래치로 선택할 수 있으며, 주관식 1과목은 동일한 문제가 출제되고, 2과목 프로그래밍 코딩에서 선택한 소프트웨어에 따라 엔트리용 또는 스크래치용 문제가 출제됩니다.

Q 시험 당일 2, 3급 시험을 각각 응시할 수 있나요?

시험은 하루 3타임으로 진행되며, 급수가 다른 경우 하루에 두 번 응시할 수 있습니다. 마찬가지로 같은 급수로 엔트리 버전과 스크래치 버전 시험을 응시하려는 경우에도 하루에 시험 시간을 달리하여 응시할 수 있습니다.

Q 답안 파일은 어떻게 작성해야 하나요?

시험에 응시하시면 시험지와 답안 파일이 들어있는 폴더를 받게 됩니다. 시험지는 시험 문제를 푸는 데 이용하고 정답은 답안 파일에 작성합니다. 답안 파일은 1과목 주관식을 정답을 적을 수 있는 한글 파일과 2과목 프로그램 코딩을 작성하는 엔트리 파일(스크래치 버전 응시 시 스크래치 파일) 5개를 제공 받습니다. 시험이 종료되면 시험지를 제출해야 하고 답안 파일은 감독관이 직접 수거해갑니다.

Q 답안 파일 저장 시 파일명은 어떻게 입력해야 하나요?

시험 때 사용하는 자신의 컴퓨터의 바탕화면에 '수험번호–성명'이란 폴더가 있고 그 안에 답안 파일이 들어있습니다. 답안 파일의 이름은 수정하지 않아야 하며, '수험번호–성명' 폴더는 자신의 수험번호와 성명으로 바르게 수정해야 합니다.(예 1234567–홍길동) 수험번호, 성명을 잘못 기재하였거나, 답안 파일을 잘못 저장하여 발생한 문제나 불이익에 대한 일체의 책임은 수험자에게 있으니 주의하시기 바랍니다.

학습 파일 다운로드

이 책에 사용된 실습 예제 파일 및 문제 파일과 완성 파일은 이기적 홈페이지(license.youngjin.com)에서 다운받을 수 있습니다.

01 이기적 홈페이지(license.youngjin.com)에 접속한 후 로그인하세요.

02 [자료실]-[기타] 게시판을 클릭하세요.

03 '[6351] SW코딩자격 3급(엔트리) 학습 파일' 게시글을 클릭하여 다운로드합니다. (76번 게시물)

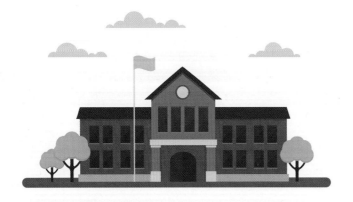

PART ①

SW코딩자격 이렇게 준비하세요

1 : 시험 안내

01 응시 자격 조건

02 3급 시험 원서 접수하기

– license.kpc.or.kr에서 접수
– 프로그램 선택 : 엔트리와
  스크래치 중 선택
– 검정 수수료 : 20,000원

03 3급 시험 응시

– 1과목 : 문제해결과 알고리즘 설계 5문제
– 2과목 : 기본 프로그래밍 5문제
– 1과목, 2과목 총 45분 시행

04 합격자 발표

license.kpc.or.kr에서 확인 후
자격증 발급 신청

❶ 자격 검정 응시 안내

❶ 자격 소개

디지털 시대의 미래 인재 핵심 역량인 컴퓨팅 사고력을 평가하기 위한 자격입니다.
  - 교육부와 미래창조과학부의 SW교육 운영 기조에 부합하는 과정 구성
  - 국제 IT 자격기관인 ECDL Foundation과 공동 개발하여 국제 평가 표준 반영

❷ 자격 목표

- 시대를 선도하는 핵심 역량인 '컴퓨팅 사고력' 신장을 통해, 글로벌 시장 환경에서 경쟁력을 갖춘 인재 양성
- 컴퓨팅 사고력 및 코딩을 통한 직무 능력 향상
- 문제 해결 과정으로서 컴퓨팅 사고의 생활화

❸ 발급기관명 : 한국생산성본부

❹ 자격 특징

① 전문 자격기관인 한국생산성본부에서 시행하는 자격입니다.
  - 산업발전법에 의거하여 설립된 한국생산성본부에서 시행합니다.
  - 공정성, 객관성, 신뢰성을 갖춘 공신력있는 자격 시험입니다.
② 컴퓨팅 사고력 기반 문제 해결 능력을 평가하기 위한 자격입니다.
  - 코딩을 통하여 컴퓨팅 사고력을 신장시킬 수 있도록 과정을 구성하였습니다.
  - 단순·반복식 코딩 기술(skill) 평가를 지양하며, 상황 기반(context-based)의 창의적 문제 해결력을 평가합니다.
③ 취득을 위한 자격이 아닌, '활용을 위한 자격'입니다.
  - 자격 취득 자체를 위한 것이 아니라, 학습 과정을 통해 학습자가 4차 산업혁명기의 시대 선도적 역량을 키울 수 있도록 하기 위한 자격입니다.
  - 이를 위하여 다양한 학습용 교재 및 컨텐츠가 개발되어 있습니다.

❺ 응시료

- 1급 : 30,000원
- 2급 : 25,000원
- 3급 : 20,000원

❻ 시험 과목

등급	문항 및 시험방법	S/W Version
3급	1. 문제 해결과 알고리즘 설계 2. 기본 프로그래밍	① Entry Offline v2.0 이상 ② Scratch 3.0 Offline Editor ①, ② 중 택1

*응시하는 시험의 소프트웨어 버전은 꼭 시험 전에 시행처 홈페이지에서 재확인하시기 바랍니다.

❷ SW코딩자격 응시 절차

❶ 원서 접수

– 온라인 접수(license.kpc.or.kr)
– 시험 방문접수는 'KPC자격지역센터'에서 가능함. 지역센터로 사전 연락 후 내방
– 개인 회원 접수 : 회원으로 가입(무료)하면 시험 시마다 개인 정보를 별도 입력할 필요가 없으며, 시험 내역을 관리할 수 있는 "My Page"가 제공됨
– 단체 회원 접수 : 2인 이상 접수 시 단체 회원으로 가입 후 KPC자격지역센터로부터 인증을 받은 후에 접수 가능함(*단체접수는 2인 이상 가능)

❷ 수험표 출력

❸ 시험 응시

❹ 합격자 발표

– license.kpc.or.kr 〉합격확인/자격증신청 〉합격자 발표

❺ 자격증 발급

– license.kpc.or.kr 〉합격확인/자격증신청 〉자격증 신청
– 자격증은 연중상시 신청 가능함
– 자격증 배송은 신청 후 2주 정도 소요

③ SW코딩자격 3급 출제 기준

과목 ① 문제해결과 알고리즘 설계

세부 항목	성취 기준 및 주요 출제 요소	배점
1.1. 컴퓨팅 사고력의 필요성	[성취기준] 1.1.1. 생활 속에서 소프트웨어가 사용된다는 것을 예를 들어 설명 할 수 있다. 　1.1.1.1. 다양한 분야에서 활용되는 소프트웨어의 종류와 특징을 설명할 수 있다. 　1.1.1.2. 소프트웨어의 사용이 실생활을 어떻게 변화시켰는지 이해하고 소프트웨어의 중요성을 설명할 수 있다. 1.1.2.창의 · 융합시대에서 컴퓨팅 사고가 무엇인지 설명할 수 있다. 　1.1.2.1. 컴퓨팅 사고가 무엇인지 설명할 수 있다. 　1.1.2.2. 실생활에서 컴퓨팅 사고가 적용된 예를 찾아 낼 수 있다. 　1.1.2.3. 절차적인 문제 해결의 의미와 중요성을 설명할 수 있다. [주요 출제 요소] • 소프트웨어의 개념, 소프트웨어의 종류, 컴퓨팅 사고력의 개념과 필요성, 컴퓨터 사고력의 구성 요소 • 사고력의 구성 요소, 절차적 문제 해결의 의미와 중요성	30점
1.2. 문제 해결 과정 이해와 적용	[성취기준] 1.2.1. 상황 속에서 문제를 정확하게 표현할 수 있다. 1.2.2 다양한 문제 해결 방법을 찾아낼 수 있다. 　1.2.2.1. 문제 해결 방법의 문제점과 개선 방법에 대해 설명할 수 있다. 　1.2.2.2. 문제 해결에 적합한 방법을 선택할 수 있다. [주요 출제 요소] • 문제 표현, 문제 분해, 자료 수집, 문제 해결 방법 탐색, 문제 해결 방법 비교와 선택 • 문제 해결 방법 개선, 문제 해결 방법 단순화	
1.3. 기본 구조의 알고리즘 설계	[성취기준] 1.3.1. 실생활의 사례와 연계하여 알고리즘이 무엇인지 그 의미와 중요성을 알 수 있다. 1.3.2. 알고리즘이 갖추어야 할 조건을 이해하고 다양한 알고리즘을 작성할 수 있다. 　1.3.2.1. 여러가지의 알고리즘 표현 방법을 이해하고 설명할 수 있다. 　1.3.2.2. 문제해결절차를 여러가지 알고리즘 표현법으로 나타낼 수 있다. 1.3.3. 일상생활의 문제해결을 위해 알고리즘을 설계할 수 있다. [주요 출제 요소] • 알고리즘 개념과 중요성, 컴퓨터의 기능과 알고리즘의 관계, 순서도 작성 • 알고리즘 장점과 단점 비교	20점

과목 ❷ 기본 프로그래밍

2.1. 프로그래밍언어 이해	[성취 기준] 2.1.1. 프로그래밍 언어의 개념과 종류를 설명할 수 있다. 2.1.1.1. 프로그래밍 언어의 기본요소를 알 수 있다. 2.1.2. 자료의 입출력문을 작성할 수 있다. 2.1.2.1. 반복문의 필요성을 이해하고 사용할 수 있다. 2.1.2.2 조건문의 필요성을 이해하고 사용할 수 있다. 2.1.2.3. 여러 형태의 반복문과 조건문을 사용할 수 있다.	
2.2. 블록 프로그래밍	[성취 기준] 2.2.1. 화면 구성과 주요 용어를 알 수 있다. 2.2.2. 주어진 블록을 순차적으로 사용하여 목표물까지 이동할 수 있다. 2.2.3. 반복되는 명령을 블록으로 만들 수 있다. 2.2.3.1. 횟수 반복/조건 반복/계속 반복 등을 주어진 상황에 맞게 사용할 수 있다. 2.2.4. 다양한 조건을 고려하여 다른 동작을 하는 프로그램을 만들어 볼 수 있다. 2.2.4.1. 논리 연산을 활용할 수 있다. 2.2.4.2. 관계 연산을 활용할 수 있다. 2.2.5. 이벤트의 개념을 이용하여 프로그래밍 할 수 있다. 2.2.6. 변수를 활용하여 프로그래밍 할 수 있다. 2.2.7. 좌표를 활용하여 배경이 계속해서 이어지는 효과를 만들 수 있다. 2.2.8. 함수의 의미를 이해하고 프로그래밍할 수 있다. 2.2.9. 장면연결 등을 통해 두 개 이상의 장면을 구성할 수 있다. 2.2.10. 대화하기를 사용하여 스토리를 창작할 수 있다.	50점

[주요 출제 요소]
엔트리(또는 스크래치) 화면 구성, 기본 코드, 순차 구조, 반복 구조, 선택 구조, 변수, 입출력, 이벤트, 신호, 산술 연산, 비교 연산, 리스트, 무작위수

2 : 시험 소개

① SW코딩자격(3급)(엔트리 버전)

❶ 소프트웨어 및 버전

Entry 2.0 이상(소프트웨어 버전은 바뀔 수 있으니 꼭 시행처 홈페이지에서 재확인 바랍니다.)

❷ 시험 시간

과목1, 과목2 총 45분

② SW코딩자격(3급) 사전 안내 사항

❶ 수험자 유의 사항

– 수험자는 감독관의 안내에 따라 시험지와 시험용 SW 등의 이상 여부를 확인해야 하며 문제지는 1매
  라도 분리하거나 훼손하여서는 안 됩니다. (1인 1부)
– 시험지는 시험이 끝난 후 답안지와 함께 제출해야 하며, 미제출 시 실격 처리 됩니다.
– 정확한 평가를 위해 제한된 시간 내에 답안 작성을 완료하여야 합니다.
– 시험 시작 후에는 화장실 출입이 불가하며, 시험 시간 중에는 퇴실할 수 없습니다.
– 시험 시간 중 고사실 내에서 휴대 전화기, 디지털카메라, MP3 등 전자 기기를 소지한 경우, 해당자의
  시험을 무효로 처리하오니 절대 휴대하지 않도록 합니다.
– 부정 응시 및 문제 유출에 해당하는 행위 즉, 답안을 타인에게 전달 및 외부로 반출하는 경우, 자격기
  본법 제 32조에 의거 부정 행위로 간주되어 해당자의 시험을 무효 처리하며 민/형사상의 책임을 물을
  수 있습니다.

❷ 부정 행위 처리 규정

다음 행위를 하는 경우에는 부정 행위로 간주하여 퇴실 조치 및 시험 무효 처리하며, 향후 2년간 한국생
산성본부 주관 시험에 응시할 수 없습니다.
– 시험 중 다른 수험자와 시험에 관한 대화를 하는 행위

- 시험 문제와 관련된 다른 물건을 휴대하여 사용하거나 이를 주고받는 행위
- 시험 중 소란 행위, 각종 타인에게 피해 또는 방해를 주는 행위
- 시험 중 다른 수험자의 답안을 보고 베껴 쓰는 행위
- 다른 수험자를 위하여 답안을 알려주거나 자신의 답안을 보여주는 행위
- 그 밖의 부정 또는 불공정한 방법으로 시험을 치르는 행위

③ 답안 작성 요령

❶ 답안 작성 절차

- 과목1(1~5번 문항) : 답안 작성 파일(한글 문서)에 답안을 작성 후 저장
- 과목2(6~10번 문항) : 바탕화면(Desktop) / SW3-시험 / 수험번호-성명 / 문항 별 답안 파일 작업
- 시험을 완료한 수험자는 감독관의 안내에 따라 ①시험지를 제출하고 ②답안 파일을 저장한 후 퇴실합니다.

❷ SW코딩자격(3급) 답안 작성 파일

수험 번호		성 명	

문항	작성형 답안
1	①
	②
2	①
	②
3	①
	②
4	①
	②
5	①
	②

*과목 1은 답안 작성 파일(한글 문서)에 답안을 작성합니다.

Chapter

3 : 엔트리 프로그램 설치하기

1 엔트리란?

엔트리는 누구나 무료로 소프트웨어 교육을 받을 수 있게 개발된 소프트웨어 교육 플랫폼입니다. 학생들은 소프트웨어를 쉽고 재미있게 배울 수 있고, 선생님은 효과적으로 학생들을 가르치고 관리할 수 있습니다.

❶ For Free, Forever
엔트리는 공공재와 같이 비영리로 운영됩니다.

❷ 오픈소스를 통한 생태계 조성
엔트리의 소스코드 뿐 아니라 모든 교육 자료는 CC 라이센스를 적용하여 공개합니다.

❸ 국내 교육 현장에 맞는 교육 플랫폼
국내 교육 현장에 적합한 교육 도구가 될 수 있도록 학교 선생님들과 함께 개발하고 있습니다.

❹ 다양한 연구를 통한 전문성 강화
대학/학회 등과 함께 다양한 연구를 진행하여 전문성을 강화해나가고 있습니다.

② 엔트리 오프라인 버전 설치하기

SW코딩자격_엔트리 버전은 엔트리 2.0 데스크탑 버전을 사용하고 있습니다. 시험장과 동일한 환경
에서 문제를 풀어보기 위해 엔트리 2.0 데스크탑 버전을 설치하도록 하겠습니다.

❶ 엔트리를 설치하기 위해 엔트리 홈페이지
   (https://playentry.org/)에 접속합니다.

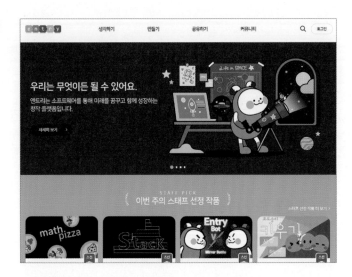

❷ 엔트리 메인 로고에 마우스 포인터를 위치시키고
   [다운로드]를 선택합니다.

❸ 엔트리 오프라인 프로그램에서 사용하고 있는 운
   영체제를 선택하여 설치 파일을 다운로드합니다.

❹ 다운로드한 설치 파일을 실행하여 엔트리 설치 창을 엽니다.

❺ 설치하려는 구성 요소를 선택하고 [다음]을 클릭합니다.

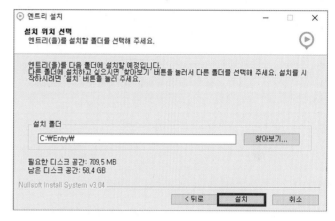

❻ 엔트리를 설치할 폴더를 선택합니다. 다른 폴더에 설치하고 싶다면 [찾아보기]를 클릭하여 원하는 폴더를 지정합니다.

❼ 설치할 폴더를 선택하였으면 [설치]를 클릭합니다. 엔트리 설치가 시작됩니다.

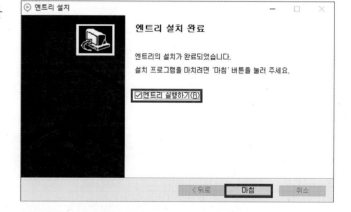

❽ 엔트리 설치가 완료되었으면 '엔트리 실행하기'를 체크하고 [마침]을 클릭합니다.

❾ 엔트리 오프라인 버전이 실행되었습니다.

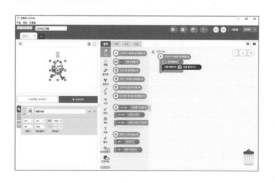

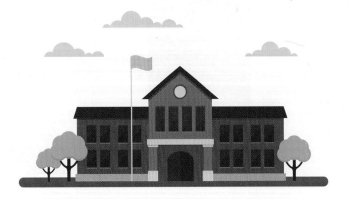

PART 2

소프트웨어와
실생활의
문제 해결

Chapter

1 : 소프트웨어와 컴퓨팅 사고력

① 생활 속 소프트웨어

❶ 소프트웨어의 개념과 종류

컴퓨터를 켰을 때 시스템을 작동시키고, 사용할 수 있는 대부분의 프로그램들을 소프트웨어라 부릅니다. 또한 그 소프트웨터는 응용 소프트웨어, 시스템 소프트웨어로 크게 구분할 수 있습니다.

● 시스템 소프트웨어는 컴퓨터 하드웨어 및 응용 프로그램들을 관리하는 역할을 합니다.

● 응용 소프트웨어는 우리가 사용하는 대부분의 다양한 여러 종류의 소프트웨어들을 말합니다.

소프트웨어 종류	프로그램의 예
응용 소프트웨어	• 오피스 프로그램 : 워드(Word), 엑셀(Excel), 파워포인트(Power Point), 한글 등 • 멀티미디어 프로그램 : 그래픽 편집기(포토샵, 일러스트레이터 등) 및 이미지 뷰어, 미디어 플레이어 등 • 기타 프로그램 : 보안프로그램, 웹브라우저, 통합개발환경(IDE), 교육용 프로그램, 게임 등
시스템 소프트웨어	• 운영체제(윈도우, 맥OS, 리눅스 등) • 통신제어 • 데이터베이스 관리

[컴퓨터 소프트웨어의 종류]

소프트웨어와 구분되는 하드웨어를 살펴봅시다. 하드웨어는 소프트웨어가 담기는 곳으로 소프트웨어를 저장하고 실행시키는 역할을 합니다. 하드웨어의 구성은 다음과 같이 간단히 정리할 수 있습니다.

[컴퓨터 하드웨어의 구성]

• 입력 장치 : 키보드, 마우스, 조이스틱, 터치스크린, 스캐너 등
• 출력 장치 : 모니터, 프린터, 스피커 등
• 중앙 처리 장치 : CPU 등
• 기억 장치 : HDD, 보조 기억 장치 등

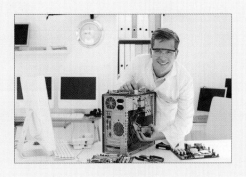

다시 말해 소프트웨어는 컴퓨터에서 하드웨어를 제외한 나머지 부분입니다. 또한, 설명한 바와 같이 종류도 매우 다양합니다. 앞으로 새로운 기술이 발달함에 따라 소프트웨어는 더욱 많은 곳에 필요해지고, 우리 생활을 편리하게 만들어 줄 것입니다.

tip

소프트웨어와 하드웨어의 구성 요소나 종류 등에 대해 구분하여 알아 둡시다. 일상에서 사용되는 상황과 관련해 기억해 두면 더욱 좋을 것입니다.

❷ 소프트웨어의 중요성

우리가 아침에 눈 뜨고 밤에 잠자리에 들 때까지 몇 가지의 소프트웨어를 사용하는지 생각해 본 적 있나요? 소프트웨어는 이미 일상생활 곳곳에서 공기처럼 매우 중요한 생활의 일부가 되어 있습니다.

[일상생활 속 소프트웨어]

[음식점 메뉴 주문 시스템]

스마트 폰에서 울리는 알람벨 소리, 집을 나설 때 현관문을 닫으면 저절로 잠기는 자동 잠금 장치, 위아래 층을 오가는 엘리베이터, 전철과 버스의 요금 정산 프로그램, 식당의 메뉴 주문 시스템, 스마트 폰과 컴퓨터 프로그램 등 곳곳에 소프트웨어가 사용됩니다.

② 컴퓨팅 사고력의 필요성

❶ 컴퓨팅 사고력의 이해

컴퓨팅 사고력(CT ; Computational Thinking)이란 문제를 분해하고 추상화하여, 알고리즘을 설계하고 필요한 부분을 자동화할 수 있도록 컴퓨터가 이해하는 언어로 만들 수 있는 사고능력이라 할 수 있습니다. 또한, 좀 더 나아가 컴퓨터과학의 개념과 원리를 익혀 일상생활의 문제를 효율적으로 해결할 방법을 찾아낼 수 있는 사고능력이라고 말할 수도 있습니다.

tip

사람의 생각을 컴퓨터에게 전하여 실행시키기 위해 사용되어진 여러 개념들을 익히도록 합시다.(이진수 원리, 아스키코드, 이진수 그림표현 등)

❷ 절차적 문제 해결

복잡한 내용도 절차적으로 정리를 하면 파악하기 쉽습니다. 홍채 인식 기술로 출입문 보안 관리를 하는 시스템이 구현되는 과정을 정리한 아래 내용을 살펴봅시다.

절차적 실행에서 중요한 것은 각 단계의 순서입니다. 순서가 바뀐다면 제대로 실행되지 않을 것입니다.

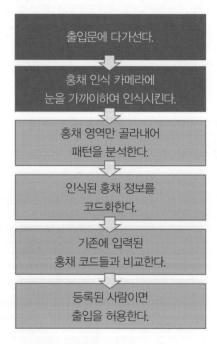

[홍채 인식 기술을 이용한 출입문 시스템]

복잡하게 여겨지는 기술도 위와 같이 절차적인 내용을 정리해보면 어떤 원리인지 쉽게 알 수 있습니다. 이 밖에도 실생활에서 절차적으로 실행되어야 해결되는 일들이 많이 있습니다.

절차에 대한 문제를 쉽게 해결하기 위해서, 실생활 속에서 순서대로 처리하지 않으면 제대로 작동하지 않는 것들이 뭐가 있는지 관찰해 봅시다.

[학습에 좋은 참고 사이트]
- 영국, 컴퓨팅 교사 모임인 CAS 사이트(www.computingatschool.org.uk)
- 미국, 컴퓨터과학 교육을 위한 온라인 사이트(code.org)
- 뉴질랜드, 컴퓨터 과학 교육 참고 사이트(www.csunplugged.org)

[컴퓨팅 사고력의 구성 요소]

컴퓨팅 사고력의 구성 요소는 학자나 나라마다 다르긴 합니다만, 많이 사용되는 컴퓨팅 사고력의 구성 요소의 정의는 다음과 같습니다.

구성 요소	정의
자료 수집	문제의 이해와 분석을 토대로 문제를 해결하기 위해 자료 모으기
자료 분석	수집된 자료와 문제에 주어진 자료를 세심히 분류하고 분석하기
자료 표현	문제의 내용을 적절한 그래프, 차트, 글, 그림 등으로 표현하기
문제 분해	문제를 해결 가능한 수준의 작은 문제로 나누기
추상화	문제 해결을 위해 반드시 필요한 핵심 요소를 파악하고 복잡함을 단순화하기
알고리즘과 절차화	문제를 해결하거나 어떤 목표를 달성하기 위해 수행되는 과정을 순서적 단계로 표현하기
자동화	컴퓨팅 시스템이 수행할 수 있는 형태로 해결책 나타내기
시뮬레이션	복잡하고 어려운 해결책이나 현실적으로 실행이 불가능한 문제를 해결하기 위하여 모의 실험하기
병렬화	목표를 달성하기 위한 작업을 동시에 수행하도록 자원을 구성하기

[컴퓨팅 사고력의 9가지 구성 요소], 출처: www.acm.org (Computational Thinking)

2 : 문제 해결 과정의 이해

1 문제 정확하게 표현하기

1 문제 파악하기

어떠한 문제를 마주했을 때 그것을 한 번에 파악하거나 정확히 표현하는 것은 생각보다 쉽지 않습니다. 문제 파악에 어려움을 느끼는 것은 문제의 덩어리가 너무 크거나 여러 요소들이 복잡하게 얽혀 있기 때문일 수 있습니다.

다음 내용을 함께 살펴봅시다.

위 이야기는 덩어리가 매우 커서 실체를 제대로 파악하기 힘든 문제에 대한 예입니다.

[문제 분해 : 부분별로 파악하기]

즉, 문제가 너무 큰 경우라면 그것을 분해하여 하나씩 살펴본 후 종합하는 것이 좋을 것입니다. 또한 복잡한 여러요소가 있다면 어떤 규칙으로 얽혀있는지 살펴보고 정리하며 파악한다면 문제 파악이 좀 더 쉬울 것입니다.

이해를 위해 몇 가지 간단한 예를 들어 보겠습니다.

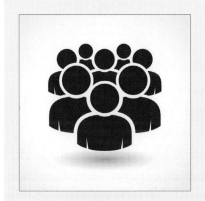

만일 어떤 주제에 대해 많은 사람의 다양한 의견을 파악해야 하는 상황이라면 어떨까요?

다양한 의견들을 대표적인 의견들로 분류하여 그 각 내용들을 잘 정리해 낸다면, 여러 의견의 차이와 핵심 내용도 파악이 쉬울 것입니다.

여행을 코앞에 두고 아무 준비도 못 한 문제 상황이라면 어떻게 해야 할까요?

여행 준비를 한 덩어리로 고민하기보다 여행 가방 싸기, 교통편 준비하기, 숙소 준비하기, 여행지 정보 정리하기 등으로 작게 쪼개어 생각하면 하나씩 준비하기 쉬울 것입니다.

❷ 문제 표현하기

문제를 파악한 후에는 간추려 정리할 수 있어야 합니다. 너무 세세하게 표현하기보다 덜 필요한 내용은 버리고 꼭 필요한 내용으로만 정리하도록 합니다.

다음 예시를 살펴봅시다.

'사과, 배, 포도, 딸기, 레몬' 이들을 추상화하면, 즉 이 들의 세세하게 서로 다른
특징이 아닌 공통된 꼭 필요한 요소로 설명한다면 '과일'이라 할 수 있을 것입니다.

➡ 과일

이메일 보내는 과정을 정리한 다음의 설명도 살펴봅시다. 이메일 보내는 과정을 정리한 두 사람의 예입니다. 누구의 설명이 더 쉽게 와 닿나요?

(가) 영진의 설명	(나) 민희의 설명
– 받는 사람의 이메일 주소를 적어요. – 메일 제목을 적어요. – 메일 내용을 작성해요. – 첨부 파일이 있으면 첨부해요. – 보내기 버튼을 눌러요.	– 이메일 창을 열면 옆에 받은 편지함, 보낸 편지함, 스팸함 등이 있어요. – 스팸함을 열어 보면, 모르는 사람들이 보낸 광고성 메일들이 들어있기도 해요. – 받는 사람의 이메일 주소를 적어요. – 메일 제목을 적어요. – 메일 내용을 작성해요. – 글을 타이핑할 때 힘들면, 타이핑 연습 프로그램이 있어요. 화면에 보여주는 단어마다 타이핑을 따라서 하는 연습용 프로그램이에요. – 첨부 파일이 있으면 첨부해요. – 보내기 버튼을 눌러서 메일을 보내요.

[이메일 보내기 과정]

(가)영진의 설명이 훨씬 쉽고 정확하게 이해됩니다. 중간에 다른 말들을 많이 하게 되면, 오히려 이메일

보내기의 과정을 파악하는 데 방해가 됩니다. 이메일 보내기 과정은 아래와 같이 더 정리하여 볼 수 있습니다.

이메일 보내기 과정

메일 주소 적기
제목 적기
내용 작성하기
첨부 파일 첨부
보내기

[이메일 보내기 과정에 대한 추상화]

이와 같이 더 이상 버릴 수 없는 꼭 필요한 개념 및 공통적인 내용만으로 정리하는 것을 '추상화'라고 합니다.

─── **tip**

추상화 의미가 무엇인지 알아보고, 관련된 문제도 풀어봅시다. 여러 가지 물건 및 개념들을 공통된 핵심요소로 표현하거나, 글을 간단히 간추려 핵심 단어를 찾아내는 연습을 해 봅시다.

② 문제 해결 방법 찾기

❶ 문제점 발견과 개선 방법 탐색

파악하고 정리한 문제들에 대해, 어떤 부분을 개선할지 탐색하는 방법은 여러 가지가 있을 수 있습니다. 개선 방법을 쉽게 탐색할 수 있는 몇 가지 방법을 살펴봅시다.

[방법 1. 패턴 탐색하기]

반복적으로 나타나는 패턴이 있는지 찾아보고, 그 한 단위를 파악하면 해결 방법을 찾기 편리합니다. 다음의 예를 살펴봅시다.

구슬 팔찌를 만드는 방법에 대해 그림 설명서를 작성하고 있습니다.
어떻게 하면 만드는 법을 간단히 설명할 수 있을까요?

첫 구슬

[반복되는 패턴 찾기]

구슬 팔찌 그림 설명서 작성 방법

1. 그림에서 패턴 하나의 단위가 어디까지인지 찾아봅니다.

2. 한 단위에 대해 만드는 방법을 자세히 설명합니다.

3. "설명한 한 단위를 몇 번 반복해서 완성하시오"라고 설명합니다.

위 예시는 첫 구슬부터 시작해서 '노란 원 구슬 1개, 하늘색 육각형 구슬 4개, 노란 원 구슬 1개, 연두색 십자 구슬 1개'가 한 단위라는 것을 찾아볼 수 있습니다. 이 한 단위에 대해 잘 설명한 후 반복 횟수를 정해 주면 설명서가 완성될 것입니다.

패턴은 그림이나 모양 또는 무늬 등에서도 볼 수 있지만, 시간의 흐름 속에서 반복되는 행동이나 작업의 단위를 묶어 파악할 수도 있고, 수의 규칙적인 크기 변화를 관찰하여 찾아낼 수도 있습니다.

tip

> 패턴과 관련된 문제를 풀 때는 반복 패턴의 한 단위를 찾아내어 그 패턴 안의 규칙이 제대로 반복되고 있는지 확인해 봅시다. 반복되는 과정에서 오류가 있거나, 반복 횟수 및 조건상 오류가 있는지도 살펴봅시다.

[방법 2. 실행 순서 살펴보기]

실행되어야 할 순서가 틀린 부분은 없는지 확인해 봅니다. 틀린 부분을 발견한다면 일부분을 새롭게 구성하거나 수정하여 제대로 실행되도록 개선할 수 있습니다. 틀리지 않더라도 좀 더 낫게 개선할 수 있도록 순서를 바꿀 부분이 없는지도 탐색해 봅니다. 각 단계의 명령이 정확한지도 살펴봅시다.

tip

> 순서가 틀린 부분은 없는지, 각 처리 단계에 잘못된 명령은 없는지 살펴봅니다.

[방법 3. 흐름 살펴보기]

문제를 해결하기 위해 얼마나 많이 반복 실행해야 하는지 생각해 봅시다. 또한, 어떤 조건 상황을 제시하여 그것을 만족할 때 어떤 작업을 하는 것이 좋을지도 탐색해 봅시다.

❷ 문제 해결 방법의 선택

위에 설명한 내용들은 문제 해결 방법을 설계하기 위해 고려되어야 할 주요한 내용들입니다. 문제 해결을 위해 순서대로 정리된 일의 각 처리 단계의 절차 및 그 묶음을 일컬어 '알고리즘'이라고 말합니다. 즉, 문제 해결 방법이란 이런 알고리즘을 어떻게 사용하는가에 대한 내용입니다.

앞으로 설명하게 될 반복 알고리즘과 조건 선택 알고리즘은 프로그램을 이해하는 데 가장 기초적인 알고리즘이라 할 수 있습니다.

tip

순서도 기호와 순차, 반복, 조건 선택에 관련된 알고리즘 순서도들을 익히고 연습해 봅시다.

Chapter

3 : 알고리즘

인류가 지금까지 이룩한 첨단 기술 시스템들은 지금 우리가 살고 있는 사회의 모습에 많은 영향을 주었습니다. 알고리즘을 익힌다는 것은, 인류가 이룩한 이러한 첨단 시스템들의 원리를 이해하는 것 이상의 의미를 지닙니다. 왜냐하면 그 알고리즘을 활용해 더 편리하고 나은 방향으로 미래를 개선할 수 있는 사고력을 얻을 수 있게 된다는 것을 의미하기 때문입니다.

1 알고리즘이란?

알고리즘이란 간단히 말해 문제를 해결하기 위한 일의 순서를 정리해 놓은 것을 말합니다. 특히 컴퓨터 프로그램에서는 '처리해야 할 작업의 순서를 정리해 놓은 일련의 묶음'을 알고리즘이라고 합니다.

❶ 알고리즘의 요건

컴퓨터 프로그램에서 말하는 알고리즘이란 다음과 같은 요건들을 만족해야 합니다.

입력	알고리즘은 외부에서 입력받는 자료가 0개 이상이어야 합니다.
출력	입력과 달리 처리되어 나오는 결과는 1가지 이상의 서로 다른 결과가 있어야 합니다.
명확성	알고리즘에 나오는 각 단계의 처리 명령들은 명확하고 모호하지 않아야 합니다.

유한성	알고리즘은 유한 번의 명령을 실행한 후에는 종료되어야 합니다.
효율성	알고리즘에 사용되는 명령들은 실행 가능한 것이어야 합니다.

[알고리즘의 요건], 참조: wikipedia.org

알고리즘의 요건들이 어떻게 적용되는지 알고리즘 순서도를 배우며 좀 더 확인해 보도록 합시다.

❷ 알고리즘 순서도

순서도란 프로그램이 처리해야 할 각 단계별 과정의 작업 유형을 약속된 그림 기호를 사용해 나타낸 것입니다. 즉, 프로그램으로 만들어 실행될 논리적인 흐름을 그림으로 먼저 그려보는 것입니다.
국제표준화기구(ISO: International Standard Organization)는 1962년에 세계가 함께 공통으로 사용할 순서도 기호를 제정하였습니다.

순서도 기호를 공통의 약속으로 정해 사용하는 이유는 무엇일까요?

– 프로그램 만든 자신은 물론 동료 개발자 및 그 이외의 사람들이 순서도를 통해 프로그램을 이해할 수 있음
– 프로그램을 만들기 전에 순서도를 미리 작성하면, 전체적인 흐름을 살펴보기 쉬움

알고리즘 순서도의 기호로는 간단한 도형과 화살표 등이 사용됩니다. 각 도형별로 약속된 쓰임새가 다르므로 용도에 맞게 사용하여 순서도를 작성해 봅시다.

순서도 기호	사용 용도
	시작과 끝을 나타내는 단말 기호
	데이터 입력과 출력을 나타내는 입출력 기호
	초기값 입력 및 변수 선언 등에 사용되는 준비 기호
	참/거짓 질문, 조건 선택에 사용되는 판단 기호
	연산, 데이터 이동 처리 등의 처리 기호
	서류 출력 기호

→	순서도의 흐름선
▭	동일한 작업을 반복해 실행하는 반복 기호

[주요 순서도 기호들]

기본적인 순서도 기호 및 작성 방법을 익혀, 기초 알고리즘들을 연습해 보고 나만의 새로운 알고리즘도 설계해 봅시다.

tip

순서도 기호들의 모양과 사용 용도가 무엇인지 구분하도록 합시다.

② 알고리즘의 종류

알고리즘은 아주 간단한 작업에 대한 순차적 알고리즘부터, 반복 알고리즘 및 조건 선택 알고리즘 등이 있으며, 더 나아가 여러 자료들 중에 필요한 것들만 찾아내기 위한 효율적 방법을 구현하는 탐색 알고리즘이나 검색 알고리즘 등도 있습니다.

❶ 반복 알고리즘

반복 알고리즘을 순서도로 나타낸 다음의 예를 살펴봅시다. 전자렌지에 음식을 넣고 정해진 숫자(초)만큼 데우기를 실행하는 알고리즘입니다. 이를 순서도로 작성하는 방법을 아래와 같이 정리할 수 있습니다.

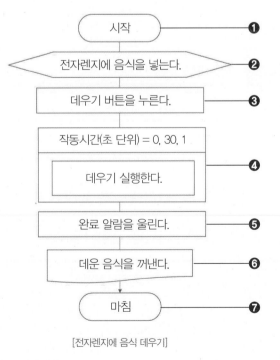

[전자렌지에 음식 데우기]

❶ 순서도를 시작합니다.

❷ 준비 기호 안에 전자렌지에 음식을 넣으라고 적습니다.

❸ 처리 기호인 네모 안에 데우기 버튼을 누르라는 명령을 작성해 넣습니다.

❹ 반복 기호 위쪽에 0초부터 시작해 30초까지 1씩 커진다는 반복 조건을 적습니다. 반복 기호 아래쪽에 반복해서 실행할 내용인 '데우기 실행한다.'를 적습니다.

❺ 반복이 다 된 후 알람을 울리도록 처리 기호 안에 명령을 적습니다.

❻ 출력 기호로 '데운 음식을 꺼낸다.'라고 해줍니다.

❼ 순서도를 마칩니다.

이와 같이 반복 기호를 사용해 반복 횟수만큼 실행하게 할 수 있습니다. 위 순서도에서 첫 번째 0은 시작하는 숫자, 두 번째 30은 최종값이 되는 숫자, 세 번째 1은 증감 숫자입니다.

다음의 순서도도 살펴봅시다. 보물 개수를 5개로 준비해 놓고, 찾은 개수가 0이 될 때까지 반복해서 보물찾기를 하는 규칙을 순서도로 나타낸 것입니다.

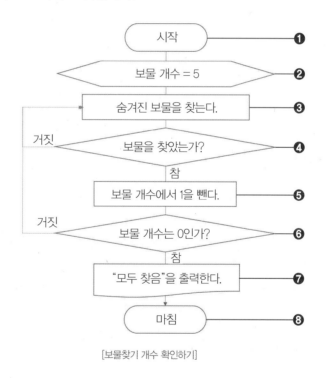

[보물찾기 개수 확인하기]

❶ 순서도를 시작합니다.

❷ 준비 기호 안에 보물개수를 5라고 정합니다.

❸ 처리 기호인 네모 안에 숨겨진 보물을 찾으라는 명령을 작성합니다.

❹ 보물을 찾았는지 판단해보고, 아니면 ❸으로 돌아가 다시 처리 명령을 반복합니다.

❺ 보물을 찾은 것이 참인 경우, 보물 개수에서 1을 뺍니다.

❻ 판단 기호 안에 보물 개수가 0인지 묻는 질문을 넣습니다. 아니면 ❸으로 돌아가 다시 처리 명령을 반복합니다.

❼ 보물 개수가 0이라면, "모두 찾음"을 출력합니다.

❽ 순서도를 마칩니다.

이와 같이 판단 조건을 만족할 때까지 계속 반복해 실행하도록 순서도를 작성할 수도 있습니다.

tip

반복 알고리즘 안에서 순서도 기호들이 어떻게 사용되는지, 어떤 순서로 구성되는지 살펴보도록 합니다.

❷ 조건 선택 알고리즘

조건 선택 알고리즘은 판단 조건에 따라 실행 내용이 바뀌도록 할 때 사용합니다. 예를 들어, 날씨에 따라서 여행지 코스가 달라지는 프로그램을 작성한다면, '비가 오는가'라는 판단 내용의 값이 '참'인 경우와 '거짓'인 경우로 나누어 작업을 처리하게 됩니다.

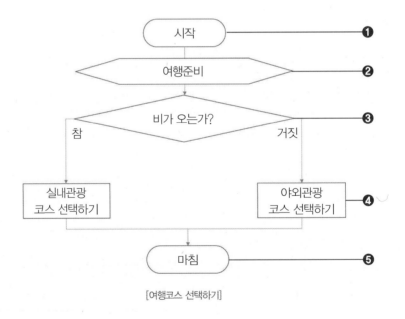

[여행코스 선택하기]

❶ 순서도를 시작합니다.

❷ 준비 기호 안에 여행준비 명령어를 넣은 후,

❸ 참과 거짓을 판단할 수 있는 "비가 오는가?"라는 판단 조건을 넣습니다.

❹ 참인 경우와 거짓인 경우에 따라 각 실행할 명령을 처리 기호 안에 작성합니다.

❺ 순서도를 마칩니다.

조건 선택 알고리즘은 판단 기호의 조건에 대해 참 혹은 거짓인 경우에 따라 분기되어 실행을 달리하게 됩니다.

순서도 기호 중 판단 기호가 무엇인지 구분하여 알아둡시다. 참이거나 거짓인 경우 각각 명령이 다르게 실행되는 구조를 익혀두도록 합니다.

❸ 그 외 알고리즘

생활 속에서 일어나는 많은 일들에 대해 우리는 그 순서와 관계를 정리하여 일련의 과정으로 묶으면 알고리즘으로 만들 수 있습니다. 또한 수학 공식이나 과학 실험의 단계들도 알고리즘 순서도로 정리해 볼 수 있습니다. 실제 산업 분야나 학문 연구 등에서는 다양하고 복잡한 형태의 알고리즘도 많이 있습니다.

그러나 코딩을 처음 접하고 익히는 단계에서는 알고리즘의 기본적 내용인 조건 선택 알고리즘과 반복 알고리즘에 대해 이해하고 활용할 수 있도록 하고, 일상 생활의 절차적 처리의 순서의 중요성에 대해 먼저 알아 두면 될 것입니다. 이에 조금 더 나아가 정렬이나 탐색 알고리즘에 대해서는 깊이는 아니더라도 활동이나 개념 정도는 숙지하기 바랍니다.

❹ 알고리즘 및 문제 해결력에 대한 [실과] 교과의 성취 기준

교육부의 실과/정보과 교육과정에 관한 문서(교육부 고시 제2015-74호)에 따르면, 초등학교 5~6학년 과정에서 [실과] 교과 내에서 기술 시스템에 관한 성취 기준에 대해 아래와 같은 내용을 배울 수 있도록 할 것을 명시하여 정리하고 있습니다.

- 소프트웨어가 적용된 사례를 찾아보고 우리 생활에 미치는 영향을 이해한다.
- 절차적 사고에 의한 문제 해결의 순서를 생각하고 적용한다.
- 프로그래밍 도구를 사용하여 기초적인 프로그래밍 과정을 체험한다.
- 자료를 입력하고 필요한 처리를 수행한 후 결과를 출력하는 단순한 프로그램을 설계한다.
- 문제를 해결하는 프로그램을 만드는 과정에서 순차, 선택, 반복 등의 구조를 이해한다.

[기술 시스템에 관한 초등학교 성취 기준], 출처: 교육부 고시 제2015-74호

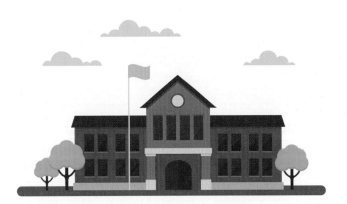

PART 3

엔트리
핵심 기능
익히기

1 : 엔트리 기본 화면 구성

엔트리(버전 2.0 이상) 오프라인 프로그램을 설치한 후 엔트리를 실행해 봅시다. 엔트리 기본 화면 구성은 다음과 같이 영역을 구분하여 살펴볼 수 있습니다(프로그램 버전에 따라 모양이나 기능이 다를 수 있음).

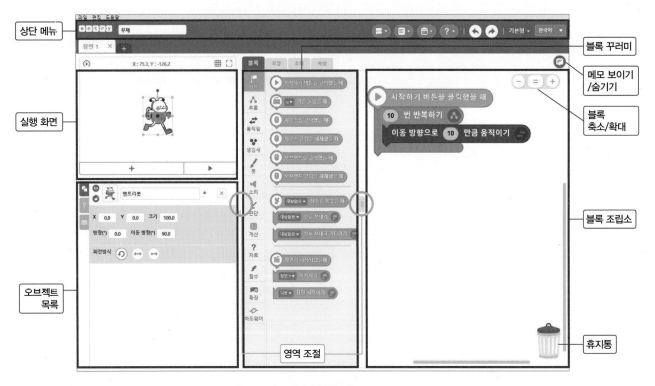

[엔트리 화면구성 안내]

1 상단 메뉴

엔트리 기본화면 구성 중 상단 메뉴의 각 기능을 살펴봅시다.

[엔트리 상단 메뉴]

❶ **엔트리 로고** : 엔트리 로고가 표시됩니다.

❷ **작품 이름** : 작품의 이름을 다른 이름으로 변경할 수 있습니다.

❸ **언어 선택** : [블록 코딩]과 [엔트리 파이선] 두 가지 중 선택 가능합니다.

❹ **파일** : 작품을 새로 만들거나 저장해 두었던 오프라인 작품을 불러올 수 있습니다.

❺ **저장하기** : 작품을 저장하거나 복사본으로 저장합니다.

❻ **도움말** : [블록 도움말] 선택 후 각 블록을 선택하면 해당 블록을 설명합니다. [하드웨어 연결안내]를 선택하면 pdf 파일로 다운로드 받기가 가능합니다. 또한, [엔트리 파이선 이용 안내] 선택하면 가이드와 예제 문서를 다운로드할 수 있습니다.

❼ **입력 취소** : 작업을 바로 이전으로 되돌립니다.

❽ **다시 실행** : 이전으로 되돌렸던 작업을 다시 원래대로 되돌립니다.

❾ **기본형/교과형** : [기본형]과 [교과형(실과)] 두 가지 중 선택 가능합니다.

❿ **언어** : 엔트리 프로그램의 사용 언어를 한국어, 영어, 일본어, 베트남어 중에서 선택할 수 있습니다.

② 실행 화면

실행 화면은 오브젝트의 실행 모습을 보여주는 곳입니다. 구성 내용을 알아봅시다.

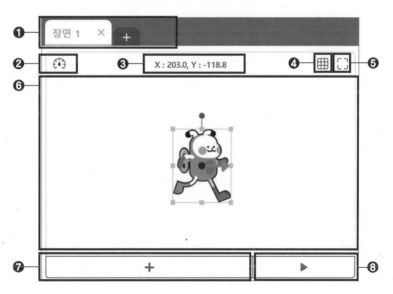

[엔트리 실행화면 구성]

❶ **장면 추가** : 엔트리 작품은 한 개 이상의 장면으로 구성할 수 있습니다. [장면] 탭 옆의 [장면 추가 (+)] 버튼을 누르면 새로운 장면을 만들 수 있습니다. [장면] 탭 위에 마우스포인터를 두고 마우스

오른쪽 버튼을 누르면 복제하기가 가능합니다. 또한, 각 [장면] 탭의 장면 이름 위에 커서를 놓고 클릭하면 장면 이름을 수정할 수 있으며, 각 장면마다 오브젝트 목록을 다르게 추가해 넣을 수 있습니다. 이렇게 한 작품 안에 있는 여러 장면은 작품에 만들어 놓은 속성(신호, 변수, 리스트, 함수)을 함께 사용할 수 있습니다.

❷ **속도 조절** : 속도 조절을 누르면 모양이 아래와 같이 바뀝니다. 왼쪽 연한 색부터 오른쪽 진한 색까지 총 다섯 단계로 구분되어 있으며 원하는 속도를 지정하면, [시작하기(▶)] 버튼을 눌렀을 때 작품의 실행 속도를 원하는 빠르기로 볼 수 있습니다.

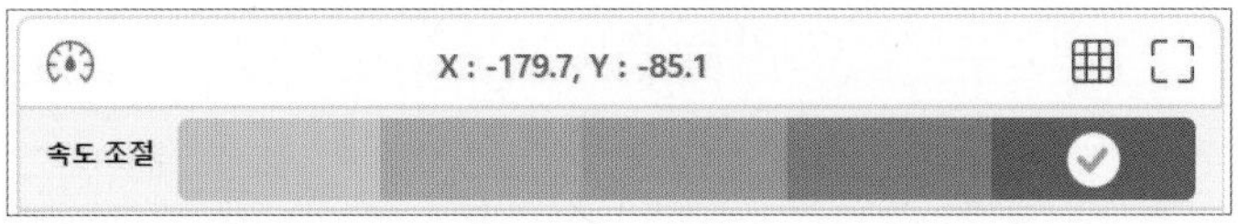

[속도 조절하기]

❸ **마우스포인터의 좌표** : 마우스포인터가 놓인 위치에 따라 좌표 값을 보여줍니다. 엔트리 화면의 좌표 값은 실행 화면의 정 가운데를 중심으로 하여 x=0, y=0으로 합니다. 화면의 가로는 x축 방향으로 −240~240을 화면의 세로 방향인 y축은 −135~135의 좌표 값을 지닙니다.

❹ **모눈종이** : 실행 화면 안에서 오브젝트의 위치 좌표를 한눈에 파악하고자 할 때 [모눈종이(▦)] 버튼을 누르면 편리합니다. 모눈종이를 실행하면 실행 화면이 아래와 같이 나타납니다. [모눈종이(▦)] 버튼을 한 번 더 누르면 모눈종이가 사라진 화면으로 되돌아갑니다.

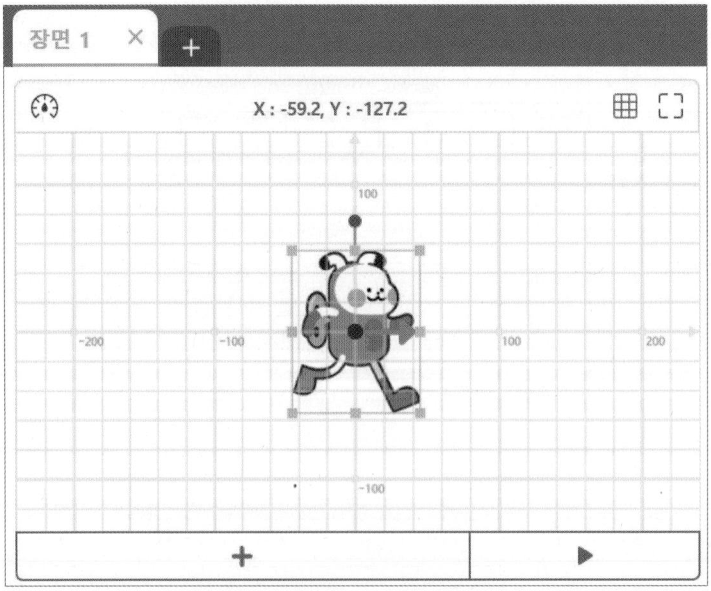

[엔트리 실행화면 좌표: 모눈종이]

❺ **화면 확대** : [화면확대(⛶)] 버튼을 누르면 실행 화면이 전체 화면으로 커집니다. 전체 화면으로 커진 상태에서 다시 [화면 축소(⛶)] 버튼을 누르면 원래 크기로 돌아옵니다.

❻ **실행 화면** : 실행 화면은 오브젝트들이 블록을 조립하여 명령 코드를 작성한 대로 실행되어 나타나는 것을 확인하는 영역입니다. 엔트리의 실행 화면은 가로 480, 세로 270의 크기입니다.

❼ **오브젝트 추가하기** : 오브젝트란 실행 화면에 사용되는 그림과 글씨들을 말합니다. [오브젝트 추가하기(+   )] 버튼을 눌러 그림이나 글상자를 추가할 수 있습니다. 오브젝트에 대한 자세한 내용은 'CHAPTER 02 오브젝트'에서 더 자세히 알아봅시다.

❽ **시작하기** : [시작하기(▶   )] 버튼을 누르면 명령한 대로 오브젝트들이 실행 화면에서 움직입니다. 실행 중일 때 [정지하기(■   )] 버튼을 누르면 다시 원래 창으로 돌아가고 실행을 멈춥니다. 코드를 수정하는 것이 실행 중일 때는 불가능하므로, 실행을 정지한 후 수정하도록 합니다.

❸ 블록 꾸러미

엔트리 기본 화면의 가운데 부분에 블록 꾸러미가 있습니다. 블록 꾸러미에는 4개의 탭이 있습니다. 오브젝트 목록 중 현재 선택되어 있는 것이 그림 오브젝트인 경우에는 블록, 모양, 소리, 속성 4개의 탭을 사용할 수 있습니다. 또한, 글상자 오브젝트인 경우에는 블록, 글상자, 소리, 속성으로 탭의 구성이 바뀝니다.

[그림 오브젝트의 블록 꾸러미 탭]

[글상자 오브젝트의 블록 꾸러미 탭]

❶ **블록 탭** : 총 12개의 카테고리에 140여 개 이상의 블록들이 카테고리 별로 분류되어 들어 있습니다. 색깔 별로 구분되므로, 조금만 사용해 보면 해당 블록이 어느 카테고리에 들어있는지는 쉽게 찾을 수 있습니다. [확장]과 [하드웨어] 카테고리에서 더 많은 블록을 불러와 사용할 수도 있습니다.

❷ **모양 탭/글상자 탭** : 오브젝트가 그림인 경우 모양 탭으로 나타나고, 오브젝트가 글상자인 경우 글상자 탭으로 바뀝니다. 모양 탭의 경우 모양을 추가하거나 이름을 변경할 수 있고, 글상자 탭인 경우 글의 색이나 서체 내용 등을 변경할 수 있습니다.

❸ **소리 탭** : 엔트리가 제공하는 소리 파일을 가져올 수도 있고, 컴퓨터에 있는 소리 파일을 업로드 하여 사용할 수도 있습니다.

❹ **속성 탭** : 신호, 변수, 리스트, 함수 등을 추가할 수 있습니다.

④ 블록 조립소

엔트리를 활용하면, 코드를 작성하기 위해 어렵게 문법이나 규칙 등을 배우지 않아도 장난감을 조립하듯 블록들을 조립하여 쉽게 프로그램을 만들 수 있습니다. 블록 꾸러미에 있는 블록들을 블록 조립소로 가져와 코드를 작성하는 방법을 간단히 살펴봅시다.

❶ 조립하기

원하는 블록을 블록 꾸러미에서 마우스로 끌고 와서, 블록 조립소의 다른 블록 아래에 붙여 조립합니다.

[블록 조립하기]

[흐름(⋀)] 카테고리에 있는 육각형 모양 안에는 [판단(⌄)] 카테고리에 있는 육각형 모양의 블록들을 넣을 수 있습니다. 주로 참인지 거짓인지를 판단하는 블록을 결합합니다. 또한 원모양 안에는 변수 등의 자료 값을 넣어 결합합니다.

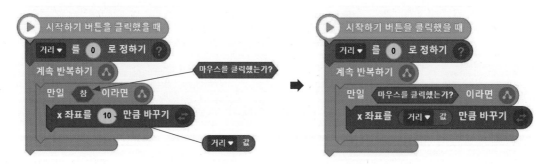

[블록 조합과 블록의 모양]

❷ 삭제하기

조립한 블록 중 삭제해야 할 블록이 있는 경우 다음 중 편리한 방법대로 삭제할 수 있습니다.

❶ 휴지통에 끌어다 넣어 삭제하기

❷ 마우스 오른쪽 버튼 클릭 후 [코드 삭제]를 선택하여
　 삭제하기

❸ 블록 꾸러미 쪽으로 끌어다 놓아 삭제하기

❸ 복사하기

❶ 복사할 블록에 마우스 오른쪽 버튼을 눌러 [코드 복사]를 선택합니다.

❷ 블록 조립소 바탕화면에 마우스포인터를 놓고 마우스 오른쪽 버튼을 누르면 선택창이 나타납니다.
　 선택창 메뉴 중에서 [붙여넣기]를 선택합니다. 같은 오브젝트 안의 블록 조립소 뿐만 아니라 다른 오
　 브젝트의 블록 조립소에도 붙여넣기를 할 수 있습니다.

[코드복사 방법]

❹ 블록 조립소의 기타 편리한 기능들

블록 조립소의 아무 곳에나 마우스포인터를 놓고 마우스 오른쪽 버튼을 누르면, 아래와 같은 창이 나타 납니다.

[블록 조립소 기타 기능]

❶ 코드 정리하기 : 여기저기 흩어져 있는 블록 코드들을 보기 좋게 줄맞추어 정리합니다.

❷ 모든 코드 삭제하기 : 코드를 전부 삭제합니다.

❸ 모든 코드 이미지로 저장하기 : 오브젝트의 블록 조립소 안에 있는 블록을 모두 이미지로 저장합니 다.

❹ 메모 추가하기 : 블록 조립소 안에 간단하게 메모를 할 수 있는 기능으로 작품에 대한 설명이나, 코드 에 대한 설명 등을 기록해 두기 좋습니다.

❺ 메모 기능

메모 기능은 블록 조립소 위쪽의 [모든 메모 보이기(🗨)] 버튼으로 보이도록 할 수 있습니다. 한 번 더 누르면 모든 메모가 숨겨집니다.

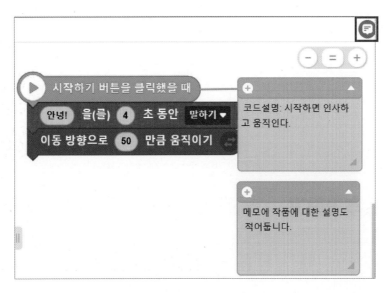

코드설명: 시작하면 인사하
고 움직인다.

메모에 작품에 대한 설명도
적어둡니다.

[모든 메모 보이기]

Chapter

2 : 오브젝트 살펴보기

1 오브젝트 추가하기

오브젝트를 가져오는 방법에 대해 알아봅시다.

[오브젝트 추가하기([+   ])] 버튼을 누르면 아래와 같은 창이 나타나며, 탭으로 구성된 [오브젝트 선택], [파일 업로드], [새로 그리기], [글상자]를 눌러 각 기능에 맞게 오브젝트를 가져올 수 있습니다.

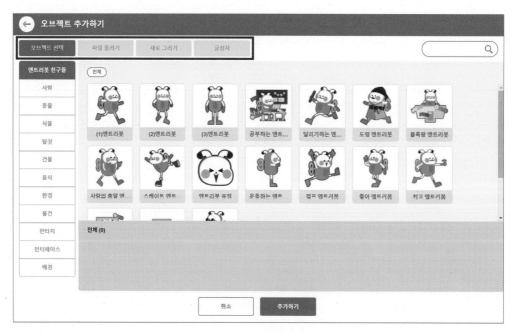

[오브젝트 추가하기 화면]

1 [오브젝트 선택]으로 추가하기

엔트리에서 기본으로 제공하는 그림들을 오브젝트로 사용하는 방법입니다. 예를 들어, 동물 중에서 꽃게를 사용하고 싶을 경우에는 왼쪽에 있는 카테고리 중 [동물] 목록을 선택합니다. 그러면 하위 카테고리인 [전체], [하늘], [땅], [물] 목록이 보입니다. 이 중에서 [물]을 선택하면 물에 사는 동물 그림이 제시됩니다. 그 중에서 꽃게 그림을 선택하면 하단에 선택된 꽃게 그림이 나타납니다. [추가하기]를 누르면 오브젝트 목록에 꽃게가 등록되고, 실행 화면에 꽃게 그림이 보이게 됩니다.

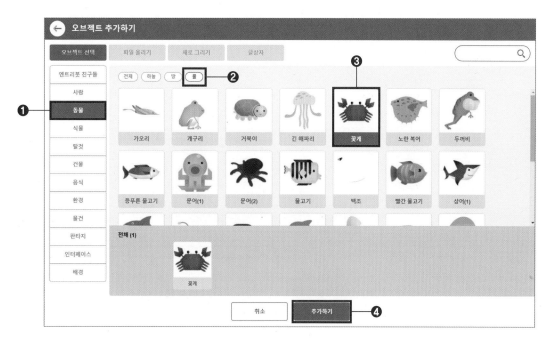

[오브젝트 선택하여 추가하기]

또한 검색하여 오브젝트를 추가하는 방법도 있습니다. 오른쪽 상단 검색란에서 검색하여 엔트리에서 기본으로 제공하는 그림들을 가져올 수도 있습니다.

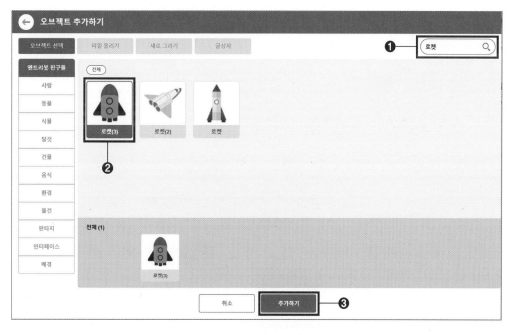

[오브젝트 검색하여 추가하기]

❷ [파일 올리기]로 추가하기

[파일 업로드]는 내 컴퓨터 안에 저장된 그림을 가져와 그림 오브젝트로 사용하는 것입니다. 파일 추가를 눌러 내 컴퓨터 안에 있는 그림을 선택하여 가져온 후 추가합니다.

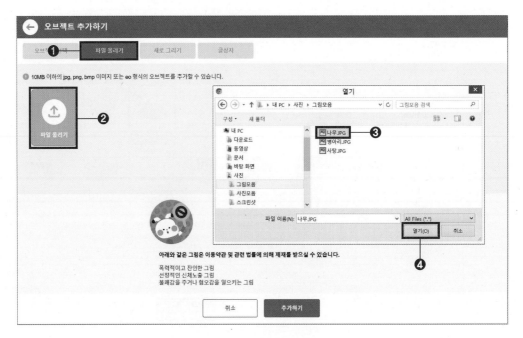

[오브젝트 파일 업로드하여 추가하기-1]

[오브젝트 파일 업로드하여 추가하기-2]

❸ [새로 그리기]로 추가하기

[새로 그리기] 탭을 누르면 아래와 같은 선택화면이 나타납니다. [이동하기]를 눌러 그림을 그릴 수 있는 페이지로 이동하며, 여기서 직접 그림을 그려 오브젝트를 추가할 수 있습니다.

그리기에 대한 방법은 'CHAPTER 03 모양 그리기'에서 자세히 살펴봅시다.

[오브젝트 새로 그리기 하여 추가하기]

❹ [글상자] 추가하기

[글상자] 탭은 그림이 아니라 글상자를 오브젝트로 가져옵니다. 글상자도 하나의 오브젝트이므로, 블록 코드들을 가질 수 있으며 블록 조합으로 코딩하여 움직이기 등 여러 기능을 실행하게 할 수 있습니다.

[글상자] 탭을 눌러 서체와 글자색 등을 정하고 내용을 직접 입력해 넣습니다. 그리고 글상자에 작성한 글이 한 줄로만 나오게 할지 줄을 바꾸어 여러 줄이 보이게 할지를 정합니다. 이제 적용하기 버튼을 클릭하면, 실행 화면에 글상자 오브젝트가 나타납니다.

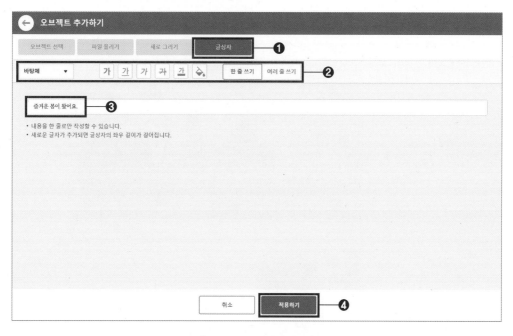

[오브젝트 글상자로 추가하기]

❺ 배경 추가하기

배경을 추가하는 방법은 오브젝트를 추가하는 방법과 비슷합니다. [오브젝트 선택] 목록 중에서 [배경]을 클릭한 후 [전체], [실외], [실내], [자연], [기타] 메뉴 중 찾고 싶은 분류를 클릭합니다. 분류된 배경 그림들 중 원하는 배경 그림을 선택하여 추가합니다.

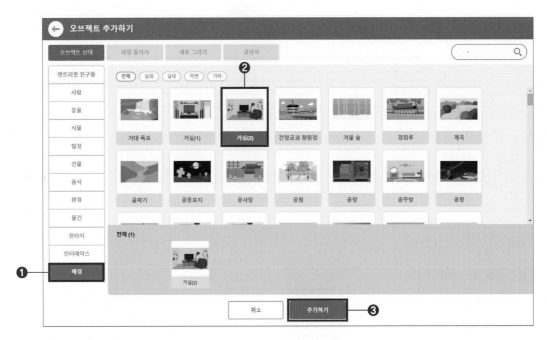

[배경 추가하기]

선택한 배경도 오브젝트 목록에 다른 오브젝트들과 함께 보입니다. 단, 오브젝트 목록은 아래에 있을수록 그림이 뒤로 물러나 보이게 되므로, 배경을 추가하면 자동으로 오브젝트 목록의 순서 중 맨 아래쪽에 나타나게 됩니다.

[배경 그림의 오브젝트 목록 순서]

❷ 오브젝트 수정하기

❶ 오브젝트 핸들러를 이용하여 수정하기

실행 화면에서 오브젝트를 선택하면 오브젝트를 수정할 수 있는 오브젝트 핸들러가 나타납니다.

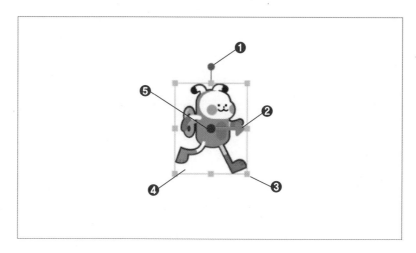

[오브젝트와 오브젝트 핸들러]

❶ **방향점** : 방향점을 클릭하면 중심점을 기준으로 하여 오브젝트를 회전시킬 수 있습니다.

❷ **이동 방향 화살표** : 오브젝트가 움직이는 방향을 뜻합니다.

❸ **크기 조절점** : 핸들러 사각형 각 모서리 점을 드래그하여 크기를 크게 하거나 줄일 수 있습니다.

❹ **위치 조절 영역** : 오브젝트 핸들러 안에 마우스 포인터를 놓고 클릭하여 드래그하면 오브젝트의 위치를 바꿀 수 있습니다.

❺ **중심점** : 오브젝트 핸들러 중앙에 갈색 점은 오브젝트의 중심점입니다. 오브젝트의 좌표 위치를 나타낼 때 바로 이 중심점 위치가 기준이 됩니다.

❷ 오브젝트 기본 정보를 수정하기

오브젝트 목록 창에서 오브젝트의 기본적인 정보들을 수정할 수 있습니다.

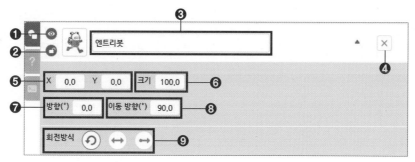

① 보이기 : ⊙를 눌러 오브젝트가 보이지 않도록 설정할 수 있습니다.

② 잠금 : 만일 오브젝트 값들을 수정할 수 없게 하고 싶다면 ⊙을 눌러 잠금 설정을 할 수 있습니다.

③ 이름 입력 : 오브젝트의 이름을 입력합니다.

④ 삭제 : 오브젝트를 삭제합니다.

⑤ 위치(좌표) : 오브젝트의 좌표 위치를 직접 입력합니다.

⑥ 크기 : 오브젝트의 크기를 정합니다.

⑦ 방향 : 실행 화면에 보여지는 그림이 회전되는 보이는 각도를 조절합니다.

⑧ 이동 방향 : 오브젝트가 [이동 방향으로 10 만큼 움직이기] 블록대로 실행될 때 오브젝트가 움직이는 방향을 의미합니다.

⑨ 회전 방식 : 회전 방식은 3가지 방식 중 한 가지를 선택할 수 있으니 그림의 회전방식 특징을 알고 필요한 경우에 맞게 사용합시다.

– **전방향 회전(⟳)** : 오브젝트가 360°로 빙글빙글 회전합니다.

– **좌우 회전(↔)** : 오브젝트가 벽에 닿아 튕길 때 위아래가 뒤집어지지 않고 좌우 대칭으로만 바뀌게 됩니다.

– **회전 없음(↔)** : 오브젝트가 처음 모습 그대로 회전하지 않고 좌우 대칭도 하지 않게 됩니다.

❸ 오브젝트 목록 수정

오브젝트 목록에는 추가한 목록들이 순서대로 나타납니다. 위에서부터 맨 아래까지가 보이는 순서이므로 배경은 주로 맨 아래쪽으로 추가됩니다. 위에 다른 오브젝트에 가려져서 안 보이는 그림이 있으면 오브젝트 목록에서 드래그하여 가리고 있는 오브젝트보다 위쪽으로 옮겨 놓으면 보이게 됩니다.

3 : 모양과 소리 사용하기

1 모양

오브젝트는 적어도 하나 이상의 모양을 가지고 있습니다. 즉, 여러 개의 모양을 가질 수 있다는 뜻입니다. 선택한 오브젝트에서 [모양] 탭을 누르면 그 오브젝트가 가지고 있는 모양의 개수들이 보입니다.

❶ 모양 추가하기

❶ [모양] 탭에서 바로 아래에 있는 [모양 추가하기(모양 추가하기)] 버튼을 누릅니다.

❷ 그림을 하나 선택하고 [추가하기]를 누르면, 모양 목록에 모양이 하나 더 추가된 것을 확일할 수 있습니다.

[모양 추가하기 화면]

❷ 모양 그리기

[모양] 탭–[모양 추가하기(모양 추가하기)] 버튼을 선택한 후 [새로 그리기] 탭–[이동하기]를 클릭하면 그리기 화면으로 이동합니다.

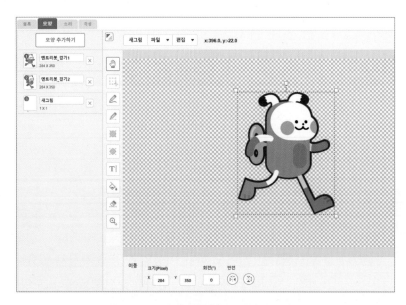

[그리기 화면]

tip

모양 그리기는 위와 같은 방법 외에도 [오브젝트 추가하기(+   )] 버튼을 누른 뒤 [새로 그리기] 메뉴를 선택해 접근할 수도 있습니다. 또한, 블록꾸러미의 [모양] 탭에서 [새그림(새그림)]을 선택해도 모양 그리기를 할 수 있는 화면이 나타납니다.

1) 그리기 도구

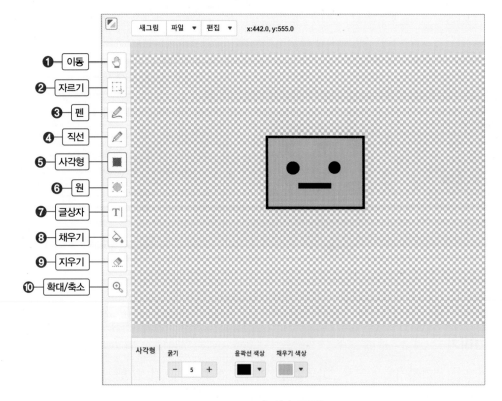

❶ 이동
❷ 자르기
❸ 펜
❹ 직선
❺ 사각형
❻ 원
❼ 글상자
❽ 채우기
❾ 지우기
❿ 확대/축소

[그리기 도구들]

❶ **이동 도구** : 위치를 이동할 때 사용합니다.

❷ **자르기 도구** : 드래그하여 오브젝트의 일부분만 선택하고, 그대로 드래그하면 그림을 잘라낼 수 있습니다.

❸ **펜 도구** : 펜으로 그림을 그리듯 마우스포인터를 움직이는 대로 자유롭게 그림을 그릴 때 사용합니다.

❹ **직선 도구** : 직선을 그릴 때 사용합니다.

❺ **사각형 도구** : 사각형을 그릴 때 사용합니다(선의 굵기, 면과 테두리의 색 지정 가능).

❻ **원 도구** : 원을 그릴 때 사용합니다(선의 굵기, 면과 테두리의 색 지정 가능).

❼ **글상자 도구** : 글자를 입력할 때 사용합니다(글꼴, 글꼴 크기, 글꼴 스타일, 글꼴 색상, 채우기 색상 지정 가능).

❽ **채우기 도구** : 일정 부분의 색을 원하는 색으로 선택하여 채울 때 사용합니다.

❾ **지우기 도구** : 그림의 일부를 지울 때 사용합니다(지우개 굵기를 1부터 70까지 선택 가능).

❿ **확대/축소 도구** : 그림 그리는 작업 중 화면을 크게 확대하거나 축소시켜 볼 때 사용합니다.

2) 로봇 얼굴 그리기

각 도구에 대해 살펴보았으니, 간단하게 연습으로 로봇 얼굴을 그려 봅시다(프로그램 버전에 따라 모양이나 기능이 다를 수 있음).

❶ [사각형 도구]를 선택합니다.

❷ 윤곽선의 굵기와 윤곽선 색상, 채우기 색상을 선택합니다. 굵기는 1~70까지 선택할 수 있고, 윤곽선의 색과 채우기 색은 각각 원하는 대로 선택할 수 있습니다.

❸ 그리기 화면에 드래그하여 사각형을 그립니다.

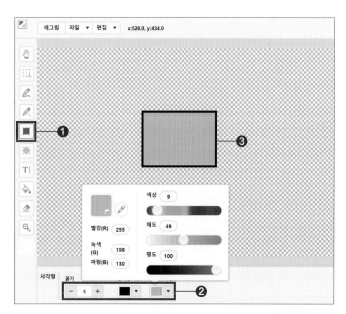

❹ [사각형 도구]를 선택합니다.

❺ 윤곽선 색상과 채우기 색상을 검정색으로 지정합니다.

❻ 로봇의 입을 그립니다. [원 도구]를 이용하여 동일한 방법으로 로봇의 눈을 그립니다.

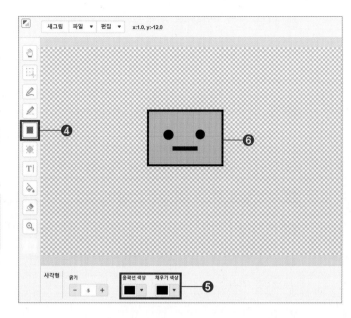

tip

[파일(파일 ▼)]-[저장하기]를 선택하면, 실행 화면에 직접 그린 로봇얼굴이 나타납니다.

❼ [사각형 도구]를 선택합니다.

❽ 채우기 색상을 파란색으로 바꿉니다.

❾ 드래그하여 로봇의 오른쪽 귀를 그리고 동일한 방법으로 왼쪽 귀도 그립니다.

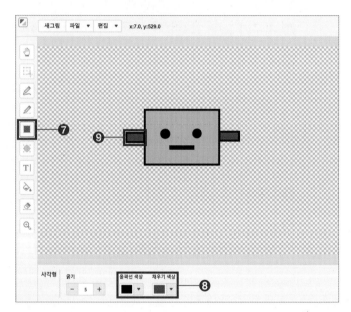

이전에 저장되었던 상태까지 원래 그림은 그대로 두고 새로운 그림은 따로 저장하고 싶으면 [파일]-[새 모양으로 저장]을 선택합니다. 그러면 원래 그림은 그대로 있고 새로 그린 그림이 두 번째에 추가되어 저장되는 것을 확인할 수 있습니다. 단, 새로 그린 것만 필요하고 직전에 그려둔 그림 내용은 필요 없다면, [저장하기]로 그림을 저장해도 됩니다.

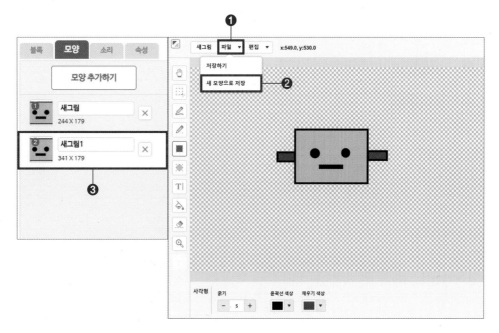

[새 모양으로 저장]

[편집(편집 ▼)]을 눌러 [가져오기], [복사하기], [자르기], [붙이기], [모두 지우기] 기능도 사용해 봅시다. 여러 기능들을 이용해 다양한 그림을 만들 수 있습니다. [가져오기]를 사용하면, 다른 그림들을 가져와 현재 그리고 있는 그림과 합성할 수도 있습니다.

이렇게 직접 그려 추가된 모양은, 오브젝트가 자신의 모습을 여러 가지로 나타내는 용도로 사용됩니다. 무대 위에 주인공 한명이 나와서 여러 개의 가면을 바꾸어 쓰는 것과 같이, 오브젝트 하나가 명령 코드에 의해 자기가 가진 여러 모양으로 바꾸어 나타낼 수 있다는 뜻입니다.

❷ 소리 추가하기

[소리] 탭에서 [소리 추가하기(소리 추가하기)]를 선택하면, [소리 추가하기] 창이 나타납니다. 카테고리별로 소리를 찾아볼 수도 있고, 우측 상단의 검색 창을 통해서 소리를 검색할 수도 있습니다. 소리를 찾아서 선택한 후 [추가하기] 버튼을 클릭하면, 오브젝트의 소리 목록에 선택한 소리가 추가된 것을 확인할 수 있습니다.

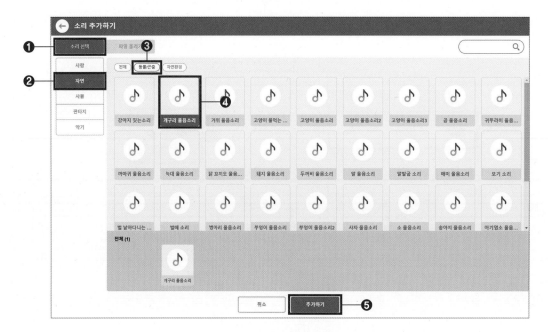

[소리 선택하여 추가하기]

만일 엔트리에서 기본으로 제공하는 소리 이외에 다른 소리를 사용하고 싶은 경우에는 [파일 업로드] 탭을 눌러, 컴퓨터에 있는 다른 소리 파일을 업로드해서 가져와 사용해도 됩니다.

tip

소리를 추가할 때는 사용할 오브젝트를 선택한 후 해당 소리 탭에서 소리를 추가하도록 합니다. 추가된 소리는 블록 탭의 [소리(소리)] 카테고리에서 블록들을 사용하여 재생하거나 멈추도록 명령할 수 있습니다.

Chapter

4 : 속성 추가하여 사용하기

❶ 신호 추가하기

예제 완성 파일 PART03₩예제01.ent

신호를 추가하는 방법에 대해 알아보겠습니다.

❶ [속성] 탭을 누릅니다.

❷ [신호]를 누릅니다.

❸ 하단에 나타난 [신호 추가하기] 버튼을 누릅니다.

❹ 입력란에 신호 이름을 '충돌'이라고 적습니다.

❺ [확인] 버튼을 누릅니다.

❻ 새롭게 만들어진 신호가 나타난 것을 확인할 수 있습니다.

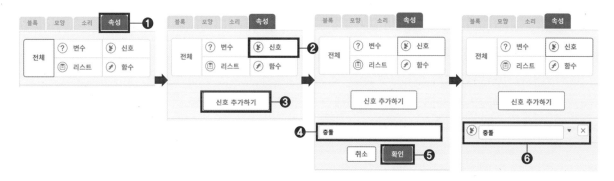

[신호 추가하기 방법]

위 그림에서는 '충돌'이라고 신호를 만들었습니다. 이렇게 만들어진 신호는 특정 상황에 정해진 명령을 수행하도록 코드를 만들 수 있습니다. 이제 간단한 예제를 살펴봅시다.

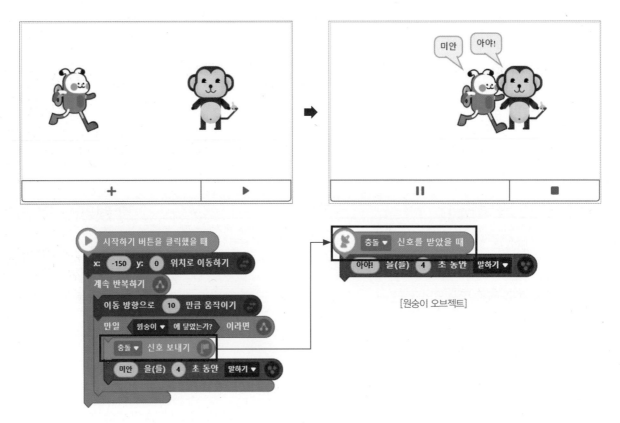

[엔트리봇 오브젝트]

[원숭이 오브젝트]

이 프로젝트를 실행해 보면, 엔트리봇이 움직이며 계속 원숭이 쪽으로 가다가 원숭이에 닿으면 '충돌' 신호를 보냅니다. 원숭이 오브젝트는 '충돌' 신호를 받아서 주어진 명령을 실행합니다. 원숭이는 "아야"라고 4초 동안 말하고, 엔트리봇은 "미안"이라고 4초 동안 말합니다.

이처럼 하나의 오브젝트가 실행 중일 때 특정 상황에 신호를 보내어, 다른 오브젝트들이 그 신호를 받아 원하는 내용을 실행하도록 만들기 위해 '신호'를 사용합니다. 신호는 한 오브젝트에서 보내지만 받는 오브젝트는 여러 개가 될 수 있습니다.

tip

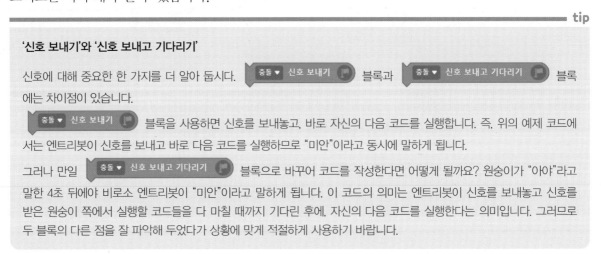

변수를 추가하는 방법에 대해 알아보겠습니다.

❶ [속성] 탭을 누릅니다.

❷ [변수]를 누릅니다.

❸ 하단에 나타난 [변수 추가하기] 버튼을 누릅니다.

❹ 입력란에 변수 이름을 '점수'라고 적고, '모든 오브젝트에서 사용'을 체크한 후 [확인] 버튼을 누릅니다.

❺ 새롭게 만들어진 변수가 나타난 것을 확인할 수 있습니다.

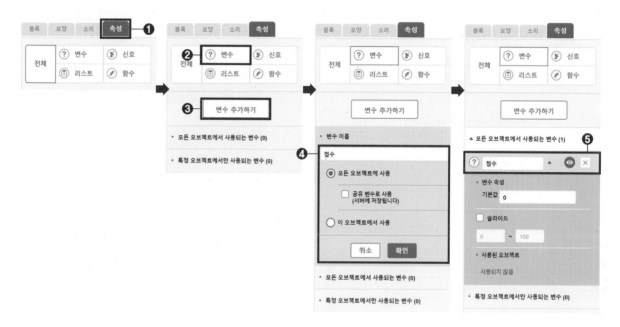

[변수 추가 방법]

---

tip

◉를 눌러, 실행 화면에 변수가 보이거나 보이지 않게 설정할 수 있습니다. 기본값을 0으로 해두면 실행될 때 점수 변수가 언제든 0부터 시작됩니다. 다른 숫자로 기본 값을 넣어두면 실행될 때 그 숫자부터 점수 값이 시작됩니다.

변수 이름을 입력할 때 '모든 오브젝트에 사용'이나 '이 오브젝트에서 사용' 그리고 '공유 변수로 사용'을 체크하는 부분이 있습니다. 이는 변수의 사용 범위를 지정하는 것인데, 변수를 만들 때 한 번 정하면 추후 재설정은 불가능합니다. 간단히 그 개념만 정리하면 다음과 같습니다.

모든 오브젝트에 사용	이 변수를 모든 오브젝트에서 사용합니다.
이 오브젝트에서 사용	현재 선택한 오브젝트에서만 사용 가능합니다. 복제된 오브젝트 별로 변수를 다르게 적용시킬 때 사용합니다.

공유 변수로 사용	실행하던 엔트리 작품을 정지한 후 다시 실행시킬 때 사용하던 변수 값이 초기화 되지 않고 그대로 사용할 수 있도록 합니다.

[변수의 종류]

tip

일단 기본 시작 단계인 3급 과정에서는 특별한 지시 사항이 없는 한 '모든 오브젝트에 사용'에 체크를 하여 사용하도록 합니다.

변수를 사용하는 방법을 간단한 예제를 통해 알아보도록 합시다. 아래 예제는 벽에 닿을 때마다 1점씩 '점수' 변수를 올려 '점수=10점'이 되면 "성공"이라고 말하는 예제입니다.

['점수' 변수 사용 예제]
• 계속 반복해서 화면의 좌우로 움직이기
• 벽에 닿으면 점수 1점씩 올리기
• 10점이면 "성공"을 4초 동안 말하기

작품을 실행시킬 때 변수가 시작하는 값을 먼저 정해줍니다. 그리고 어떤 상황에서 변수가 값이 커지거나 줄어들지 설정해 줍니다. 또한 위와 같이 점수가 일정한 값이 되면 실행을 멈추도록 조건값을 정하는 데에도 변수를 사용합니다.

③ 리스트 추가

예제 완성 파일 PART03₩예제03.ent

리스트를 추가하는 방법에 대해 알아보겠습니다.

❶ [속성] 탭을 누릅니다.

❷ [리스트]를 누릅니다.

❸ 하단에 나타난 [리스트 추가하기] 버튼을 누릅니다.

❹ 입력란에 리스트 이름을 적고 '모든 오브젝트에 사용'을 체크한 후 [확인] 버튼을 누릅니다.

❺ 새롭게 만들어진 리스트가 나타난 것을 확인할 수 있습니다. 를 눌러, 실행 화면에 변수가 보이거나 보이지 않게 설정할 수 있습니다.

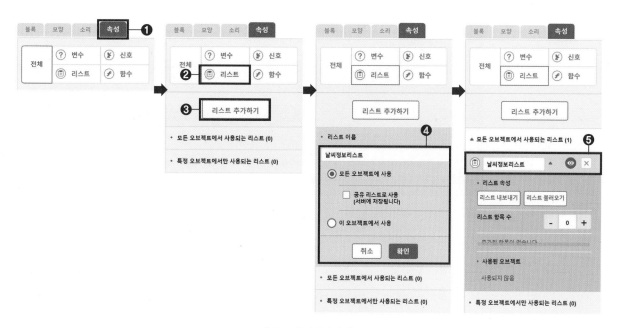

[리스트 추가하기 방법]

리스트 이름을 입력할 때 '모든 오브젝트에 사용'에 체크를 했습니다. 리스트의 사용 범위 역시 변수와 마찬가지로 범위를 정하여 선택할 수 있습니다만, 일단 특정한 언급이 없다면 '모든 오브젝트에 사용'으로 만들면 됩니다.

리스트는 항목 수를 조정하여 입력할 수 있습니다. 리스트 항목 수의 숫자를 정한 후 입력창에 리스트 내용을 적어 넣어 줍니다. 아래 예제는 3개의 리스트 항목 수를 정하고, 날씨 정보와 관련된 3가지 항목을 직접 적어 넣어준 것이 실행 화면에 보이도록 만들어진 상황입니다.

리스트에 3가지 항목을 만들어 넣고, 다음과 같은 코드를 작성하고 실행해 봅시다.

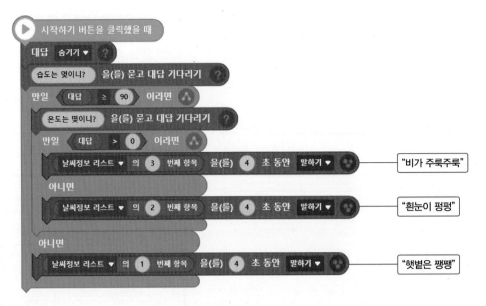

[리스트 항목을 사용하는 방법]

"비가 주룩주룩"

"흰눈이 펑펑"

"햇볕은 쨍쨍"

습도 값과 온도 값 두 가지 질문을 하고 대답에 따라서, 습도가 90 이상이면 온도가 0보다 높은지 여부에 따라 비나 눈이 온다고 말하게 하고, 습도가 90 미만이면 햇볕이 난다고 말하게 했습니다. 아래 예제에서 실행시킨 후 묻는 질문의 대답에 '습도는 95, 온도는 20'이라고 입력하였다면 엔트리봇이 어떤 말을 할까요? 위의 코드를 잘 살펴본다면 "비가 주룩주룩"이라고 날씨 정보를 말하게 된다는 것을 알 수 있을 것입니다.

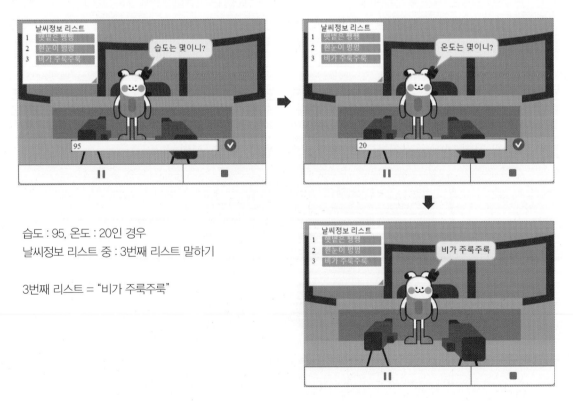

습도 : 95, 온도 : 20인 경우
날씨정보 리스트 중 : 3번째 리스트 말하기

3번째 리스트 = "비가 주룩주룩"

[리스트 예제 실행]

또 만일 위의 예제를 실행시켜, '습도는 97, 온도는 −11'이라고 입력했다면 엔트리봇은 어떤 날씨 정보 리스트를 말하기 할까요? 2번째 항목을 말하도록 코딩했으므로 "흰눈이 펑펑"이라고 날씨 정보를 말할 것입니다. 리스트를 활용하면, 위의 날씨 정보 리스트처럼 같은 형태의 데이터를 하나의 묶음으로 엮어서 정리하고 활용하기 쉽습니다.

Chapter

5 : 엔트리 블록 살펴보기

1 [시작(▣)] 카테고리

[시작(▣)] 카테고리의 블록들은, 엔트리 작품을 실행시키면 제일 먼저 시작되는

(▶ 시작하기 버튼을 클릭했을 때) 블록을 비롯하여 장면의 시작이나 신호를 받았을 때 및 외부 입력에 의한

이벤트 등 실행 명령들을 시작하기 위한 여러 가지 방식에 대한 블록들을 모아 놓은 카테고리입니다.

실행 시작 시점 방식들 〉〉

(▶ 시작하기 버튼을 클릭했을 때)	[시작하기(　▶　)] 버튼을 클릭했을 때 이 블록 아래에 연결되어 있는 블록들부터 세일 먼저 실행합니다. 이 블록은 한 작품 안에 한 개 이상의 블록이 있어야 합니다.
(q▼ 키를 눌렀을 때)	키보드에 있는 키를 눌렀을 때 이 블록에 연결된 블록을 실행합니다. q 부분을 클릭하고 직접 키보드 키를 눌러서 원하는 키를 선택합니다.
(마우스를 클릭했을 때)	마우스를 클릭했을 때 이 블록에 연결된 블록을 실행합니다.
(마우스 클릭을 해제했을 때)	마우스 클릭했다가 해제할 때 이 블록에 연결된 블록을 실행합니다.
(오브젝트를 클릭했을 때)	해당 오브젝트를 실행 화면에서 클릭했을 때 이 블록에 연결된 블록을 실행합니다.
(오브젝트 클릭을 해제했을 때)	해당 오브젝트의 클릭을 해제할 때 연결된 블록을 실행합니다.

대상없음 ▼ 신호를 받았을 때	해당 신호를 받았을 때 연결된 블록을 실행합니다. [속성] 탭에서 만든 신호를 만들고 그 신호를 지정한 후 사용합니다.
대상없음 ▼ 신호 보내기	신호를 지정하여 그 신호를 보냅니다. 신호를 보내고, 바로 이 블록 아래에 있는 다음 블록을 실행합니다.
대상없음 ▼ 신호 보내고 기다리기	신호를 지정하여 그 신호를 보내고, 그 신호를 보낸 블록이 실행을 완료하기를 기다립니다. 완료된 후 이 블록 아래에 연결된 다음 블록을 실행합니다.

장면을 시작하는 방식들 〉〉

장면이 시작되었을때	장면이 시작되었을 때 연결된 블록을 실행합니다.
장면 1 ▼ 시작하기	선택한 장면을 시작합니다.
다음 ▼ 장면 시작하기	이전 장면, 다음 장면 중 선택하여 시작하게 합니다.

2 [흐름(⚒)] 카테고리

[흐름(⚒)] 카테고리는 명령을 실행하는 흐름들을 제어하기 위한 블록들을 모아 놓은 카테고리입니다. 실행을 하다가 잠시 기다리게도 하고, 특정한 상황에서 참인 경우와 거짓인 경우에 따라 실행의 흐름을 바꾸기도 하고, 실행의 흐름을 원하는 횟수나 조건에 맞게 계속 반복하게도 합니다.

시간 지연 〉〉

2 초 기다리기 ⚒	실행하다가 잠시 2초 기다렸다가 다음 블록을 실행합니다. 2초 대신 숫자를 직접 입력하여 시간 조정이 가능합니다.

반복하기 방식들

10 번 반복하기	입력한 횟수만큼 반복하여 블록 내부에 조합해 넣어진 블록을 실행합니다.
계속 반복하기	이 블록 안에 조합해 넣어진 블록들을 무한히 계속 반복해 실행합니다.
참 이 될 때까지 ▼ 반복하기	판단에 따라 반복 여부를 결정합니다. • '~이 될 때까지' : 판단이 참이 될 때까지 내부의 블록들을 반복해서 실행합니다. • '~인 동안' : 판단이 참인 동안 내부의 블록들을 반복해서 실행합니다.
반복 중단하기	이 블록을 감싸는 가장 안쪽의 반복 블록을 중단합니다.

판단에 따라 실행하는 방식들

만일 참 이라면	판단이 참인 경우 내부에 작성한 블록들을 실행합니다.
만일 참 이라면 / 아니면	판단이 참인 경우 첫 번째로 감싼 블록들을 실행하고, 판단이 거짓인 경우 두 번째로 감싼 블록들을 실행합니다.

판단에 따라 실행 여부를 결정

참 이(가) 될 때까지 기다리기	판단이 참이 될 때까지 실행하지 않고 기다리다가, 판단이 참인 상황이 되면 아래 연결된 블록을 실행합니다.

모든 ▼ 코드 멈추기 ∧	• '모든' : 작품의 모든 실행을 멈춥니다(작품 내 모든 오브젝트의 모든 블록을 멈춤). • '자신의' : 이 블록이 속한 오브젝트 내의 모든 블록을 멈춥니다. • '이' : 이 블록과 연결되어 있는 블록들만 멈춥니다. • '자신의 다른' : 해당 오브젝트의 블록들 중 이 블록과 연결된 블록 외의 모든 블록이 실행을 멈춥니다. • '다른 오브젝트의' : 다른 오브젝트의 모든 블록이 실행을 멈춥니다.
처음부터 다시 실행하기 ∧	처음부터 다시 실행합니다.

복제와 관련된 블록들 》

👤 복제본이 처음 생성되었을때	복제본이 생성되었을 때 이 블록에 연결된 블록을 실행합니다.
자신 ▼ 의 복제본 만들기 ∧	자신 또는 지정한 다른 오브젝트의 복제본을 만듭니다.
이 복제본 삭제하기 ∧	이 블록에 연결된 블록들이 실행되고 있는 복제본을 삭제할 때 사용합니다.
모든 복제본 삭제하기 ∧	원본 오브젝트가 아닌 모든 복제본을 삭제합니다.

― tip

[멈추기 방식]

모든 ▼ 코드 멈추기 ∧ 블록의 사용법을 아래 그림을 통해 좀 더 알아봅시다. 다음과 같이 엔트리 작품에서 '오브젝트1'의

'블록1'에 모든 ▼ 코드 멈추기 ∧ 블록을 연결해 실행시킬 경우 각 설정에 따라 실행을 멈추는 범위가 어떻게 달라지는지

알아봅시다.

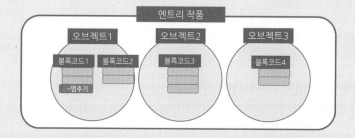

• '**모든**' **코드 멈추기** : 블록코드1, 블록코드2, 블록코드3, 블록코드4 모두 멈춤
• '**자신의**' **코드 멈추기** : 블록코드1, 블록코드2 멈춤
• '**이**' **코드 멈추기** : 블록코드1 멈춤
• '**자신의 다른**' **코드 멈추기** : 블록코드2 멈춤
• '**다른 오브젝트의**' **코드 멈추기** : 블록코드3, 블록코드4 멈춤

③ [움직임(움직임)] 카테고리

[움직임(움직임)] 카테고리에는 실행 화면에서 오브젝트를 원하는 위치로 이동시키거나 회전시키는 명령에 관련된 여러 블록들이 있습니다.

움직이기, 튕기기

이동 방향으로 10 만큼 움직이기	오브젝트의 이동 방향 화살표가 가리키는 방향을 향해 입력한 숫자의 값만큼 움직입니다.
화면 끝에 닿으면 튕기기	오브젝트가 실행 화면의 끝에 닿으면 튕기게 됩니다.

좌표 값에 더하기(add)

x 좌표를 10 만큼 바꾸기	입력한 수만큼 x축 방향으로 오브젝트의 좌표 위치를 바꿉니다.
y 좌표를 10 만큼 바꾸기	입력한 수만큼 y축 방향으로 오브젝트의 좌표 위치를 바꿉니다.
2 초 동안 x: 10 y: 10 만큼 움직이기	입력한 시간 동안에 x축, y축 방향으로 입력한 값만큼 좌표를 바꿉니다.

좌표 지정하기(set)

x: 10 위치로 이동하기	입력한 x축 좌표로 오브젝트가 이동합니다.
y: 10 위치로 이동하기	입력한 y축 좌표로 오브젝트가 이동합니다.
x: 0 y: 0 위치로 이동하기	입력한 x축, y축 값의 위치로 이동합니다.
2 초 동안 x: 10 y: 10 위치로 이동하기	입력한 시간 동안에 입력한 x축, y축 값 위치로 이동합니다.
엔트리봇 ▼ 위치로 이동하기	선택한 오브젝트 및 마우스포인터 위치로 오브젝트가 이동합니다.
2 초 동안 엔트리봇 ▼ 위치로 이동하기	선택한 오브젝트 및 마우스포인터 위치로 입력한 시간 동안 이동합니다.

* x, y 좌표값은 오브젝트의 중심점을 기준으로 합니다.

방향을 90° 만큼 회전하기	입력한 값만큼 오브젝트가 시계방향으로 회전합니다(그림 방향 회전).
이동 방향을 90° 만큼 회전하기	입력한 각도만큼 오브젝트가 움직일 방향이 회전됩니다(이동 방향 회전).
2 초 동안 방향을 90° 만큼 회전하기	오브젝트가 입력한 각도만큼 입력한 시간 동안 시계 방향으로 회전합니다(그림 방향 회전).
2 초 동안 이동 방향 90° 만큼 회전하기	오브젝트가 입력한 각도만큼 입력한 시간 동안 시계 방향으로 이동 방향을 회전합니다(이동 방향 회전).

*회전할 때는 오브젝트 중심점을 기준으로 회전합니다.

방향

방향을 90° (으)로 정하기	오브젝트의 방향을 입력한 각도로 정합니다.
이동 방향을 90° (으)로 정하기	오브젝트가 움직일 이동 방향을 입력한 각도로 정합니다.
엔트리봇 ▾ 쪽 바라보기	이동 방향이 선택한 것(특정 오브젝트 및 마우스포인터)을 향하도록 오브젝트의 이동 방향을 회전합니다.

방향으로 움직이기

90° 방향으로 10 만큼 움직이기	오브젝트가 입력한 각도 방향으로 입력한 값만큼 움직입니다.

4 [생김새(🕴)] 카테고리

오브젝트의 보이는 상태와 순서 및 지니고 있는 여러 모양 중의 어떤 것을 보이게 할지 등 그림에 관련된 여러 블록들이 [생김새(🕴)] 카테고리 안에 있습니다.

보이기/숨기기

모양 보이기	오브젝트를 실행 화면에서 보이게 합니다.
모양 숨기기	오브젝트를 실행 화면에서 숨깁니다.

말풍선으로 말하기

안녕! 을(를) 4 초 동안 말하기 ▼	입력한 글자들을 말풍선 모양으로 지정한 시간 동안 보여준 후 다음 블록을 실행합니다.
안녕! 을(를) 말하기 ▼	입력한 글자들을 말풍선으로 보여주는 동시에 바로 다음 블록을 실행합니다.
말하기 지우기	말하기 블록으로 보여주고 있는 말풍선을 지워줍니다.

모양 바꾸기

엔트리봇_걷기1 모양으로 바꾸기	오브젝트가 가지고 있는 여러 모양들 중 한 가지를 골라 그 모양으로 보이게 바꿔 줍니다.
다음 ▼ 모양으로 바꾸기	오브젝트의 모양을 모양 목록에 있는 다음 또는 이전 순서의 것으로 바꾸어 보여 줍니다.

그래픽 효과

색깔 ▼ 효과를 10 만큼 주기	선택한 그래픽 효과를 입력한 수치만큼 줍니다. 색깔, 밝기, 투명도 각 그래픽 효과별로 수치 값이 표현하는 것이 다릅니다.
색깔 ▼ 효과를 100 (으)로 정하기	선택한 그래픽 효과를 입력한 수치값으로 정해서 표현합니다.
효과 모두 지우기	그래픽 효과를 모두 없애고 원래의 오브젝트 모습으로 보여줍니다.

크기를 10 만큼 바꾸기	오브젝트의 크기를 입력한 수치만큼 바꾸어 줍니다.
크기를 100 (으)로 정하기	오브젝트의 크기를 입력한 값으로 정합니다.

모양 뒤집기, 보이는 순서

상하 모양 뒤집기	오브젝트의 위아래를 뒤집어 보여줍니다.
좌우 모양 뒤집기	오브젝트의 좌우를 뒤집어 보여줍니다.
맨 앞으로 ▼ 보내기	선택한 내용대로 오브젝트의 보여지는 순서를 정합니다. • '맨 앞으로' : 모든 오브젝트들 중에 제일 앞에 보여줍니다. • '앞으로' : 한 단계 앞으로 가져와 보여줍니다. • '뒤로' : 한 단계 뒤로 보냅니다. • '맨 뒤로' : 모든 오브젝트들 중 맨 뒤로 보냅니다.

5 [붓( )] 카테고리

종이에 그림을 그리듯, 실행 화면에 원하는 색이나 굵기를 정하여 마음대로 그림을 그릴 수 있는 붓 기능 및 도장찍기에 관련된 블록들이 모여 있습니다.

도장

도장찍기	오브젝트 자신의 모양과 똑같은 그림을 실행 화면 위에 찍을 수 있습니다.

그리기 시작하기 / 멈추기

그리기 시작하기	이 블록을 실행하면, 오브젝트가 이동하는 경로를 따라 선을 그리기 시작합니다.
그리기 멈추기	선 그리기를 멈추게 합니다.

붓의 색 》

붓의 색을 ■ (으)로 정하기 ✏	그려지는 선의 색을 원하는 색으로 정합니다.
붓의 색을 무작위로 정하기 ✏	그려지는 선의 색을 무작위로 골라 정합니다.

붓의 굵기 》

붓의 굵기를 ① 만큼 바꾸기 ✏	그려지고 있는 선의 굵기에서 입력한 값만큼 선의 굵기를 바꿉니다.
붓의 굵기를 ① (으)로 정하기 ✏	그려지는 선의 굵기를 입력한 값으로 정합니다.

붓의 투명도 》

붓의 투명도를 ⑩ % 만큼 바꾸기 ✏	입력한 값만큼 그려지는 선의 투명도가 바뀝니다.
붓의 투명도를 ㊿ % 로 정하기 ✏	입력한 값으로 그려지는 선의 투명도를 정합니다(입력 가능한 값의 범위 : 0 ~ 100).

지우기 》

모든 붓 지우기 ✏	그려진 선과 도장찍기 된 것을 모두 지웁니다.

⑥ [소리(🔊)] 카테고리

[소리(🔊)] 카테고리 안에는 다양한 방식으로 소리를 재생할 수 있는 블록들이 있습니다. 각 오브젝트들은 자신이 지닌 소리를 재생할 수 있는데, 엔트리에서 제공하는 소리 파일 외에 컴퓨터에 저장된 소리 파일을 업로드해서 소리 목록에 가져와 사용할 수도 있습니다.

재생

소리 강아지 짖는소리 ▼ 재생하기	오브젝트가 지닌 소리 목록 중 선택한 소리를 재생하고, 바로 아래에 연결된 다음 블록을 실행합니다.
소리 강아지 짖는소리 ▼ 1 초 재생하기	선택한 소리를 재생하면서, 바로 아래에 연결된 다음 블록을 실행합니다. 소리는 입력된 시간만큼만 재생됩니다.
소리 강아지 짖는소리 ▼ 1 초 부터 10 초까지 재생하기	소리를 입력한 시간 부분만 재생합니다. 소리를 재생하며 바로 다음 연결된 블록을 실행합니다.

재생하고 기다리기

소리 강아지 짖는소리 ▼ 재생하고 기다리기	선택한 소리를 다 재생할 때까지 기다렸다가, 재생이 끝난 다음 연결된 블록을 실행합니다.
소리 강아지 짖는소리 ▼ 1 초 재생하고 기다리기	선택한 소리를 입력한 시간 동안 다 재생한 다음, 재생이 끝난 후 연결된 블록을 실행합니다.
소리 강아지 짖는소리 ▼ 1 초 부터 10 초까지 재생하고 기다리기	입력한 시간 부분만큼 소리가 재생된 후 연결된 블록을 실행합니다.

소리 크기

소리 크기를 10 % 만큼 바꾸기	소리의 크기를 입력한 %값 만큼 바꿉니다.
소리 크기를 10 % 로 정하기	소리의 크기를 입력한 %값으로 정합니다.

소리 멈추기

모든 소리 멈추기	재생되고 있는 모든 소리를 멈춥니다.

7 [판단(☑판단)] 카테고리

참과 거짓으로 구분할 수 있는 판단의 조건 상황들을 모아놓은 카테고리입니다. 이 블록들은 혼자서 실행되지는 않고, 주로 [흐름(△흐름)] 카테고리의 블록 중 이 블록을 조합해 사용할 수 있는 블록들과 함께 사용되곤 합니다.

마우스 또는 키보드 〉

마우스를 클릭했는가?	마우스를 클릭한 경우 '참'이 됩니다.
q ▼ 키가 눌러져 있는가?	선택한 키보드의 키가 눌러져 있는 경우 '참'이 됩니다.
마우스포인터 ▼ 에 닿았는가?	선택한 항목(마우스포인터, 오브젝트, 벽, 위쪽 벽, 아래쪽 벽 등)과 닿은 경우 '참'이 됩니다.

비교 연산 〉

10 = 10	왼쪽과 오른쪽 값이 같으면 '참'이 됩니다.
10 > 10	왼쪽 값이 오른쪽 값보다 크면 '참'이 됩니다.
10 < 10	왼쪽 값이 오른쪽 값보다 작으면 '참'이 됩니다.
10 ≥ 10	인쪽 값이 오른쪽 값보다 크거나 같으면 '참'이 됩니다.
10 ≤ 10	왼쪽 값이 오른쪽 값보다 작거나 같으면 '참'이 됩니다.

논리연산 〉

참 그리고 ▼ 참	왼쪽과 오른쪽 판단 값 두 개가 모두 참일 때 '참'이 됩니다.
참 또는 ▼ 거짓	왼쪽과 오른쪽 판단 값 두 개 중 하나라도 참이면 '참'이 됩니다.
참 (이)가 아니다	판단 값이 참이면 '거짓'이 되고, 판단 값이 거짓이면 '참'이 됩니다.

8 [계산(🖩)] 카테고리

수 연산, 난수, 거리 값 등의 블록 및 문자열 관련 블록 등을 모아 놓은 카테고리입니다.

수 연산, 난수, 좌표 및 소리 값

(10 + 10)	입력한 두 수를 더한 값입니다.
(10 - 10)	입력한 첫 번째 수에서 두 번째 수를 뺀 값입니다.
(10 x 10)	입력한 두수를 곱한 값입니다.
(10 / 10)	입력한 첫 번째 수를 두 번째 수로 나눈 값입니다.
(0 부터 10 사이의 무작위 수)	입력한 두수의 사이에서 무작위로 고른 수입니다.
(마우스 x ▼ 좌표)	마우스의 x좌표, 또는 마우스의 y좌표 값을 의미합니다.
(엔트리봇 ▼ 의 x좌푯값 ▼)	선택한 오브젝트 또는 자신의 특정 값(x좌표, y좌표, 방향, 이동 방향, 크기, 모양 번호, 모양 이름)을 나타냅니다.
(소릿값)	소리의 크기 값을 의미합니다.
(10 / 10 의 몫 ▼)	• 몫 : 앞의 수를 뒤의 수로 나누어 생긴 몫의 값입니다. • 나머지 : 앞의 수를 뒤의 수로 나누어 생긴 나머지의 값입니다.
(10 의 제곱 ▼)	입력한 수에 대한 다양한 수학식의 계산 값 입니다(제곱, 루트, 사인값, 코사인값, 탄젠트값, 소수점 버림값, 소수점 올림값, 반올림값, 팩토리얼값, 절댓값 등).

초시계

(초시계 값)	이 블록이 실행되는 순간 초시계에 저장된 값입니다.
초시계 시작하기 ▼ ⊞	이 블록을 블록조립소로 가져오면 실행화면에 '초시계창'이 생깁니다. • 시작하기 : 초시계를 시작합니다. • 정지하기 : 초시계를 정지합니다. • 초기화하기 : 초시계의 값을 0으로 초기화 합니다.
초시계 숨기기 ▼ ⊞	• 숨기기 : 실행 화면에서 초시계창을 숨기게 합니다. • 보이기 : 실행 화면에서 초시계창을 보이게 합니다.

현재 연도 ▼	현재의 연도, 월, 일, 시, 분에 대한 값입니다.
엔트리봇 ▼ 까지의 거리	자신과 선택한 오브젝트 또는 마우스포인터 간의 거리를 나타내는 값입니다.
강아지 짖는소리 ▼ 소리의 길이	선택한 소리의 시간상 길이(초) 값입니다.
사용자이름	작품을 실행하고 있는 사용자의 이름값입니다.

문자열 〉

엔트리 의 글자 수	입력한 문자 값의 글자 수입니다. 공백도 글자 수에 포함됩니다.
안녕! 과(와) 엔트리 를 합치기	입력한 두 자료를 결합한 값입니다.
안녕 엔트리! 의 1 번째 글자	입력한 내용 중 입력한 숫자 번째의 글자 값입니다.
안녕 엔트리! 의 2 번째 글자부터 5 번째 글자까지의 글자	첫 칸에 입력한 내용 중 입력한 범위 내의 글자(문자 또는 숫자) 값입니다.
안녕 엔트리! 에서 엔트리 의 시작 위치	첫 칸에 입력한 내용에서 두 번째 칸에 지정한 문자 값이 처음으로 등장하는 위치 값입니다(숫자로 표시됨).
안녕 엔트리! 의 안녕 을(를) 반가워 로 바꾸기	첫 칸에 입력한 내용 중 두 번째 칸에서 지정한 내용을 찾아 세 번째 칸에 입력한 내용으로 바꾼 값입니다.
Hello Entry! 의 대문자 ▼	• 대문자 : 입력한 영문의 모든 알파벳을 대문자로 바꾼 문자 값입니다. • 소문자 : 입력한 영문의 모든 알파벳을 소문자로 바꾼 문자 값입니다.

⑨ [자료(?)] 카테고리

속성에서 만든 변수나 리스트에 관련된 자료 값을 다루는 블록들을 모아놓은 카테고리입니다.

묻고 대답 기다리기

안녕! 을(를) 묻고 대답 기다리기 ?	이 블록에 입력한 내용을 오브젝트가 말풍선으로 질문을 던지고, 사용자가 입력할 수 있도록 실행화면 하단에 대답창이 생깁니다.
대답	묻고 대답 기다리기에 대해 사용자가 대답창에 입력한 값입니다.
대답 숨기기 ▼ ?	실행 화면에 보이는 대답 값을 보이게 하거나 숨기기 할 수 있습니다.

변수

변수 ▼ 값	선택된 변수에 저장된 값입니다.
변수 ▼ 에 10 만큼 더하기 ?	선택한 변수에 입력한 값을 더합니다.
변수 ▼ 를 10 로 정하기 ?	선택한 변수의 값을 입력한 값으로 정합니다.
변수 변수 ▼ 보이기 ?	실행 화면에 변수값을 나타내는 창이 보이게 합니다.
변수 변수 ▼ 숨기기 ?	실행 화면에 변수값을 나타내는 창을 숨깁니다.

리스트

리스트 ▼ 의 1 번째 항목	선택한 리스트의 항목 중 입력한 순서에 있는 항목 값을 의미합니다.
10 항목을 리스트 ▼ 에 추가하기 ?	선택한 리스트의 마지막 항목으로 입력한 값이 추가됩니다.
1 번째 항목을 리스트 ▼ 에서 삭제하기 ?	선택한 리스트의 입력한 순서 번째 항목이 삭제됩니다.
10 을(를) 리스트 ▼ 의 1 번째에 넣기 ?	선택한 리스트의 입력된 순서의 위치에 입력된 내용을 넣습니다. 이후의 항목들은 순서가 하나씩 밀립니다.
리스트 ▼ 1 번째 항목을 10 (으)로 바꾸기 ?	선택한 리스트에서 입력한 순서 번째에 있는 항목 값을 입력한 내용으로 바꿉니다.
리스트 ▼ 항목 수	선택한 리스트가 지니고 있는 항목의 개수에 대한 값입니다.

리스트 ▼ 에 10 이 포함되어 있는가?	선택한 리스트에 입력한 값이 포함되어있는지 확인합니다.
리스트 리스트 ▼ 보이기 ?	선택한 리스트를 실행 화면에 보이게 합니다.
리스트 리스트 ▼ 숨기기 ?	선택한 리스트를 실행 화면에서 숨기기 합니다.

⑩ [함수(함수)] 카테고리

수식이나 자주 사용하는 코드들을 계속 똑같이 작성하는 것은 번거로운 일입니다. 그러므로 함수를 만들어서 그 함수에 코드를 미리 작성해 둔 다음, 매번 필요할 때마다 함수 블록만 가져와 사용한다면 여러 개의 다른 블록들을 일일이 다시 조립하여 코드를 작성할 필요가 없어서 효율적일 것입니다.

함수 정의하기 함수 f	자주 사용하게 될 코드들은 이 블록 아래에 조립하여 함수로 만듭니다.
이름	함수의 이름을 입력하여 정해 줍니다.
문자/숫자값	함수를 실행하는 데 문자나 숫자 값이 필요한 경우 빈칸 안에 조립하여 사용합니다.
판단값	함수를 실행하는 데 참이나 거짓을 판단할 필요가 있을 때 조립하여 매개 변수로 사용합니다.
함수 f	현재 만들고 있는 함수 블록 또는 지금까지 만들어둔 함수 블록들을 보여줍니다.

*본 챕터의 엔트리 블록에 대한 설명은 엔트리 블록도움말을 근거로 작성하였으며, 필요한 상세설명들을 추가하였습니다.

6 : 파일 열기 및 저장하기

엔트리로 만든 작품들은 이름을 정해 파일로 저장할 수 있습니다. 엔트리 작품을 컴퓨터에 저장하거나, 새롭게 만들고, 불러와 열어보는 방법 등을 알아봅시다.

❶ 작품 새로 만들기

작품을 새롭게 만들고 싶다면 다음과 같은 방법들 중 하나를 사용해 시작하도록 합니다.

❶ 엔트리 화면의 맨 위 왼쪽에 위치한 [파일] 메뉴를 눌러 [새로 만들기] 선택

❷ 엔트리 화면 위 오른쪽에 [파일(🖿▾)]을 눌러 [새로 만들기] 선택

❷ 작품 불러오기

컴퓨터에 저장해둔 다른 엔트리 작품을 불러와 사용해 봅시다. 다음과 같은 방법들 중 하나를 사용해 작품을 불러옵니다.

❶ 엔트리 화면의 맨 위 왼쪽에 위치한 [파일] 메뉴의 [오프라인 작품 불러오기] 선택

❷ 엔트리 화면 위 오른쪽에 [파일(🖿▾)]을 눌러 [오프라인 작품 불러오기] 선택

❸ 작품 저장하기

작품을 다 만든 후 저장할 때에는 [저장하기]와 [복사본으로 저장하기]를 구분해 저장합니다. 만일 원본은 그대로 두고 지금 작업 중인 작품을 복사본으로 한 개 더 저장하고 싶다면 [복사본으로 저장하기]를 선택해 저장합니다. 이름을 다르게 해서 저장해야 원본을 덮어쓰지 않고 별도로 저장됩니다.

1) 저장하기

다음과 같은 방법들 중 하나를 사용해 작품을 저장합니다.

❶ 엔트리 화면의 맨 위 왼쪽에 위치한 [파일] 메뉴의 [저장하기]를 눌러 작품을 컴퓨터에 저장

❷ 엔트리 화면 위 오른쪽에 [저장하기(🖿▾)]를 눌러 [저장하기] 선택

[저장하기 메뉴]

2) 복사본으로 저장하기

다음과 같은 방법들 중 하나를 사용해 작품을 복사본으로 저장합니다.

❶ [파일] 메뉴의 [복사본으로 저장하기]를 눌러 별도파일로 저장

❷ 엔트리 화면 위 오른쪽에 [저장하기( )]를 눌러 [복사본으로 저장하기] 선택

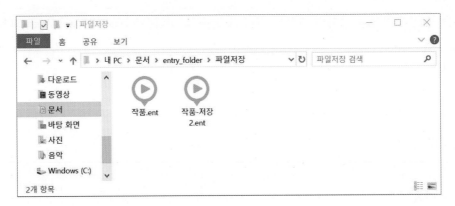

[원본 유지하고, 복사본으로 저장된 파일]

> 꿋꿋하게 자신의 목표를 향해
> 걸어가기만 하면 돼.
> 그러면 그 목표에 도달하게 될 거야.
> 일하고 노력하는 것에는
> 그 나름의 이유가 있어.

– 레프 톨스토이, 〈안나 카레니나〉 –

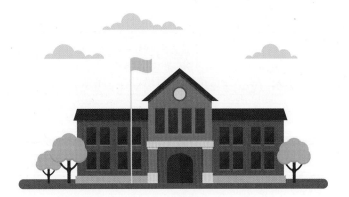

PART 4

주요 출제
기능 익히기

Chapter

1 : 순차 구조 알아보기

개념 **순차 구조 해결하기**

우리의 일상생활에서 정해진 순서에 따라 차례대로 처리하는 행동은 무엇이 있을까요?

아침에 일어나서 학교에 가기까지의 과정을 생각해볼까요? 그 과정을 순서대로 나열해보면 '① 알람 소리에 맞추어 일어난다, ② 세면을 한다, ③ 옷을 갈아입는다, ④ 아침 식사를 한다, ⑤ 준비물을 챙긴다, ⑥ 학교에 간다.'입니다. 이처럼 해야 할 일을 순서대로 동작이나 명령을 나열한 것을 '순차 구조'라고 합니다.

미션 **토끼와 거북이 대화하기**   예제 파일 PART04₩예제01.ent

토끼와 거북이가 번갈아 가면서 대화하는 미션을 해결합니다.

실 행 화 면

해 결 하 기 말하기 블록과 '~초 기다리기' 블록을 이용하여 토끼와 거북이가 순차적으로 대화를 하도록 코딩합니다.

01 엔트리가 실행되면 [파일]−[오프라인 작품 불러오기]를 선택합니다.

02 [열기] 대화 상자가 나타나면 'PART 04' 폴더에서 '예제01.ent' 파일을 선택하고 [열기]를 클릭합니다.

토끼 오브젝트 코딩

03 파일이 열리면 토끼( ) 오브젝트를 선택한 후 [시작( )] 카테고리에서

[▶ 시작하기 버튼을 클릭했을 때] 블록을 드래그하여 블록 조립소로 이동합니다.

04 토끼가 거북이에게 인사하도록 [생김새( )] 카테고리의

[안녕! 을(를) 4 초 동안 말하기 ▼] 블록을 드래그하여 이전 블록에 다음과 같이 연결합니다. 그리고 말하는 내용을 변경하기 위하여 [거북아, 안녕?]으로 입력하여 수정합니다.

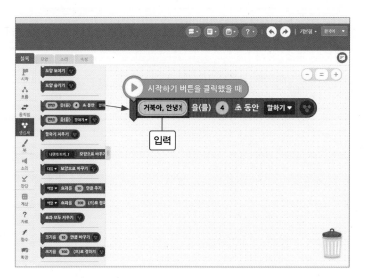

거북이 | **거북이 오브젝트 코딩**

05 거북이( ) 오브젝트를 선택한 후 [시작( )] 카테고리에서 ▶ **시작하기 버튼을 클릭했을 때** 블록과 [흐름( )] 카테고리의

2 초 기다리기 블록을 블록 조립소로 드래그하여 연결하고 시간을 **4**초로 입력하여 변경합니다.

―――――――――――― **why**

토끼가 4초 동안 말하기 때문에 토끼의 말을 다 듣고 거북이가 말을 하도록 거북이가 4초 기다리는 것입니다.

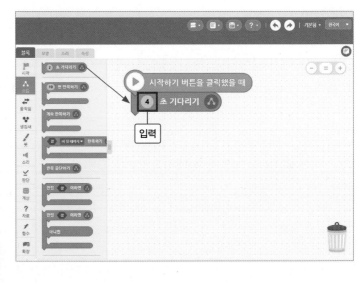

06 이번에는 거북이가 토끼에게 인사하기 위하여 [생김새( )] 카테고리의

안녕! 을(를) 4 초 동안 말하기 ▼ 블록을 연결하고 내용을 **토끼야, 안녕!** 으로 입력하여 수정합니다.

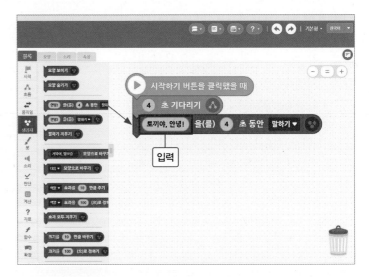

토끼 | **토끼 오브젝트 코딩**

07 다시 토끼( ) 오브젝트를 선택한 후 기존 블록에 이어서 [흐름( )] 카테고리의

2 초 기다리기 블록을 연결하고 시간을 **4**초로 입력하여 변경합니다.

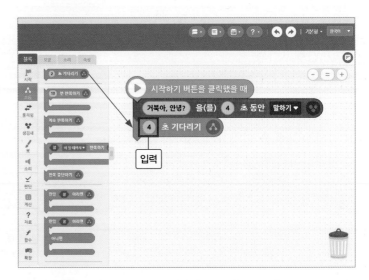

08 토끼가 거북이에게 말하도록
[생김새(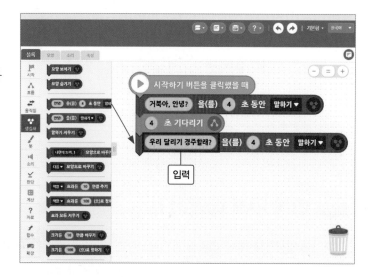)] 카테고리의

안녕! 을(를) 4 초 동안 말하기 ▼ 블록을 가져와

연결하고, 내용을 우리 달리기 경주할래? 으로 입력하여
변경합니다.

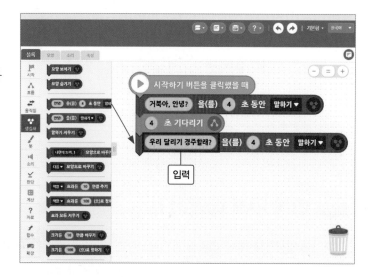

09 [시작하기(▶)] 버튼을 클릭하여 토끼와 거북이의 대화가 겹치지 않고 번갈아 가면서 대화하는지를 확인합니다.

2 : 반복 구조 알아보기

개념 반복 구조 해결하기

우리의 일상 생활에서 같은 일을 반복적으로 처리하는 행동은 무엇이 있을까요?

양치하는 모습을 떠올려볼까요? 우리는 윗니 한 번, 아랫니 한 번만 닦을까요? 치아를 깨끗하게 닦기 위해서 윗니 여러 번, 아랫니 여러 번을 반복하여 닦습니다. 이처럼 반복되는 일련의 행동을 묶어서 처리하는 방식을 '반복 구조'라고 합니다.

미션 바람개비 만들기

예제 파일 PART04₩예제02.ent ★

바람개비 조각을 회전하여 바람개비로 만드는 미션을 해결합니다.

실 행 화 면

해 결 하 기 바람개비 조각의 중심점을 변경하고, 방향을 60도 회전하면서 1초마다 도장을 찍기를 반복하여 바람개비 모양을 완성합니다.

01 엔트리가 실행되면 [파일]–[오프라인 작품 불러오기]를 선택합니다.

02 [열기] 대화 상자가 나타나면 'PART 04' 폴더에서 '예제02.ent' 파일을 선택하고 [열기]를 클릭합니다.

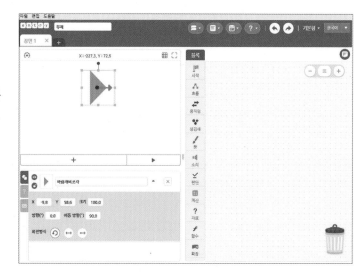

▶ 바람개비조각 **바람개비조각 오브젝트 코딩하기**

03 파일이 열리면 바람개비조각(▶) 오브젝트를 선택한 후 바람개비 조각의 중심점을 이동합니다.

━━━━━━━━━━━━━━━ **tip**

오브젝트가 회전을 할 때에는 중심점을 기준으로 회전하기 때문에 바람개비 조각의 중심점을 옮겨줍니다.

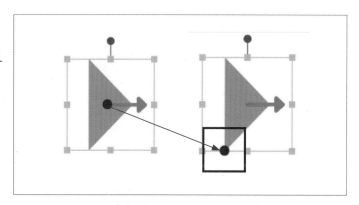

04 [시작(▶)] 카테고리에서
(▶ 시작하기 버튼을 클릭했을 때) 블록을 드래그하여 블록 조립소로 이동합니다. 그리고 [붓(✎)] 카테고리의 도장찍기 ✎ 블록을 연결합니다.

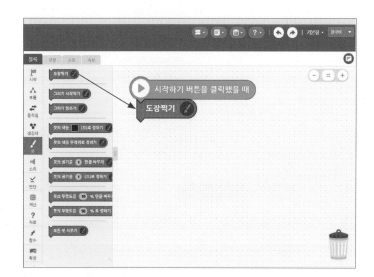

05 1초마다 바람개비의 조각을 도장찍도록 [흐름( )] 카테고리의 2 초 기다리기 블록을 연결하고 2초를 1초로 입력하여 변경합니다.

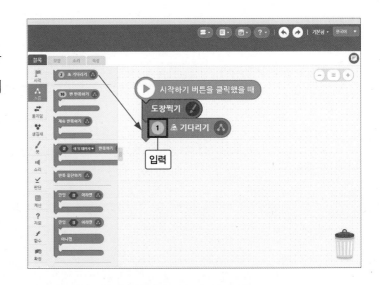

06 바람개비 조각을 회전하기 위하여 [움직임( )] 카테고리의 방향을 90° 만큼 회전하기 블록을 연결하고, 방향은 60°으로 변경합니다.

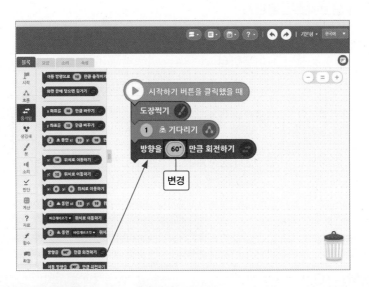

━━ **why**

방향을 60도 회전한 이유는 바람개비 조각이 6개인 바람개비를 만들기 위해서입니다.
360° ÷ 6(바람개비 조각 수) = 60°

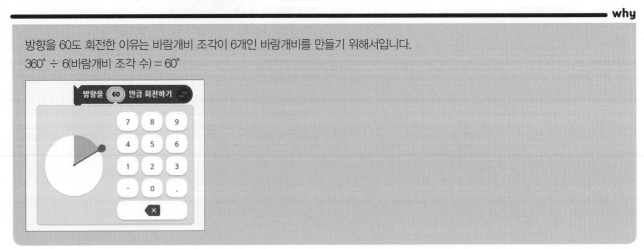

07 [흐름( )] 카테고리의

번 반복하기 블록을 다음과 같이 연결하

고, 반복 횟수를 **6**으로 입력하여 변경합니다.

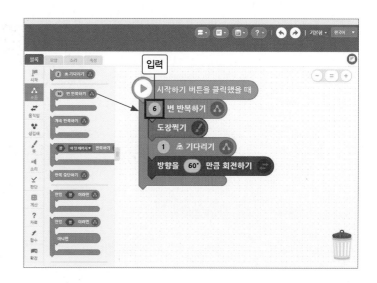

---

tip

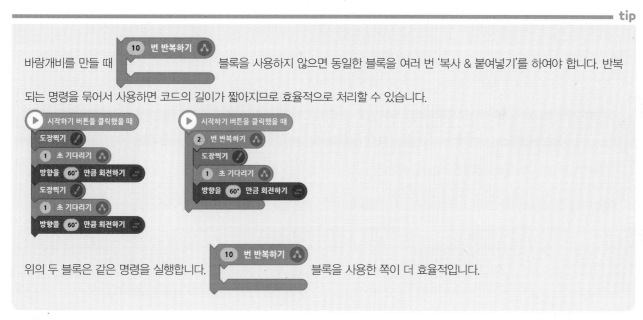

바람개비를 만들 때 번 반복하기 블록을 사용하지 않으면 동일한 블록을 여러 번 '복사 & 붙여넣기'를 하여야 합니다. 반복

되는 명령을 묶어서 사용하면 코드의 길이가 짧아지므로 효율적으로 처리할 수 있습니다.

위의 두 블록은 같은 명령을 실행합니다. 번 반복하기 블록을 사용한 쪽이 더 효율적입니다.

---

08 [시작하기(▶)] 버튼을 클릭하여 바람개비 조각이 1초마다 회전하여 다음과 같이 바람개비 모
양을 만드는지를 확인합니다.

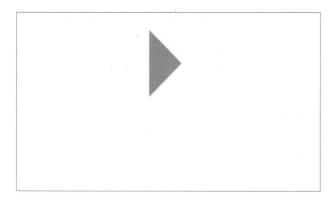

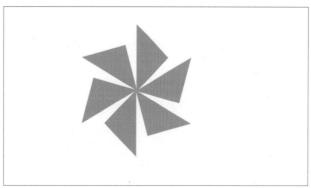

3 : 선택 구조 알아보기

개념 선택 구조 해결하기

우리의 생활은 선택의 연속입니다. 자장면과 짬뽕이 있다면 어떤 것을 먹을지 고민되지 않은가요?

이렇게 우리의 생활 속의 소소한 일에서부터 인생을 좌우지하는 중요한 일까지 끊임없이 선택합니다. 이처럼 상황을 판단하여 그에 맞는 명령을 수행하는 것을 '선택 구조'라고 합니다.

미션 좌우 방향키로 자동차 움직이기

예제 파일 PART04₩예제03.ent

자동차가 방향키에 따라 이동하는 미션을 해결합니다.

실 행 화 면

해결하기 '~키가 눌러져 있는가' 블록을 이용하여 오른쪽 혹은 왼쪽으로 이동하도록 조건을 주어 자동차가 키보드에 눌러지는 방향키 방향에 맞게 움직이도록 합니다.

01 엔트리가 실행되면 [파일]−[오프라인 작품 불러오기]를 선택합니다.

02 [열기] 대화 상자가 나타나면 'PART 04' 폴더에서 '예제03.ent' 파일을 선택하고 [열기]를 클릭합니다.

🚗 자동차 자동차 오브젝트 코딩

03 파일이 열리면 자동차(🚗) 오브젝트를 선택한 후 [시작(🏳)] 카테고리에서

▶ 시작하기 버튼을 클릭했을 때 블록을 드래그하여 블록 조립소로 이동합니다. 그리고 [흐름(⋀)]

카테고리의 만일 참 이라면 ⋀ 블록을 연결합니다.

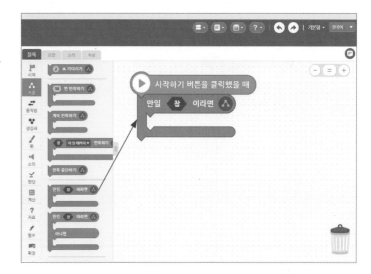

04 방향키가 눌러졌는지의 조건을 검사하기 위해 만일 참 이라면 ⋀ 블록에 [판단(⋎)] 카테고리의

◀ q ▼ 키가 눌러져 있는가? 블록을 끼워넣습니다. 그리고 키를 변경하기 위해 ▼를 클릭한 다음 '오른쪽 화살표'로 변경합니다.

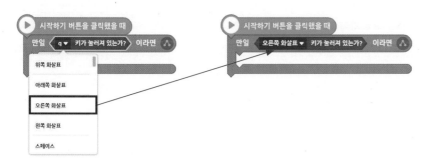

05 이어서 [움직임( )] 카테고리의

x 좌표를 10 만큼 바꾸기 블록을 연결하여 오른
쪽 화살표 키가 눌러진 경우에 자동차가 오른쪽
으로 10만큼 움직이도록 합니다.

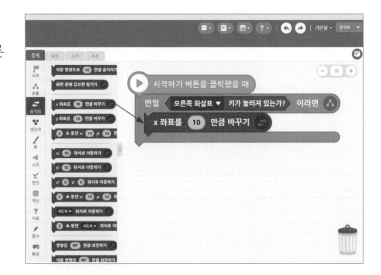

06 오른쪽 화살표 키(➡)를 누를 때마다 자
동차를 오른쪽으로 이동시키기 위해서 [흐름( )]

카테고리의 계속 반복하기 블록을 연결하여 조
건을 반복적으로 검사하여 실행할 수 있도록 합
니다.

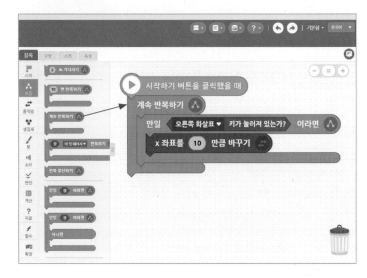

─── **why**

계속 반복하기 블록을 연결하지 않으면 오른쪽 화살표 키(➡)를 눌러도 자동차가 움직이지 않습니다. 이는 [시작하기

(▶)] 버튼을 누르고 단 한 번만 오른쪽 화살표 키(➡)가 눌러져 있는지를 판단하기 때문입니다.

단 한번만 오른쪽 화살표 키가 눌러져 있는지를 판단하여 자동
차가 움직이지 않음

오른쪽 화살표 키가 눌러져 있으면 계속하여 자동차가 움직임

07 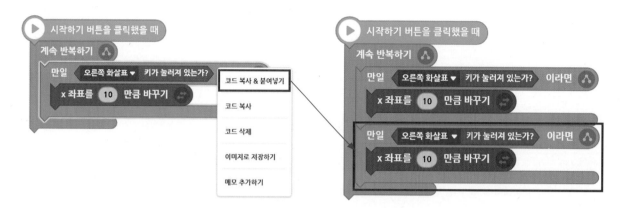 블록에 마우스 오른쪽 버튼을 클릭한 후 [코드 복사 & 붙여넣기]를 선택하여 다음과 같이 블록을 연결합니다.

08 왼쪽 화살표 키(◀)를 눌렀을 때 자동차가 왼쪽으로 움직이도록 ▼를 클릭하여 '오른쪽 화살표'를 '왼쪽 화살표'로 변경하고, x좌표의 값은 -10 으로 입력하여 변경합니다.

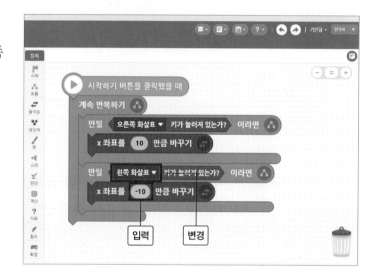

09 [시작하기(▶)] 버튼을 클릭하여 자동차가 키보드의 오른쪽 화살표 키(➡) 혹은 왼쪽 화살표 키(◀)를 누르면 해당 방향으로 움직이는지를 확인합니다.

Chapter

4 : 산술, 비교, 논리 연산 알아보기

개념 산술 연산, 비교 연산, 논리 연산 해결하기

산술 연산

'산술 연산'은 컴퓨터의 명령으로 덧셈, 뺄셈, 곱셈, 나눗셈의 사칙연산을 계산하는 것입니다. 그 종류는 '+, −, ×, ÷' 등이 있습니다.

비교 연산

'비교 연산'은 두 개의 값을 비교하는 것입니다. 그 종류는 '>, =, <, >=, <=' 등이 있습니다.

논리 연산

'논리 연산'은 참과 거짓 결과를 생성하는 것입니다. 그 종류는 '그리고(AND), 또는(OR), ～아니다(NOT)' 등이 있습니다.

미션 도깨비방망이가 마우스포인터를 따라 움직이기 예제 파일 PART04₩예제04.ent ★

연산 기능을 적용하여 도깨비방망이가 마우스포인터를 따라 움직이도록 미션을 해결합니다.

실행화면

초시계 3.9

해결하기 초시계가 작동을 시작하고, 도깨비방망이가 마우스포인터를 따라 이동하며, 10초가 지나면 도깨비방망이의 모양이 바뀌도록 코딩합니다.

01 엔트리가 실행되면 [파일]-[오프라인 작품 불러오기]를 선택합니다.

02 [열기] 대화 상자가 나타나면 'PART 04' 폴더에서 '예제04.ent' 파일을 선택하고 [열기]를 클릭합니다.

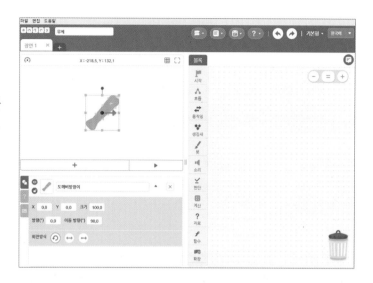

도깨비방망이 오브젝트 코딩

03 파일이 열리면 도깨비방망이(✏) 오브젝트를 선택한 후 [시작(▶ 시작)] 카테고리에서 ▶ 시작하기 버튼을 클릭했을 때 블록을 드래그하여 블록 조립소로 이동합니다. 그리고 초시계가 작동하도록 [계산(🖩)] 카테고리의 초시계 시작하기 ▾ 🖩 블록을 연결합니다.

━━━━━━━━━━━━━━━━ **why**

▶ 시작하기 버튼을 클릭했을 때 버튼이 클릭되면 초시계가 바로 시작하도록 합니다.

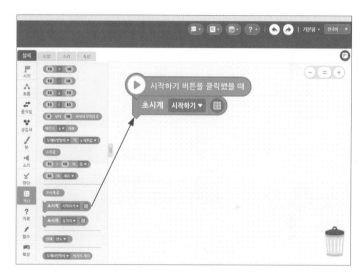

04 [생김새(✿)] 카테고리의 도깨비방망이 모양으로 바꾸기 ✿ 블록을 연결하여 도깨비방망이의 모양을 초기화합니다.

━━━━━━━━━━━━━━━━ **tip**

오브젝트의 모양은 [모양] 탭에서 확인합니다. 도깨비방망이(✏) 오브젝트의 경우 '도깨비방망이' 모양과 '도깨비방망이_흑백' 모양이 있습니다.

05 초시계 값이 10초보다 크다는 조건을 검사하도록 [흐름(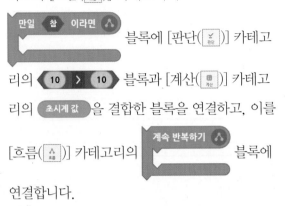)] 카테고리의

 블록에 [판단( )] 카테고리의 블록과 [계산( )] 카테고리의 블록과 [계산( )] 카테고리의 을 결합한 블록을 연결하고, 이를 [흐름( )] 카테고리의 블록에 연결합니다.

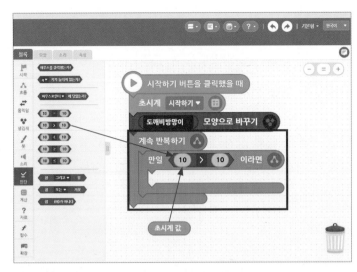

━━━━━━━━━━━━━━━━━━━━━━━━━━━━━━━━ **why**

'초시계값이 10초보다 크면'이라는 조건은 비교 연산을 사용하여 값을 비교합니다. 그리고 초시계 값은 [계산( )] 카테고리의 을 통해서 그 값을 확인할 수 있으므로 을 드래그하여 비교 연산 블록에 끼워넣습니다.

06 초시계 값이 10보다 크면 도깨비방망이의 모양을 '도깨비방망이_흑백'으로 변경하도록 [생김새( )] 카테고리의

도깨비방망이 모양으로 바꾸기 블록을 연결한 후 도깨비방망이 를 도깨비방망이_흑백 로 변경합니다.

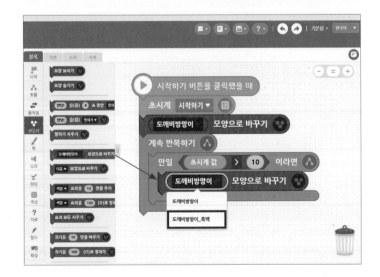

07 [시작(⚑)] 카테고리에서

 블록을 하나 더 드래

그하여 블록 조립소로 이동합니다. 그리고 [흐름

(⚠)] 카테고리의 블록을 연결

합니다.

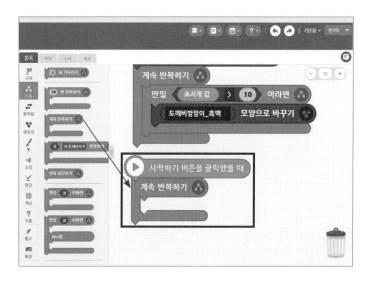

08 [흐름(⚠)] 카테고리의

블록에 [판단(✔)] 카테고

리의 블록과

블록을 조합하여 다음과

같이 연결합니다.

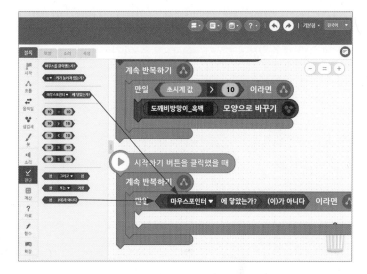

─────────────────────────────── **why**

마우스를 멈춘 경우 도깨비방망이가 마우스 포인터의 위치에서 정신없이 움직이기 때문에 도깨비방망이가 마우스포인터에 닿지 않은 경우에만 해당 블록을 실행하도록 논리 연산자를 이용하여 조건을 줍니다.

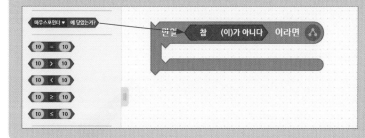

09 [움직임(⟳)] 카테고리의

⟨도깨비방망이 ▼ 쪽 바라보기⟩ 블록을 연결한 후 ▼

를 클릭하여 '도깨비방망이'를 '마우스포인터'로

변경합니다.

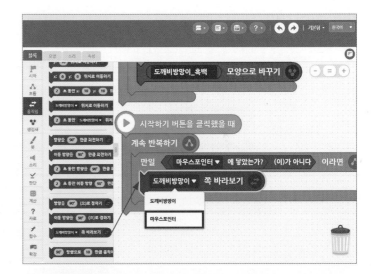

10 [움직임(⟳)] 카테고리의

⟨이동 방향으로 10 만큼 움직이기⟩ 블록을 연결하고

⟨10⟩을 ⟨3⟩으로 입력하여 변경합니다.

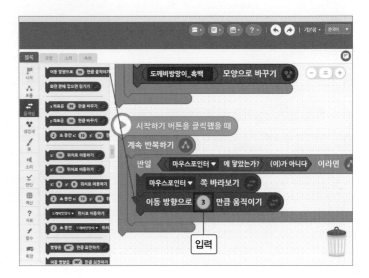

11 [시작하기(▶)] 버튼을 클릭하여 도깨비방망이가 마우스포인터를 따라 움직이고, 10초가 지나면 도깨비방망이의 모양이 흑백으로 바뀌는지를 확인합니다.

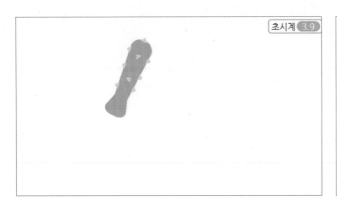

Chapter

5 : 이벤트와 신호 알아보기

개념 **이벤트와 신호 기능 적용하기**

이벤트

어떤 신호가 발생했을 때 명령을 실행하는 것이 '이벤트'입니다. 엔트리에서는 키보드의 특정 키를 누르거나 오브젝트를 클릭했을 때 또는 마우스를 클릭했을 때 등의 이벤트에 연결된 블록을 실행하기 위해 사용합니다.

신호

달리기의 출발을 알릴 때 심판이 깃발을 들어올리면 달리기 선수들은 그 깃발의 신호를 보고 달리기를 시작합니다. 이처럼 오브젝트 사이에서는 상호작용을 위한 이벤트를 '신호'라고 합니다.

미션 **먹구름을 클릭하면 번개가 치도록 하기**   예제 파일 PART04₩예제05.ent ★

먹구름을 클릭하면 번개가 치도록 미션을 해결합니다.

실 행 화 면

해 결 하 기 먹구름을 클릭하면 번개 신호를 보내고, 번개 신호를 받으면 번개가 랜덤 위치에서 아래로 움직이도록 코딩합니다.

01 엔트리가 실행되면 [파일]–[오프라인 작품 불러오기]를 선택합니다.

02 [열기] 대화 상자가 나타나면 'PART 04' 폴더에서 '예제05.ent' 파일을 선택하고 [열기]를 클릭합니다.

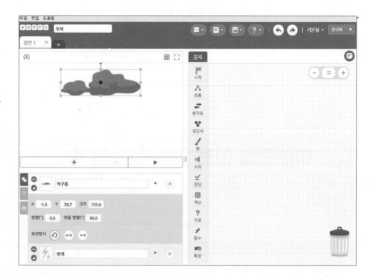

먹구름 오브젝트 코딩

03 파일이 열리면 먹구름( ) 오브젝트를 선택한 후 [시작( )] 카테고리에서

오브젝트를 클릭했을 때 블록을 드래그하여 블록 조립소로 이동합니다.

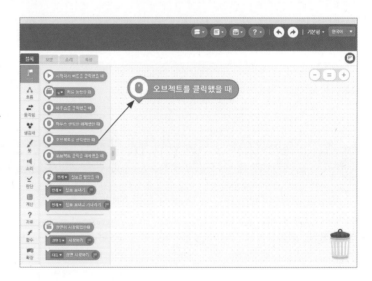

04 먹구름을 클릭하면 번개가 나타나도록 하기 위하여 '번개'라는 신호가 필요합니다. '번개' 신호는 [속성] 탭에서 [신호]–[신호 추가하기]를 클릭하고 신호의 이름을 입력한 뒤 [확인] 버튼을 클릭하여 만듭니다.

05 먹구름을 클릭하면 번개에게 신호를 주기 위하여 [시작( )] 카테고리의

번개 ▼ 신호 보내기 블록을 연결합니다.

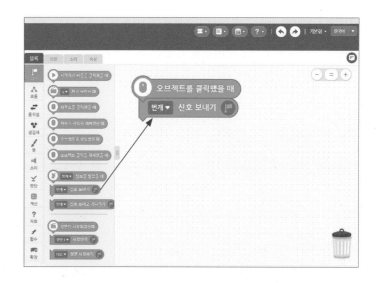

번개 오브젝트 코딩

06 먹구름으로부터 번개 신호를 받으면 그 신호에 대응되는 명령을 수행하기 위하여 번개( ) 오브젝트를 선택한 후 [시작( )] 카테고리의 번개 ▼ 신호를 받았을 때 블록을 드래그하여 블록 조립소로 이동합니다.

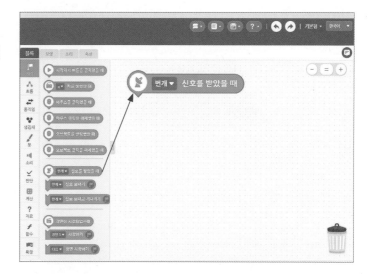

07 번개의 모양이 화면에 나타나도록 [생김새( )] 카테고리의 모양 보이기 블록을 연결합니다.

08 [움직임(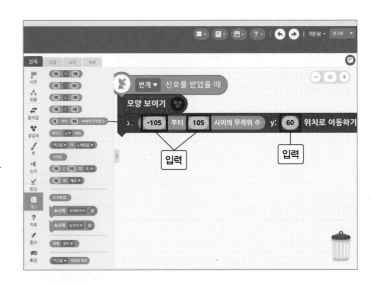)] 카테고리의

`x: 0 y: 0 위치로 이동하기` 블록을 연결합니다. 번개가 먹구름의 위치에서 랜덤으로 나타나도록 x좌표에 [계산(▦)] 카테고리의

`0 부터 10 사이의 무작위 수` 블록을 연결한 후

`-105 부터 105 사이의 무작위 수`로 입력하여 변경합니다. y좌표는 `60`으로 입력하여 변경합니다.

입력   입력

why

번개가 먹구름의 위치에서만 나타나도록 먹구름의 위치를 마우스포인터로 갖다 대어 x좌표와 y좌표의 값을 확인합니다.

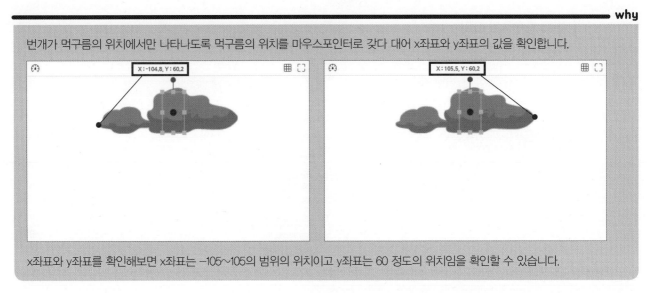

X : −104.8, Y : 60.2   X : 105.5, Y : 60.2

x좌표와 y좌표를 확인해보면 x좌표는 −105~105의 범위의 위치이고 y좌표는 60 정도의 위치임을 확인할 수 있습니다.

09 번개가 먹구름에서 나타나서 아래로 떨어지도록 [흐름(▲)] 카테고리의

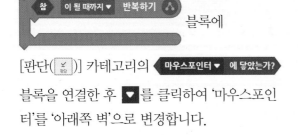 블록에

[판단(✓)] 카테고리의 `마우스포인터 에 달았는가?`

블록을 연결한 후 ▼를 클릭하여 '마우스포인터'를 '아래쪽 벽'으로 변경합니다.

변경

10 [움직임( )] 카테고리의

y 좌표를 10 만큼 바꾸기 블록을 연결하고 10

을 -2 로 입력하여 변경합니다.

why

y좌표는 화면의 세로축을 나타내므로 위아래로 움직일 때에는 y좌표를 변경합니다. 이 때 위에서 아래로 내려가기 위해서는 y좌표 값이 점점 작아지는 것이므로 숫자에 –(마이너스)를 붙여서 사용합니다.

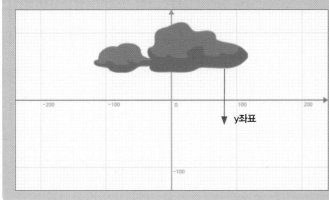

11 번개가 아래로 떨어져서 아래쪽 벽에 닿으면 자연스럽게 사라지도록 [생김새( )] 카테고리의 모양 숨기기 블록을 연결합니다.

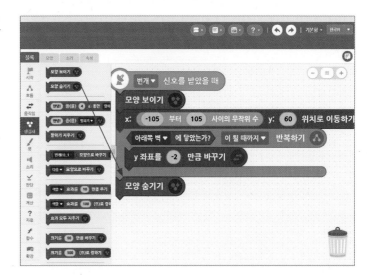

12 [시작하기(▶)] 버튼을 클릭하여 먹구름을 클릭하면 번개가 랜덤의 위치에서 나타나서 아래로 떨어지는지를 확인합니다.

6 : 변수 알아보기

개념 변수 활용하기

컴퓨터 게임에는 게임 규칙에 따라 점수가 부여되는 게임이 있습니다. 내가 한 게임의 점수는 어떻게 기억될까요?

게임에서 점수를 매기기 위해서는 점수 값을 저장하는 변수를 만들어서 활용할 수 있습니다. 이처럼 프로그램에서 필요한 정보를 저장하는 기억 공간을 '변수'라고 합니다.

미션 날아가는 풍선을 클릭하여 풍선수 세기   예제 파일 PART04₩예제06.ent

풍선을 클릭하여 클릭한 풍선수를 세도록 미션을 해결합니다.

실행화면

풍선수 0

해결하기   변수 '풍선수'를 만들고, 날아가는 풍선을 클릭하면 '풍선수'가 1씩 증가하고 색깔 효과를 주어 풍선 색깔을 변경합니다.

01 엔트리가 실행되면 [파일]-[오프라인 작품 불러오기]를 선택합니다.

02 [열기] 대화 상자가 나타나면 'PART 04' 폴더에서 '예제06.ent' 파일을 선택하고 [열기]를 클릭합니다.

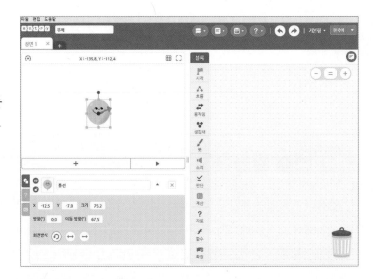

풍선 오브젝트 코딩

03 파일이 열리면 풍선( ) 오브젝트를 선택한 후 [시작( )] 카테고리에서

 블록을 드래그하여 블록 조립소로 이동합니다. 그리고 [흐름( )] 카테고리의 `계속 반복하기` 블록을 연결합니다.

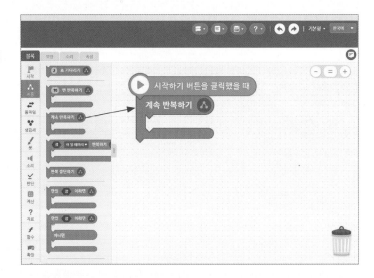

04 풍선이 자유롭게 움직이도록 [움직임( )] 카테고리의

`이동 방향으로 10 만큼 움직이기` 블록을 연결하고 10을 2로 입력하여 변경합니다. `화면 끝에 닿으면 튕기기` 블록도 다음과 같이 연결합니다.

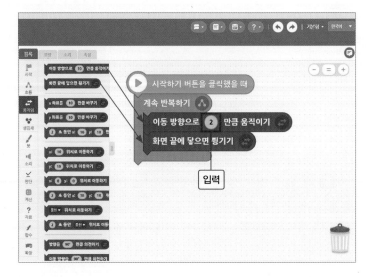

05 풍선을 클릭하였을 때 풍선 수를 셀 수 있도록 [속성] 탭에서 [변수 추가]를 클릭하고 변수 이름을 '풍선수'로 입력한 후 [확인]을 클릭합니다.

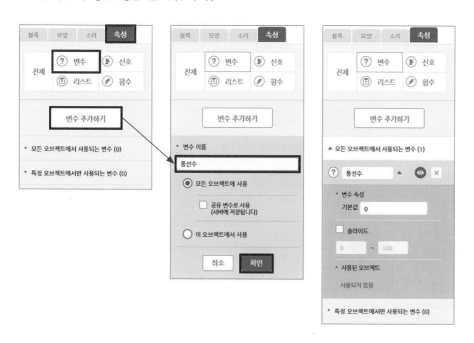

06 풍선을 클릭하였을 때 풍선 수를 1씩 증가시키기 위하여 [시작(🏳)] 카테고리의 `오브젝트를 클릭했을 때` 블록을 드래그하여 블록 조립소로 이동합니다. 그리고 [자료(❓)] 카테고리의 `풍선수 ▾ 에 10 만큼 더하기 ❓` 블록을 찾아 연결한 후 `10`은 `1`로 입력하여 변경합니다.

07 풍선이 클릭될 때마다 풍선의 색깔을 바꾸기 위하여 [생김새(✿)] 카테고리의

색깔 ▼ 효과를 10 만큼 주기 ✿ 블록을 연결한 후 10 을 25 로 입력하여 변경합니다.

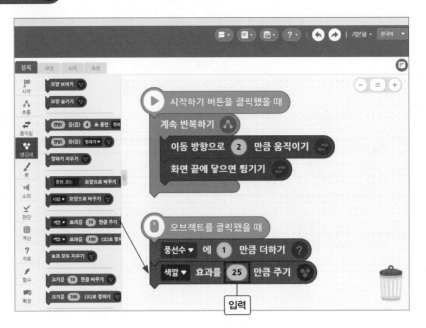

─── tip

[생김새(✿)] 카테고리에서 그래픽 효과는 색깔, 밝기, 투명도를 선택할 수 있습니다.

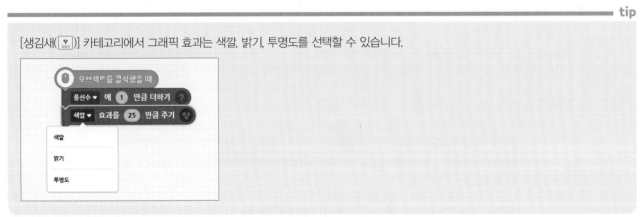

08 [시작하기(▶)] 버튼을 클릭하여 풍선을 클릭하면 풍선수가 1씩 증가하고, 풍선의 색깔이 바뀌는지를 확인합니다.

사람들은
의욕이 끝까지 가질 않는다고 말한다.
뭐, 목욕도 마찬가지 아닌가?
그래서 매일 하는거다.
목욕도, 동기부여도.

- 지그 지글러 -

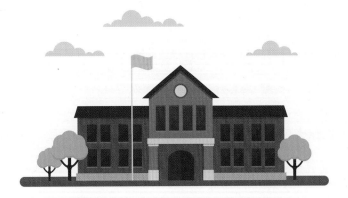

PART 5

최신 기출 유형 따라하기

SW코딩자격(3급)
- Software Coding Qualification Test -

SW	시험 시간	급수	응시일	수험 번호	성명
엔트리 2.0 이상	45분	3	년 월 일		

시험자 유의 사항

- 수험자는 감독관의 안내에 따라 문제지와 시험용 SW 등의 이상 어부를 확인해야 합니다.
- 문제지는 시험이 끝난 후 답안지와 함께 제출해야 하며, 미제출 시 실격 처리 됩니다.
- 제한된 시간 내에 시험을 완료하여야 합니다.
- 시험 시작 후에는 화장실 출입이 불가하며, 시험 시간 중에는 퇴실할 수 없습니다.
- 시험 시간 중 고사실 내에서 휴대 전화기, 디지털카메라, MP3 등 전자 기기를 소지한 경우, 해당자의 시험을 무효로 처리하오니 질대 휴대하지 않도록 합니다.
- 부정 응시 및 문제 유출에 해당하는 행위 즉, 답안을 타인에게 전달 및 외부로 반출하는 경우, 자격기본법 제 32조에 의거 부정행위로 간주되어 해당자의 시험을 무효처리하며 민/형사상의 책임을 물을 수 있습니다.

답안 작성 요령

- 답안 작성 절차
  - 바탕화면(Desktop) / SW3-시험 / 수험번호-성명 / 파일에 답안을 작성 또는 작업 후 저장
- 시험을 완료한 수험자는 감독관의 안내에 따라 ①시험지를 제출하고 ②답안 파일을 저장한 후 퇴실합니다.

한 국 생 산 성 본 부

문제 01 준희는 엄마에게 깜짝 놀랄 이벤트를 해주고 싶어서, 책꽂이의 어느 책 뒤에 선물을 숨겨놓고 엄마에게 찾을 수 있는 힌트를 주었다. 아래 〈보기〉를 참고하여 문제의 빈칸을 완성하시오. (10점)

보기

〈책꽂이의 책들〉

책꽂이에 두께가 똑같은 책들이 10권씩 꽂혀있다.

| 1 | 2 | 3 | 4 | 5 | 6 | 7 | 8 | 9 | 10 | 4, 1, 5

| 1 | 2 | 3 | 4 | 5 | 6 | 7 | 8 | 9 | 10 | 0, 10

| 1 | 2 | 3 | 4 | 5 | 6 | 7 | 8 | 9 | 10 | 4, 1, 5

〈준희의 힌트〉

준희는 엄마에게 까만색 스티커를 드리면서, 아래의 규칙에 맞게 스티커를 붙여보라고 했다.

"엄마, 맨 윗줄을 3, 7이라고 말씀드리면 3권은 스티커를 안 붙이고, 7권은 스티커를 붙여야 해요."

"만일, 줄을 바꿔 두 번째 줄을 0, 3, 7 이라고 부르면 0이 앞에 나오면 스티커를 붙이는 것부터 시작하라는 뜻이에요. 즉, 3권은 스티커를 붙이고, 7칸은 스티커를 붙이지 않는다는 뜻이에요."

문제

※답안 작성 요령 : 〈보기〉를 참고하여 ①과 ②에 들어갈 숫자를 적어 넣으시오.

준희가 엄마에게 숫자들을 불러주었다. 맨 윗줄은 4, 1, 5이고, 두 번째 줄은 0, 10, 세 번째 줄은 4, 1, 5라고 했다. 또한, 준희는 두 선의 교차점에 선물을 숨겨놓았다고 엄마에게 말해 주었다. 준희가 부른 대로 스티커를 붙이자 가로 선과 세로 선이 보였다. 엄마는 위에서 (①) 째 줄, 왼쪽에서 (②) 번 책 뒤에서 준희가 숨겨둔 선물을 발견하실 것이다.

| 정답 | ① (|) | ② (|) |

민형은 좋아하는 아이스크림 가게에서 쿠폰 도장을 모으고 있다. 사먹은 아이스크림 종류에 따라 다른 모양으로 도장을 찍어주는데, 포인트 계산법이 좀 특별하다고 한다. 아래 〈보기〉를 참고하여 〈문제〉의 빈칸을 완성하시오.

보기

〈이진수 카드의 십진수 계산법〉

1이라고 적힌 곳에 있는 점의 개수들을 모두 합하면 십진수의 값을 알 수 있다.

예를 들어, 이진수 카드 '1010'의 십진수 값은 '10'이 된다.

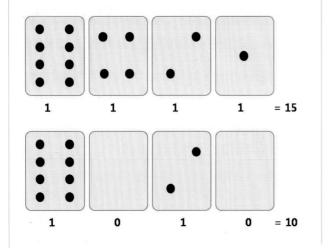

아이스크림 모양 중 별모양이 있는 것은 1이라고 하고, 없는 것은 0이라고 한다. 즉, 맨 위 왼쪽 첫 번째 쿠폰 도장은 '1010'이므로 〈이진수 카드의 십진수 계산법〉으로 '10 포인트' 도장을 받은 것이다.

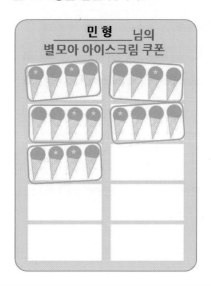

문제

※답안 작성 요령 : 〈보기〉를 참고하여 작성하되, ②번의 답은 '가능하다' 또는 '불가능하다'로 적으시오.

아이스크림 종류에 따라 점수가 높은 것도 있고 낮은 것도 있다. 쿠폰에 찍힌 포인트들을 모아 합했을 때 십진수 값의 합이 25점 이상이면 캐릭터인형을 증정한다고 한다.

민형은 쿠폰에 찍힌 점수를 세어보고 있는 중이다. 〈이진수 카드의 십진수 계산법〉으로 포인트 점수를 계산했을 때 민형의 쿠폰에 찍힌 포인트 점수의 합은 (①) 포인트이므로, 현재 위 쿠폰으로 민형은 캐릭터 인형을 받는 것이 (②).

정답	① (	)	② (	)

문제 03 영진은 요즘 하고 싶은 말이 바로 생각나지 않아서 여러 번 이것저것 이름을 대곤 하시는 할머니를 위해 동계올림픽을 설명하려고 한다. 〈보기〉를 참고하여 〈문제〉의 빈칸을 완성하시오.

보기

〈할머니의 말〉

"영진아 겨울에만 하는 그거 있잖니. 그 수영, 달리기 이런 건 안 하고, 막대기 두 개 신고 눈밭 위에서 신나게 내려오는 거. 썰매도 아니고 그 뭐냐? 그거랑 빙판 위에서 칼날 달린 신발 신고 춤추는 사람들 겨루기 하는 거랑… 난 그게 재밌더라고. 이름이 뭔지 생각이 잘 안 나는구나."

〈스포츠 종목에 대한 할머니의 설명〉

할머니는 각 단어의 이름은 생각나지 않지만, 손자 영진에게 이해시키려고, 가장 필수적인 요소만 뽑아 짧게 설명을 잘 해주고 계신다.
*막대기 두 개 신고 눈밭 위에서 내려오는 것 : 스키
*빙판 위에서 칼날 달린 신발 신고 춤추는 사람들 겨루기 : 피겨스케이팅

문제

※답안 작성 요령 : 〈보기〉를 참고하여 작성하되, ①은 (가)~(라) 중 한 가지를 선택해 적고, ②는 사진 중에서 정답을 골라 그 종목의 이름을 적으시오.

"동계올림픽이란 눈이나 얼음 위에서 하는 종목들을 모아
<u>(가)</u>

<u>4년마다 열리는</u> <u>텔레비전에서 모든 방송사가 생중계하는</u> <u>종합 스포츠 경기</u>예요."
(나)   (다)   (라)

'동계올림픽'의 가장 필수적인 요소들로 의미를 전달하고자 할 때 위의 문장 중 제외되어도 좋은 내용은 (①   )이다.
영진은 할머니께 '동계올림픽'의 공통적인 특징들을 뽑아서 말씀드리기 위해 예로 설명할 종목들을 고르는 중이다.
사진 자료들 중 동계올림픽에 대한 설명에 맞지 않게 불필요하게 들어간 종목을 골라서 뺀다면 (②   )이다.

피겨스케이팅

스피드 스케이팅

하키

스키점프

배구

스노보드

| 정답 | ① (   ) | ② (   ) |

문제 04 영서는 요즘 배운 코딩을 활용해 자기만의 장난감을 만들어 보고 싶다. 〈보기〉를 참고하여 〈문제〉의 빈 칸을 완성하시오. (10점)

보기

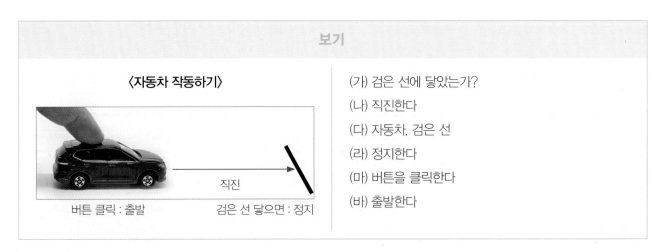

〈자동차 작동하기〉

직진

버튼 클릭 : 출발   검은 선 닿으면 : 정지

(가) 검은 선에 닿았는가?

(나) 직진한다

(다) 자동차, 검은 선

(라) 정지한다

(마) 버튼을 클릭한다

(바) 출발한다

문제

※답안 작성 요령 : 〈보기〉를 참고하여 작성하되, 〈자동차 작동하기〉에서 (가)~(바) 중에서 골라 적어 넣으시오.

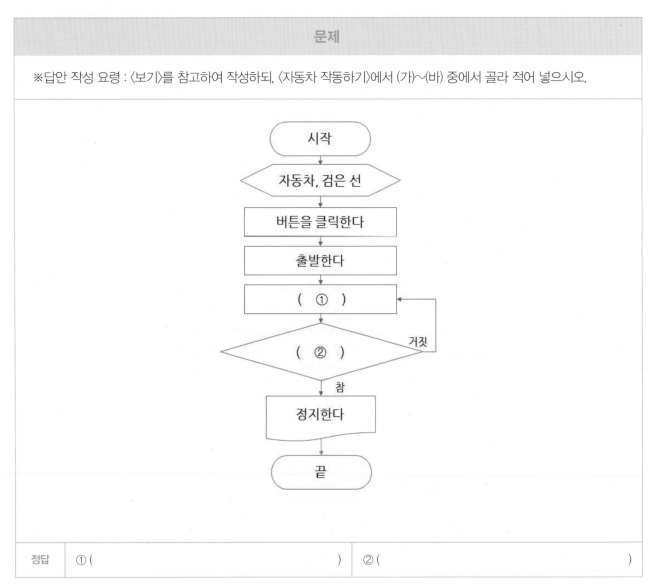

정답	① ( )	② ( )

문제 05 승재는 지하철을 타고 목적지에 이동하려고 한다. 〈보기〉를 참고하여 〈문제〉의 빈칸을 완성하시오. (10 점)

보기
〈지하철 타고 이동하기〉 (가) 목적지까지 이동　　　　　(나) 안내 방송 듣기 (다) 도착 완료　　　　　　　　(라) 개찰구, 지하철, 승객 (마) 하차　　　　　　　　　　(바) 목적지에 도착했는가 (사) 지하철이 도착하면 탑승

문제
※답안 작성 요령 : 〈보기〉를 참고하여 작성하되, 〈지하철 타고 이동하기〉에서 (가)~(사) 중 적절한 내용을 골라 적어 넣으시오.

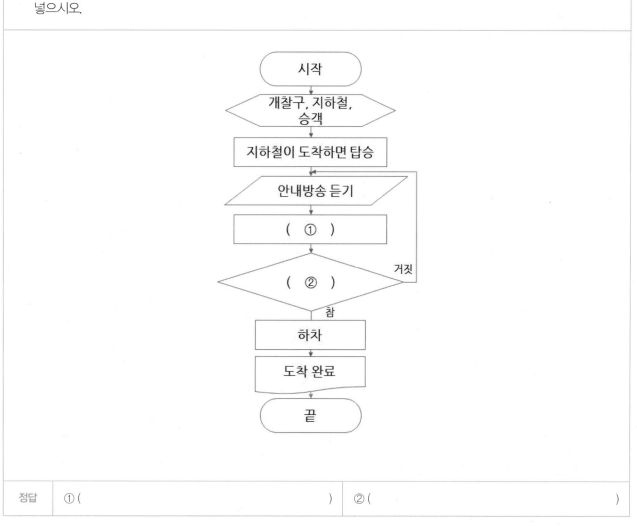

정답	① (　　　　　　　　　　　　)	② (　　　　　　　　　　　　)

프로그래밍 작업 가이드

– 문제 파일 위치 : PART05₩기출유형따라하기 1회

– [수험번호–성명] 폴더를 마우스 오른쪽 버튼으로 클릭한 후, [이름 바꾸기]를 클릭

   → 본인의 [수험번호–성명]으로 수정하시오. (예: 10041004–홍길동)

– 본인의 [수험번호–성명]으로 수정된 폴더 안의 파일을 문항 별로 더블클릭하여 프로그램을 실행합니다.

– 문항 별 조건에 따라 작업을 완료하였으면, 파일〉저장하기 버튼을 클릭하여 저장합니다.

문제 06
암탉이 부르면 병아리들이 암탉에게 오도록 아래 〈조건〉에 맞게 코딩하시오. (10점)

조건
– 엔트리 프로그램 화면 오른편 [블록 조립소]에 주어진 명령어 블록만을 모두 사용한다. – 시작하기 버튼(　　　▶　　　)을 클릭하면, 암탉은 x좌표 –200, y좌표 –70의 위치로, 첫째병아리는 x좌표 160, y좌표 –85의 위치로, 둘째병아리는 x좌표 185, y좌표 0의 위치로 정한다. – 암탉이 x좌표로 5만큼씩 10번 움직이고 "꼬끼오!"라고 1초 동안 말한 후 '모여라' 신호를 보낸다. – 첫째병아리가 '모여라' 신호를 받으면 다음을 실행한다. 　1) "삐약!"이라고 0.5초 동안 말한다. 　2) 첫째병아리가 암탉에 닿을 때까지 0.2초마다 모양을 바꾸면서 암탉 쪽을 바라보며 10만큼씩 이동하기를 반복한다. 　3) 첫째병아리가 암탉에 닿으면 "삐약삐약!"이라고 1초 동안 말한다. – 둘째병아리가 '모여라' 신호를 받으면 다음을 실행한다. 　1) "삐약!"이라고 0.5초 동안 말한다. 　2) 둘째병아리가 암탉에 닿을 때까지 암탉쪽을 바라보며 0.2초마다 10만큼 이동하며 10만큼씩 점프하기를 반복한다. 　3) 둘째병아리가 암탉에 닿으면 "삐약삐약!"이라고 1초 동안 말한다.

문제 07 제비와 잠자리가 무작위 위치에 나타나고 제비를 클릭하면 제비수를 세도록 아래 〈조건〉에 맞게 코딩하시오. (10점)

조건
– 엔트리 프로그램 화면 오른편 [블록 조립소]에 주어진 명령어 블록만을 모두 사용한다.

– 시작하기 버튼( )을 클릭하면, 변수 '제비수'를 0으로 정한다.
– 제비와 잠자리가 1초 마다 x좌표는 −220부터 220 사이의 무작위 수, y좌표는 −50부터 120 사이의 무작위 수 위치로 움직인다.
– 제비가 개나리에 닿으면 '제비_2' 모양으로 바꾸고, 닿지 않으면 '제비_1' 모양으로 바꾼다.
– 잠자리가 개나리에 닿으면 '잠자리_2' 모양으로 바꾸고, 닿지 않으면 '잠자리_1' 모양으로 바꾼다.
– 제비를 클릭하면 '제비수'를 1만큼 증가하고, 잠자리를 클릭하면 1만큼 감소한다.

문제 08 말이 달려서 노란 깃발에 닿으면 빨간 깃발로 바뀌도록 아래 〈조건〉에 맞게 코딩하시오. (10점)

조건

– 엔트리 프로그램 화면 오른편 [블록 조립소]에 주어진 명령어 블록만을 모두 사용한다.
– 시작하기 버튼(▶)을 클릭하면, 말의 크기는 100으로 정하고, 깃발의 모양을 '깃발_노란'으로 정한다.
– 말의 모양은 0.2초 마다 '말1'과 '말2' 모양으로 번갈아 바꾼다.
– 스페이스 키를 누르면 말이 깃발 쪽을 바라보며 깃발에 닿을 때까지 크기를 0.3만큼씩 줄이며 2만큼씩 달리기를 반복한다.
– 말이 깃발에 닿으면 "도착"이라고 1초 동안 말하고, 자신의 다른 코드를 멈춘다.
– 깃발에 말이 닿으면 '깃발_빨간'으로 모양을 바꾼다.

09 강아지가 점프하여 도넛을 먹도록 아래 〈조건〉에 맞게 코딩하시오. (10점)

조건
– 엔트리 프로그램 화면 오른편 [블록 조립소]에 주어진 명령어 블록만을 모두 사용한다. – 시작하기 버튼(⬛   ▶   )을 클릭하면, 끈은 2만큼씩 움직이기를 반복하고, 끈이 오른쪽 벽에 닿으면 x좌표를 −240 위치로 움직인다. – 도넛은 끈과 같이 계속 움직인다. – 스페이스 키를 누르면 강아지는 다음 모양으로 바꾸고, 0.5초 동안 x좌표 0, y좌표 80으로 움직인 후 0.5초 동안 x좌표 0, y좌표 −80으로 움직인다. – 강아지가 도넛에 닿으면 '꿀꺽도넛' 신호를 보내고, "냠냠"이라고 0.5초 동안 말한다. – 도넛이 '꿀꺽도넛' 신호를 받으면 모양을 숨기고, 1초 후 다시 화면에 보이도록 한다.

10 곰과 펭귄이 달리기 시합을 하도록 아래 〈조건〉에 맞게 코딩하시오. (10점)

조건
– 엔트리 프로그램 화면 [블록 꾸러미]에서 필요한 블록을 가져다 사용한다. – 시작하기 버튼(⬛   ▶   )을 클릭하면, 초시계는 화면에 보이지 않게 숨기고, 곰은 x좌표 −195, y좌표 −85로, 펭귄은 x좌표 −195, y좌표 −25의 위치로 정한다. – 아기돼지가 "준비∼∼∼"라고 1.5초 동안 말하고 다음 모양으로 바꾸면, 초시계를 시작하고 "출발!!!"이라고 0.5초 동안 말한다. – 곰과 펭귄은 2초 후 벽에 닿을 때까지 1부터 10사이의 무작위 수 만큼 0.2초 마다 다음 모양으로 바꾸면서 달린다. – 곰과 펭귄이 벽에 닿으면 각각 초시계 값을 말한다.

시험 종료 전

– 본인의 수험번호–성명 폴더 내에 작업한 답안 파일이 정상적으로 저장되었는지 확인합니다.

   → 시험 종료 후, 감독관이 답안 파일을 수거합니다.

– 수험번호, 성명을 잘못 기재하였거나, 답안 파일을 잘못 저장하여 발생한 문제나 불이익에 대한 일체의 책임은 수험자에게 있습니다.

– 감독관의 안내에 따라 시험지를 제출하고 퇴실합니다.

01

★ 학습 개념 이미지 표현
★ 성취 기준 1.1.2. 창의 · 융합시대에서 컴퓨팅 사고력의 필요성을 이해한다.

핵심 정리

'이미지 표현'에 관련된 문제는 컴퓨터가 숫자로 이미지를 표현하는 방법을 활용해 컴퓨팅 사고력을 키우는 문제입니다. 컴퓨터는 사람처럼 종이 위에 쓱쓱 그림을 그리지 못하고, 화면 위를 아주 작게 여러 칸으로 쪼개어 각각의 칸에 어느 부분은 색을 칠하고 어느 부분은 칠하지 않는 방식으로 그림을 표현할 수 있습니다. 이와 같은 문제를 풀 때는 숫자를 사용해 그림을 표현하는 컴퓨터의 절차적 과정을 이해해서, 그 규칙에 맞게 칸을 채워 이미지로 나타낼 수 있어야 합니다.

풀이

정답 ① 둘(또는 숫자로 2), ② 다섯(또는 숫자로 5)
해설 준희가 말한 규칙대로 까만색 스티커를 붙인다면 다음 그림과 같은 모양이 나올 것입니다. 그러므로 위에서 둘째 줄, 왼쪽에서 5번째 책 뒤에서 엄마는 선물을 발견할 수 있을 것입니다.

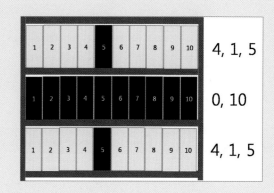

02

★ 학습 개념 이진수 카드
★ 성취 기준 1.1.2. 창의 · 융합시대에서 컴퓨팅 사고력의 필요성을 이해한다.

핵심 정리

컴퓨터는 전기가 통할 때와 통하지 않을 때라는 두 가지의 경우를 인식해 정보를 다룹니다. 즉, 이진수 카드의 앞면과 뒷면에 대해 1과 0으로 읽는 것은 이와 같은 의미의 표현이라 볼 수 있습니다. 실제 컴퓨터가 다루는 정보의 Bit 단위는 0과 1값을 표시하는 자료 표현의 최소 단위이기도 합니다. 이진수 카드를 활용해 이진수를 십진수로 바꿔서 계산할 수 있어야 풀 수 있는 문제입니다. 이진수를 십진수로 읽기 위해서는 이진수로 표현된 1이라 쓴 자릿수의 카드들에 찍힌 점의 개수들을 모두 합하여 읽으면 십진수가 됩니다.

풀이

정답 ① 29, ② 가능하다
해설 민형이 모은 쿠폰의 종류들은 맨 위는 1010(십진수 : 10 포인트), 0010(십진수 : 2 포인트), 두 번째 줄은 0011(십진수 : 3 포인트), 1000(십진수 : 8 포인트), 세 번째 줄은 0110(십진수 : 6 포인트) 입니다. 포인트 값들을 더해보면 10+2+3+8+6 = 29이므로, ①번 문제의 답인 포인트 점수의 합은 29입니다. 25점이 넘으면 캐릭터 인형을 받을 수 있다고 했으므로 ②번의 답은 '가능하다' 입니다.

03

★ 학습 개념 추상화
★ 성취 기준 1.2.1. 상황 속에서 문제를 정확하게 표현할 수 있다.

핵심 정리

'추상화'에 관련된 문제는 주어진 자료들이나 보기들 가운데, 공통되게 꼭 필요한 핵심 내용을 제외하고 덜 중요한 것들을 제외할 수 있는지에 대해 알아보는 문제들이 출제되곤 합니다. 또한, 좀 더 나아가 공통으로 핵심적인 내용을 뽑아 그것을 무엇이라고 말할 수 있는지에 대해 정리할 수도 있어야 합니다. 추상화는 우리의 생각 속에서 일어나는 복잡한 내용을 컴퓨터가 알아들을 수 있도록 알고리즘을 통해 간단명료하게 정리해 가는 과정이자 단계입니다. 추상화와 알고리즘 만들기를 거쳐 컴퓨터에 명령을 내려야 자동화 구현이 가능해지는 것입니다.

풀이

정답 ① (다), ② 배구
해설 모든 방송사가 생중계하는 것은 동계올림픽이라 설명하는 데 꼭 필요한 내용은 아닙니다. 그러므로 ①번의 답은 (다)입니다. 또한, 동계올림픽의 공통 특징인 눈이나 얼음 위에서 하는 경기가 아닌 배구는 제외되어야 합니다.

04

★ 학습 개념 알고리즘 이해
★ 성취 기준 1.3.2. 알고리즘이 갖추어야 할 조건을 이해하고 다양한 알고리즘을 작성할 수 있다.

핵심 정리

조건 선택에 대한 '알고리즘' 순서도를 이해하고 작성할 수 있는지에 대한 문제입니다. 조건 선택 알고리즘에서는 판단 내용의 값이 '참'인 경우와 '거짓'인 경우로 나누어 처리됩니다.

풀이

정답 ① (나) 직진한다 ② (가) 검은 선에 닿았는가?
해설 알고리즘은 자동차가 출발하여 검은 선에 닿을 때까지 직진하여 이동합니다. 따라서 ② 검은 선에 닿을 때까지 ① 직진을 하는 흐름을 순서도로 작성하면 됩니다.

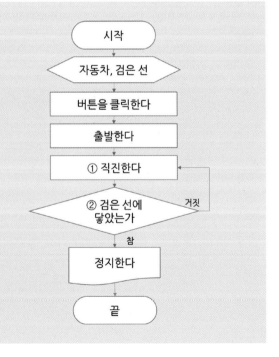

05

★ 학습 개념 알고리즘 설계
★ 성취 기준 1.3.3. 일상생활의 문제해결을 위해 알고리즘을 설계할 수 있다.

핵심
정리

순서도란 프로그램이 처리해야 할 단계별 과정을 약속된 기호를 사용하여 그림으로 나타낸 것을 말합니다. 일상생활 속에 절차적으로 처리하는 일들의 알고리즘을 순서도로 나타낼 수 있습니다.

풀이

정답 ① (가) 목적지까지 이동, ② (바) 목적지에 도착했는가

해설 알고리즘은 지하철 개찰구를 통과하여 지하철을 타고 목적지에 도달할 때까지 안내방송을 듣고, 목적지에 도착하면 하차를 합니다. 따라서 ① 목적지까지 이동, ② 목적지에 도착했는가를 순서도에 작성하면 됩니다.

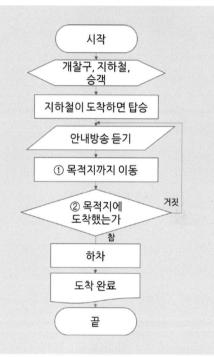

06

★ 학습 개념 순차, 반복, 선택, 신호
★ 성취 기준 2.2.5 이벤트의 개념을 이용하여 프로그래밍 할 수 있다.

핵심
블록
설명

모여라 ▼ 신호 보내기 : '모여라' 신호를 지정하여 그 신호를 보냅니다. '신호'를 보내고 바로 이 블록 아래에 있는 다음 블록들을 실행합니다.

암탉 ▼ 쪽 바라보기 : 해당 오브젝트가 암탉 쪽을 바라봅니다.

풀이 따라하기

01 엔트리가 실행되면 [파일]-[오프라인 작품 불러오기]를 선택합니다.

02 [열기] 대화 상자가 나타나면 'PART 05₩기출유형따라하기 1회' 폴더에서 '6..ent' 파일을 선택하고 [열기]를 클릭합니다.

─── **tip**

〈조건〉에 '엔트리 프로그램 화면 오른쪽 [블록 조립소]에 주어진 명령어 블록만을 사용한다.'라고 명시된 문제는 [블록 조립소]에 주어진 블록만 사용해야 합니다.

암탉 암탉 오브젝트 코딩

03 암탉( ) 오브젝트를 선택한 후

▶ 시작하기 버튼을 클릭했을 때 블록에

x: -200 y: -70 위치로 이동하기 블록을 연결하여 암탉의 위치를 정합니다.

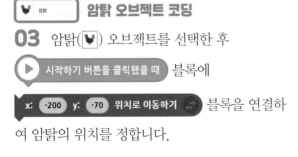

04 암탉(🐔)이 5만큼씩 10번 반복하여 움직이도록 [10 번 반복하기] 블록에 [x 좌표를 5 만큼 바꾸기] 블록을 연결합니다.

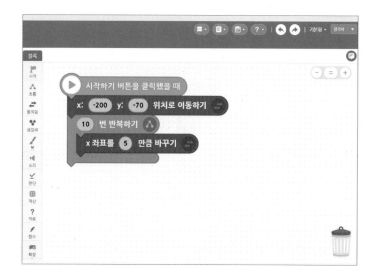

05 암탉(🐔)이 "꼬끼오!"라고 1초 동안 말하도록 [꼬끼오! 을(를) 1 초 동안 말하기▼] 블록을 연결하고, 다른 병아리들에게 모이라는 신호를 보내도록 [모여라 ▼ 신호 보내기] 블록을 연결합니다.

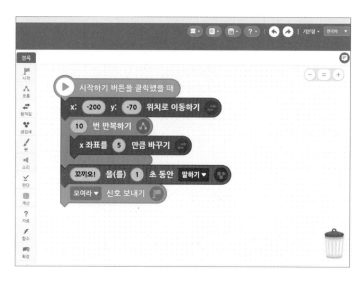

---

tip

암탉(🐔) 오브젝트가 어떤 일의 신호를 병아리(🐤) 오브젝트에게 보낼 때 [대상없음 ▼ 신호 보내기] 블록을 사용합니다. 신호를 만든 후 ▼를 클릭하여 원하는 신호를 선택합니다.
신호는 [속성] 탭의 [신호]에서 [신호 추가하기]를 클릭하고, 신호 이름을 입력한 후 [확인] 버튼을 클릭하여 만듭니다.

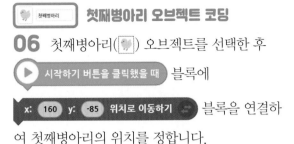

첫째병아리 오브젝트 코딩

06 첫째병아리( ) 오브젝트를 선택한 후

▶️ 시작하기 버튼을 클릭했을 때 블록에

x: 160 y: -85 위치로 이동하기 블록을 연결하여 첫째병아리의 위치를 정합니다.

07 암탉( )이 보낸 '모여라' 신호를 받으면 첫째병아리( )가 "삐약!"이라고 0.5초 동안 말하도록 📡 모여라 ▼ 신호를 받았을 때 블록에

삐약! 을(를) 0.5 초 동안 말하기 ▼ 블록을 연결합니다.

━━━━━━━━━━━━ why

병아리( ) 오브젝트가 어떤 신호를 다른 오브젝트로부터 받은 경우 📡 대상없음 ▼ 신호를 받았을 때 블록에 연결된 명령을 실행합니다.

08 첫째병아리( ) 암탉( )에 닿을 때까지 모양을 바꾸면서 암탉 쪽을 보며 움직이기를 반복합니다. 첫째병아리( )가 암탉( )에 닿을 때까지 0.2초 마다 모양을 바꾸기를 반복하도록

암탉 ▼ 에 닿았는가? 이 될 때까지 ▼ 반복하기 블록을

연결하고, 다음 ▼ 모양으로 바꾸기 ,

0.2 초 기다리기 블록을 연결합니다.

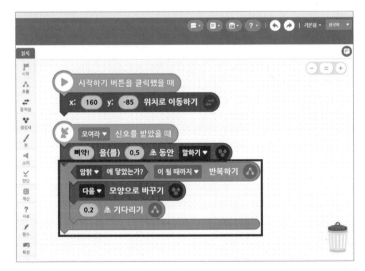

09 이어서 첫째병아리(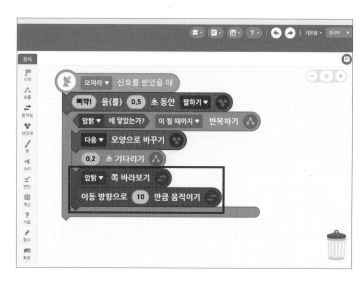)가 암탉(🐔) 쪽을 바라보며 10만큼씩 움직이도록

`암탉 ▾ 쪽 바라보기`,

`이동 방향으로 10 만큼 움직이기` 블록을 그림과 같이 차례로 연결합니다.

─────────────────── **tip**

블록의 ▾를 클릭하여 마우스포인터 혹은 필요한 오브젝트를 선택합니다.

`암탉 ▾ 쪽 바라보기`

| 암탉 |
| 첫째병아리 |
| 둘째병아리 |
| 움짐 |
| 마우스포인터 |

10 첫째병아리()가 암탉(🐔)에 닿으면 "삐약삐약!"이라고 1초 동안 말하도록

`삐약삐약! 을(를) 1 초 동안 말하기 ▾` 블록을 연결합니다.

`🐤 둘째병아리` **둘째병아리 오브젝트 코딩**

11 둘째병아리(🐤) 오브젝트를 선택한 후

`▶ 시작하기 버튼을 클릭했을 때` 블록에

`x: 185 y: 0 위치로 이동하기` 블록을 연결하여 둘째병아리의 위치를 정합니다.

12 둘째병아리()도 첫째병아리(🐤)와 마찬가지로 암탉(🐔)으로부터 '모여라' 신호를 받으면 "삐약!"이라고 0.5초 동안 말하도록

[🔔 모여라 ▼ 신호를 받았을 때] 블록에

[삐약! 을(를) 0.5 초 동안 말하기 ▼] 블록을 연결합니다.

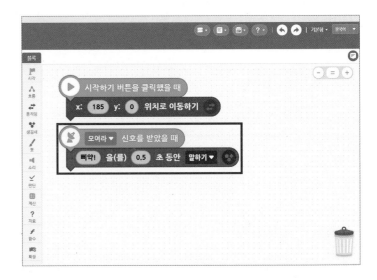

13 둘째병아리()가 암탉(🐔)에 닿을 때까지 암탉 쪽을 바라보며 점프하여 움직이기를 반복합니다. 둘째병아리(🐤)가 암탉(🐔)에 닿기 전까지 암탉 쪽을 바라보며 10만큼씩 움직이도록

[암탉 ▼ 에 닿았는가? 이 될 때까지 ▼ 반복하기] 블록을 연결하고, [암탉 ▼ 쪽 바라보기],

[이동 방향으로 10 만큼 움직이기]을 차례대로 연결합니다.

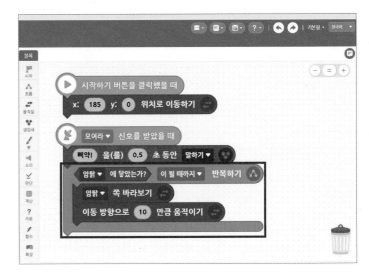

14 이어서 둘째병아리(🐤)가 0.2초마다 점프하도록 [y 좌표를 10 만큼 바꾸기],

[0.2 초 기다리기], [y 좌표를 -10 만큼 바꾸기]

블록을 그림과 같이 순서대로 연결합니다.

15 둘째병아리()가 암탉(🐔)에 닿으면 "삐약삐약!"이라고 1초 동안 말하도록

삐약삐약! 을(를) 1 초 동안 말하기 ▼ 🐔 블록을 연결합니다.

16 [시작하기(▶)] 버튼을 클릭하여 암탉이 "꼬끼오!"라고 부르면 병아리들이 "삐약!"이라고 응답한 뒤 암탉 쪽으로 오고, 병아리들이 암탉에 닿으면 "삐약삐약!"이라고 말하는지를 확인합니다.

동영상 강의

07

★ 학습 개념 순차, 반복, 선택, 변수, 무작위수

★ 성취 기준 2.2.6. 변수를 활용하여 프로그래밍할 수 있다.

핵심 블록 설명

> 제비수 ▼ 를 0 로 정하기 ? : 선택한 변수의 값을 입력한 값으로 정합니다.

> 제비수 ▼ 에 1 만큼 더하기 ? : 선택한 변수의 값을 입력한 값만큼 증가시킵니다.

> 0 부터 10 사이의 무작위 수 : 입력한 두 수 사이의 값을 무작위로 선택한 값입니다.

풀이 따라하기

01 엔트리가 실행되면 [파일]−[오프라인 작품 불러오기]를 선택합니다.

02 [열기] 대화 상자가 나타나면 'PART 05₩기출유형따라하기 1회' 폴더에서 '7..ent' 파일을 선택하고 [열기]를 클릭합니다.

━━━━━━━━━━━━━━━━━━━━ **tip**

〈조건〉에 '엔트리 프로그램 화면 오른쪽 [블록 조립소]에 주어진 명령어 블록만을 사용한다.'라고 명시된 문제는 [블록 조립소]에 주어진 블록만 사용해야 합니다.

🐦 제비 **제비 오브젝트 코딩**

03 제비(🐦) 오브젝트를 선택한 후 변수 '제비수'를 0으로 정하기 위해

▶ 시작하기 버튼을 클릭했을 때 블록에

제비수 ▼ 를 0 로 정하기 ? 블록을 연결합니다.

변수를 만들기 위해서는 [속성] 탭의 [변수]-[변수 추가하기]를 클릭하고 변수 이름을 입력합니다. 이 변수는 모든 오브젝트에서 사용할 수 있도록 체크하면 됩니다.

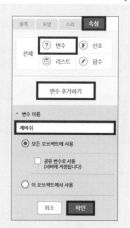

04 제비()가 1초마다 지정된 위치의 범위 내에서 계속 위치를 바꾸도록 계속 반복하기,

x: -220 부터 220 사이의 무작위 수 y: -50 부터 120 사이의 무작위 수 위치로 이동하기 , 1 초 기다리기 블록을 그림과 같이 순서대로 연결합니다.

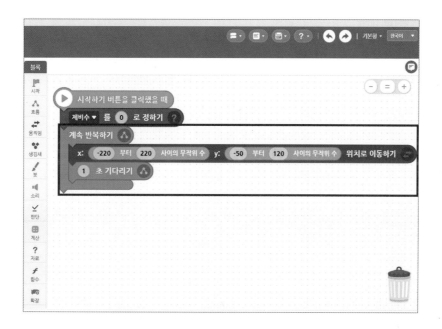

x좌표와 y좌표를 각각 '-220부터 220 사이의 무작위 수', '-50부터 120 사이의 무작위 수'로 지정하여 제비()가 무작위 위치로 이동하도록 하였습니다.

05 제비(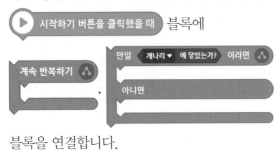)가 개나리( )에 닿았는지에 따라 모양을 바꾸는 조건을 계속 검사하기 위해

▶ 시작하기 버튼을 클릭했을 때 블록에

계속 반복하기 , 만일 개나리 ▼ 에 닿았는가? 이라면 / 아니면

블록을 연결합니다.

06 제비( )가 개나리( )에 닿으면 제비가 나뭇가지에 앉아있는 모양으로 바꾸도록

제비_2 모양으로 바꾸기 블록을 연결하고, 닿지 않으면 날아가는 모양으로 바꾸기 위해

제비_1 모양으로 바꾸기 블록을 그림과 같이 연결합니다.

---
tip

[모양] 탭에서는 제비의 모양을 확인할 수 있습니다. 또한 필요한 경우 [모양 추가]를 클릭하여 모양을 새로 만들 수 있습니다.

07 제비(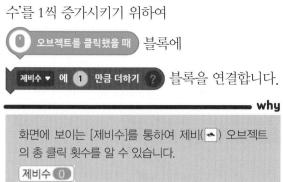)를 클릭할 때마다 변수인 '제비 수'를 1씩 증가시키기 위하여

오브젝트를 클릭했을 때 블록에

제비수 ▼ 에 1 만큼 더하기 ? 블록을 연결합니다.

────────────── **why**

화면에 보이는 [제비수]를 통하여 제비(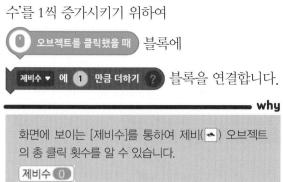) 오브젝트의 총 클릭 횟수를 알 수 있습니다.

제비수 **0**

잠자리 **잠자리 오브젝트 코딩**

08 잠자리(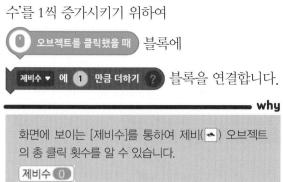) 오브젝트를 선택한 후 잠자리(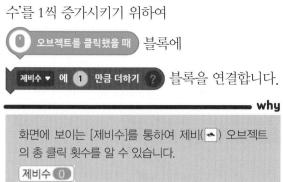)가 1초마다 지정된 위치의 범위 내에서 계속 위치를 바꾸도록 ▶ 시작하기 버튼을 클릭했을 때 블록에 계속 반복하기 ∧ , 1 초 기다리기 ∧ ,

 블록을 그림과 같이 연결합니다.

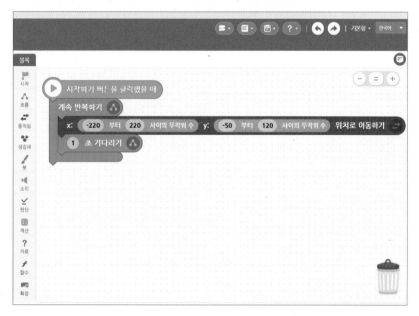

09 잠자리()가 개나리(⬛)에 닿았는지에 따라 모양을 바꾸는 조건을 계속 검사하기 위해

▶ 시작하기 버튼을 클릭했을 때 블록에 계속 반복하기 , 만일 개나리▼ 에 닿았는가? 이라면 / 아니면 블록을 연결합니다.

10 잠자리(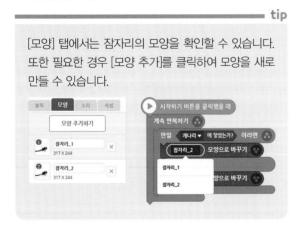)가 개나리(⬛)에 닿으면 잠자리가 나뭇가지에 앉아있는 모양으로 바꾸도록 잠자리_2 모양으로 바꾸기 블록을 연결하고, 닿지 않으면 날아가는 모양으로 바꾸기 위해 잠자리_1 모양으로 바꾸기 블록을 그림과 같이 연결합니다.

> **tip**
>
> [모양] 탭에서는 잠자리의 모양을 확인할 수 있습니다. 또한 필요한 경우 [모양 추가]를 클릭하여 모양을 새로 만들 수 있습니다.

11 잠자리()를 클릭하면 '제비수' 변수를 1 씩 감소시키기 위하여 오브젝트를 클릭했을 때 블록에 제비수 ▼ 에 -1 만큼 더하기 ? 블록을 연결합니다.

12 블록이 완성되면 [시작하기(▶)] 버튼을 클릭하여 제비와 잠자리가 무작위의 위치에 나타나고 개나리에 닿으면 모양을 바꾸는지 또한, 제비를 클릭할때마다 '제비수'가 1씩 증가하고 잠자리를 클릭할 때마다 1씩 감소하는지를 확인합니다.

08

★ **학습 개념** 순차, 반복, 선택, 이벤트

★ **성취 기준** 2.3.1. 횟수 반복/조건 반복/계속 반복 등을 주어진 상황에 맞게 사용할 수 있다.

핵심
블록
설명

> 크기를 100 (으)로 정하기 ⬡ : 오브젝트의 크기를 입력한 값으로 정합니다.

> 크기를 10 만큼 바꾸기 ⬡ : 오브젝트의 크기를 입력한 수치만큼 바꾸어 줍니다.

> 자신의 다른 ▼ 코드 멈추기 ⬡ : 이 블록이 있는 오브젝트의 모든 코드를 멈춥니다.

풀이 따라하기

01 엔트리가 실행되면 [파일]−[오프라인 작품 불러오기]를 선택합니다.

02 [열기] 대화 상자가 나타나면 'PART 05₩기출유형따라하기 1회' 폴더에서 '8..ent' 파일을 선택하고 [열기]를 클릭합니다.

─────────────────────── **tip**

〈조건〉에 '엔트리 프로그램 화면 오른쪽 [블록 조립소]에 주어진 명령어 블록만을 사용한다.'라고 명시된 문제는 [블록 조립소]에 주어진 블록만 사용해야 합니다.

🐴 **말 오브젝트 코딩**

03 말(🐴) 오브젝트를 선택한 후 말의 크기를 100으로 정하기 위해

> ▶ 시작하기 버튼을 클릭했을 때 블록에

> 크기를 100 (으)로 정하기 ⬡ 블록을 연결합니다.

04 말(🐴)이 모양을 0.2초 마다 '말1'과 '말2' 모양으로 번갈아 바꾸도록 `계속 반복하기` 블록에 `말1 모양으로 바꾸기`, `0.2 초 기다리기`, `말2 모양으로 바꾸기`, `0.2 초 기다리기` 블록을 차례로 그림과 같이 연결합니다.

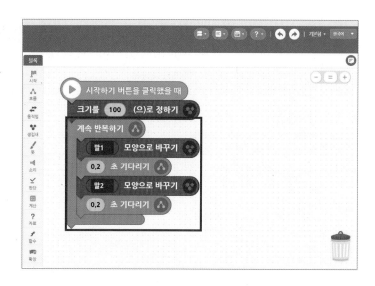

tip

말(🐴)이 달리는 모양을 나타내기 위해서는 지연 시간을 주어 모양을 바꿉니다. 말의 모양을 바꾸기 위해 〈코딩 1〉과 같이 작성하면 '말1'에서 '말2'의 모양으로 바뀔 때는 0.2초를 기다리지만 '말2'에서 '말1'로 모양이 바뀔 때는 지연 시간이 없어서 모양이 바뀌는 것을 확인할 수 없게 되므로 말이 달리는 모습이 부자연스럽게 됩니다. 따라서 말이 자연스럽게 달리는 모양을 하기 위해서는 〈코딩 2〉와 같이 작성해야 합니다.

〈코딩 1〉

```
계속 반복하기
    말1 모양으로 바꾸기
    0.2 초 기다리기
    말2 모양으로 바꾸기
```

〈코딩 2〉

```
계속 반복하기
    말1 모양으로 바꾸기
    0.2 초 기다리기
    말2 모양으로 바꾸기
    0.2 초 기다리기
```

05 이제 스페이스 키를 누르면 말(🐴)이 깃발 쪽을 바라보며 깃발(🏁)에 닿을 때까지 크기를 줄이며 움직이기를 반복하는 부분을 코딩하겠습니다.

스페이스 키를 누르면 말(🐴)이 깃발 쪽을 바라보도록 `스페이스 ▾ 키를 눌렀을 때` 블록에 `깃발 ▾ 쪽 바라보기` 블록을 연결합니다.

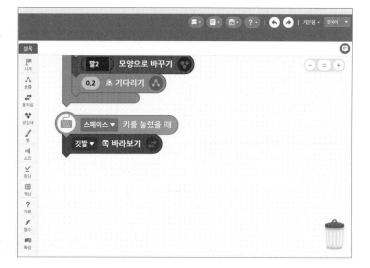

06 말(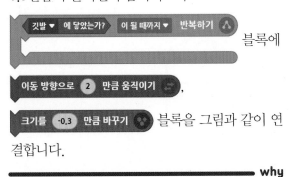)이 깃발(📬)에 닿을 때까지 크기를
0.3만큼씩 줄이면서 움직이도록

블록에

`이동 방향으로 2 만큼 움직이기`,

`크기를 -0.3 만큼 바꾸기` 블록을 그림과 같이 연
결합니다.

─── **why**

크기가 커질 때에는 +(플러스) 값으로, 크기를 작게 줄
일 때에는 -(마이너스) 값으로 작성합니다.

07 말(📬)이 깃발(📬)에 닿으
고 1초 동안 말하고 자신의 다른 코드를 멈추도
록 `도착 을(를) 1 초 동안 말하기` 블록을 연
결하고, `자신의 다른 코드 멈추기` 블록을 연결합
니다.

─── **why**

말(📬)의 다른 코드에서 달리는 모습을 표현하기 위해
모양을 계속 바꾸고 있기 때문에 스페이스 키를 눌러
깃발에 닿으면 움직임을 멈추도록
`자신의 다른 코드 멈추기` 블록을 사용하였습니다.

깃발 오브젝트 코딩

08 깃발(📬) 오브젝트를 선택한 후 깃발의
모양을 '깃발_노란'으로 정하기 위해

`시작하기 버튼을 클릭했을 때` 블록에

`깃발_노란 모양으로 바꾸기` 블록을 연결합니
다.

09 깃발(🏳)이 말(🐴)에 닿으면 '깃발_빨간' 모양으로 바꾸도록 `계속 반복하기` 블록에

`만일 말 ▼ 에 닿았는가? 이라면`,

`깃발_빨간 모양으로 바꾸기` 블록을 그림과 같이 연결합니다.

— why

말이 움직이는 대상이므로 말(🐴)이 깃발(🏳)에 닿으면 노란 깃발에서 빨간 깃발로 바꾸도록 코드를 작성해야 합니다. 하지만 다른 오브젝트를 움직여 '신호' 기능을 사용해야 하므로 이 코드에서는 반복과 선택을 이용하여 코드를 작성하였습니다.

10 [시작하기(▶)] 버튼을 클릭하여 말이 0.2초마다 모양을 바꾸고, 키보드의 스페이스 키를 누르면 깃발 쪽을 바라보며 크기를 줄이면서 달리는지 확인합니다. 또한, 말이 노란 깃발에 닿으면 제자리에 서서 1초 동안 "도착"이라고 말하고 깃발이 빨간 깃발로 바뀌는지도 확인합니다.

09

★ 학습 개념   순차, 반복, 선택, 신호
★ 성취 기준   2.3.5 이벤트의 개념을 이용하여 프로그래밍할 수 있다.

핵심 블록 설명

| 끈 ▼ 위치로 이동하기 | : 오브젝트가 선택한 오브젝트의 위치로 이동합니다. |

                        : 오브젝트가 입력한 시간 동안 입력한 x좌표, y좌표의 위치로 이동합

0.5 초 동안 x: 0 y: 80 만큼 움직이기   니다.

꿀꺽도넛 ▼ 신호 보내기   : 목록에 선택된 신호를 보냅니다.

꿀꺽도넛 ▼ 신호를 받았을 때   : 해당 신호를 받으면 연결된 블록들을 실행합니다.

풀이 따라하기

01 엔트리가 실행되면 [파일]−[오프라인 작품 불러오기]를 선택합니다.

02 [열기] 대화 상자가 나타나면 'PART 05₩기출유형따라하기 1회' 폴더에서 '9..ent' 파일을 선택하고 [열기]를 클릭합니다.

━━━━━━━━━━━━━━━━ **tip**

〈조건〉에 '엔트리 프로그램 화면 오른쪽 [블록 조립소]에 주어진 명령어 블록만을 사용한다.'라고 명시된 문제는 [블록 조립소]에 주어진 블록만 사용해야 합니다.

 **끈 오브젝트 코딩**

03 끈() 오브젝트를 선택한 후 끈이 2만큼씩 움직이기를 반복하기 위해

▶ 시작하기 버튼을 클릭했을 때   블록에

계속 반복하기 ∧   ,   이동 방향으로 2 만큼 움직이기

블록을 연결합니다.

04 끈()이 오른쪽 벽에 닿으면 x좌표를 −240 위치로 이동하도록

만일 [오른쪽 벽 ▼ 에 닿았는가?] 이라면 블록을 그림

과 같이 연결하고, 그 안에

x: -240 위치로 이동하기 블록을 연결합니다.

──────────── **why**

끈이 오른쪽 벽에 닿으면 x좌표를 −240 위치로 바꾸는 이유는 엔트리 화면의 x좌표의 범위가 −240~240이므로, 끈이 다시 보이는 위치를 x좌표 −240으로 정하여. 한 끈이 오른쪽으로 사라지면 새로운 끈이 왼쪽에서 나오는 것처럼 보이도록 하기 위함입니다.

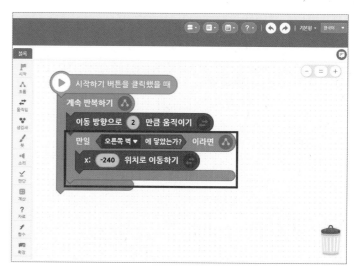

도넛 오브젝트 코딩

05 도넛(●) 오브젝트를 선택한 후 도넛이 끈과 같이 움직이도록

▶ 시작하기 버튼을 클릭했을 때 블록에

 , 끈 ▼ 위치로 이동하기 블록을

연결합니다.

──────────── **tip**

도넛(●)과 끈()이 자연스럽게 같이 움직이기 위해서는 도넛과 끈의 중심점을 도넛과 끈이 만나는 곳으로 변경해야 합니다.

강아지 오브젝트 코딩

06 강아지(🐕) 오브젝트를 선택한 후 스페이스 키를 누르면 강아지(🐕)가 점프하는 모양으로 바꾸도록 ⌨ 스페이스 ▼ 키를 눌렀을 때 블록에

다음 ▼ 모양으로 바꾸기 블록을 연결합니다.

07 강아지(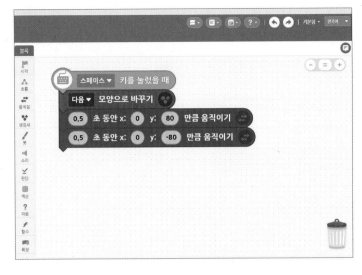)가 점프하여 위로 올라가도록
[움직임] 카테고리의

`0.5 초 동안 x: 0 y: 80 만큼 움직이기` 블록을
연결하고, 다시 아래로 내려오도록

`0.5 초 동안 x: 0 y: -80 만큼 움직이기` 블록을
연결합니다.

─────────────── **why**

강아지가 점프하여 움직이는 것은 위아래의 변화를 나타내므로 y좌표의 값이 증가되었다가 감소하는 것입니다.

08 강아지(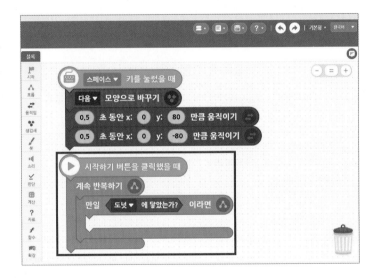)가 도넛()에 닿으면, '꿀꺽도넛' 신호를 보내고 "냠냠"이라고 0.5초 동안 말하는 조건을 계속 검사하기 위해

`▶ 시작하기 버튼을 클릭했을 때` 블록에

`계속 반복하기` 블록과

`만일 도넛 ▼ 에 닿았는가? 이라면` 블록을 연결합니다.

09 강아지(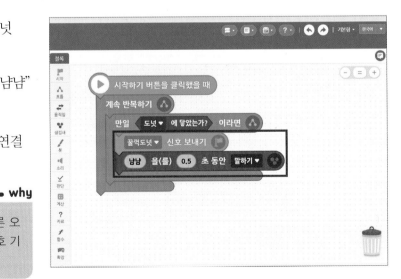)가 도넛()에 닿으면 도넛()이 화면에서 보이지 않도록

`꿀꺽도넛 ▼ 신호 보내기` 블록을 연결하고, "냠냠"이라고 0.5초 동안 말하도록

`냠냠 을(를) 0.5 초 동안 말하기 ▼` 블록을 연결합니다.

─────────────── **why**

강아지() 오브젝트에서 코드를 작성하지만 다른 오브젝트인 도넛()이 사라져야 하는 것이므로 신호 기능을 사용해야 합니다.

 **도넛 오브젝트 코딩**

10 도넛(●) 오브젝트를 선택한 후 '꿀꺽도 넛' 신호를 받았을 때 도넛이 화면에 사라지도록 꿀꺽도넛 ▾ 신호를 받았을 때 블록에

모양 숨기기 블록을 연결하고, 1초 후 다시 화 면에 나타나도록 1 초 기다리기 ,

모양 보이기 블록을 연결합니다.

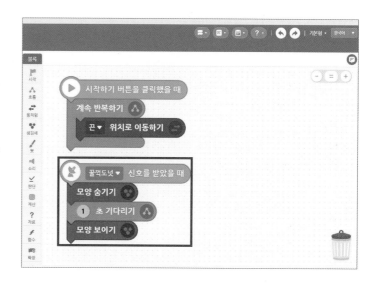

11 [시작하기(▶)] 버튼을 클릭하여 끈에 달린 도넛이 움직이는지, 스페이스 키를 누르면 강아지 가 점프하는지를 확인합니다. 그리고 강아지가 도넛에 닿으면 도넛이 1초 동안 화면에서 사라지고, 강아지가 "냠냠"이라고 0.5초 동안 말하는지를 확인합니다.

10

★ 학습 개념 순차, 반복, 선택, 말하기, 초시계
★ 성취 기준 2.1.2. 자료의 입출력문을 작성할 수 있다.

동영상 강의

핵심
블록
설명

> 초시계 숨기기 ▼ ⊞ : 초시계를 화면에서 보이지 않게 합니다.

> 초시계 시작하기 ▼ ⊞ : 초시계를 시작합니다.

> 출발!!! 을(를) 0.5 초 동안 말하기 ▼ ✦ : 오브젝트가 입력한 내용을 입력한 시간 동안 말풍선으로 나타내어 말한
> 후 다음 블록이 실행됩니다.

> 벽 ▼ 에 닿았는가? 이 될 때까지 ▼ 반복하기 ⋀
>
> : 판단이 참이 될 때까지 블록을 반복하여 실행합니다.

풀이 따라하기

01 엔트리가 실행되면 [파일]-[오프라인 작품 불러오기]를 선택합니다.

02 [열기] 대화 상자가 나타나면 'PART 05₩기출유형따라하기 1회' 폴더에서 '10..ent' 파일을 선택하고 [열기]를 클릭합니다.

━━━━━━━━━━━━━━━ **tip**

〈조건〉에 '엔트리 프로그램 화면 [블록 꾸러미]에서 필요한 블록을 가져다 사용한다.'라고 명시된 문제는 블록을 [블록 조립소]에 직접 가져다 사용해야 합니다.

아기돼지   **아기돼지 오브젝트 코딩**

03 아기돼지(🐷) 오브젝트를 선택한 후 초시계가 화면에 보이지 않도록 [시작(▶)] 카테고리의 ▶ 시작하기 버튼을 클릭했을 때 블록에 [계산(⊞)] 카테고리의 초시계 숨기기 ▼ ⊞ 블록을 연결합니다.

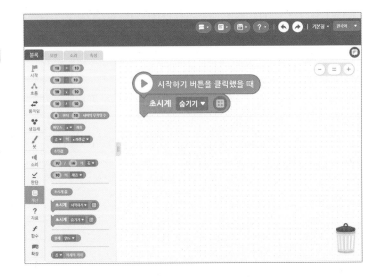

04 아기돼지(🐷)가 달리기 시합의 준비를 알리기 위해 "준비~~~"라고 1.5초 동안 말하도록 [생김새(🐤)] 카테고리의

안녕! 을(를) 4 초 동안 말하기▼ 블록을 연결하고, 안녕! 을 준비~~~로, 4초를 1.5초로 입력하여 변경합니다.

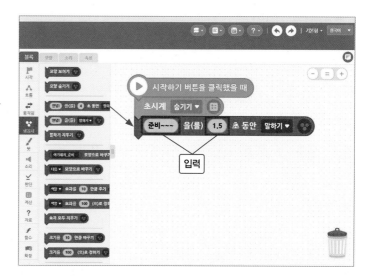

05 아기돼지(🐷)가 깃발을 들어 올려 달리기 시합의 출발을 알리도록 [생김새(🐤)] 카테고리의 다음▼ 모양으로 바꾸기 블록을 연결합니다.

06 달리기 시합을 시작하는 시점에 초시계의 동작을 시작하기 위해 [계산(🖩)] 카테고리의 초시계 시작하기▼ 블록을 연결합니다. 그리고 아기돼지(🐷)가 "출발!!!"이라고 0.5초 동안 말하기 위해 [생김새(🐤)] 카테고리의

안녕! 을(를) 4 초 동안 말하기▼ 블록을 연결하고, 안녕! 을 출발!!!로, 4초를 0.5초로 입력하여 변경합니다.

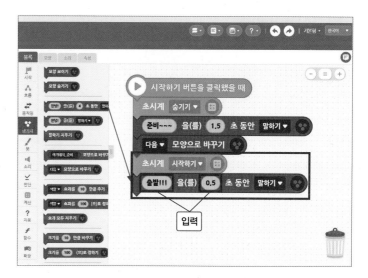

![곰] **곰 오브젝트 코딩**

07 곰(![곰]) 오브젝트를 선택한 후 곰의 위치를 정하도록 ![시작하기 버튼을 클릭했을 때] 블록에 [움직임(![움직임])] 카테고리의

![x: 0 y: 0 위치로 이동하기] 블록을 연결한 후 x좌표를 **-195** 로, y좌표를 **-85** 로 입력하여 변경합니다.

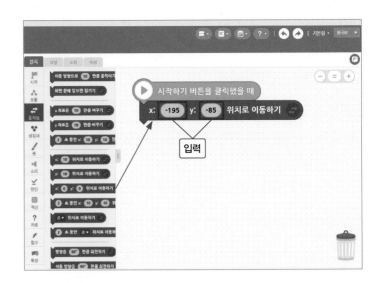

08 곰(![곰])이 2초 기다린 후 벽에 닿을 때까지 달리도록 [흐름(![흐름])] 카테고리의

![2 초 기다리기] 블록을 연결합니다. 그리고 [흐름(![흐름])] 카테고리의

![참 이 될 때까지 ▼ 반복하기] 블록을 연결하고

[판단(![판단])] 카테고리의 ![마우스포인터 ▼ 에 닿았는가?] 블록을 연결한 후 ▼를 클릭 하여 '마우스포인터'를 '벽'으로 변경합니다.

──────────────── **why**

곰이 2초를 기다리는 이유는 아기돼지가 달리기 시합을 위해 "준비~~~", 출발!!!"을 말하는 시간입니다. 즉, 아기돼지(![아기돼지])가 달리기 시합의 출발을 알린 후 곰(![곰])이 달려야 하기 때문입니다.

09 이어서 [움직임(![움직임])] 카테고리의

![이동 방향으로 10 만큼 움직이기] 블록을 연결합니다. 이 때 속도의 변화를 주기 위하여 **10** 을 [계산(![계산])] 카테고리의 ![0 부터 10 사이의 무작위 수] 블록으로 변경하고 그림과 같이 **0** 을 **1** 로 입력하여 변경합니다.

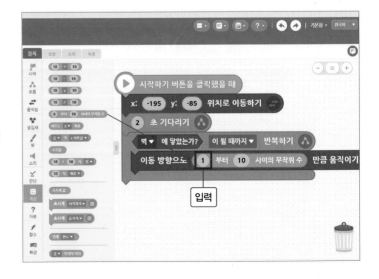

10 곰(🐻)이 달리는 것처럼 0.2초 마다 모양을 바꾸기 위해 [생김새(🔅)] 카테고리의 [다음 ▼ 모양으로 바꾸기 🔅] 블록과 [흐름(🔼)] 카테고리의 [2 초 기다리기 🔼] 블록을 그림과 같이 연결하고 [2] 초를 [0.2] 초로 입력하여 변경합니다.

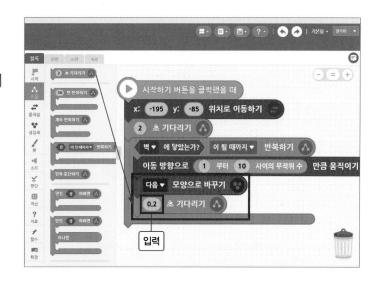

11 곰(🐻)이 벽에 닿으면 달리기 시합의 도착점에 도달했다고 보고 초시계 값을 나타내기 위해 [생김새(🔅)] 카테고리의 [안녕! 을(를) 말하기 ▼ 🔅] 블록을 연결하고 [안녕!]을 [계산(🔢)] 카테고리의 [초시계 값] 블록으로 변경합니다.

— why

곰(🐻)과 펭귄(🐧)의 달리기 시합의 결과를 알기 위해서는 곰과 펭귄의 각각 도착한 시간을 알아야 하기 때문에 곰과 펭귄이 각각의 초시계 값을 표시하도록 합니다.

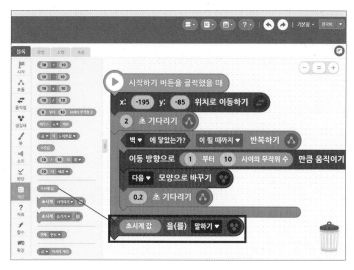

펭귄 오브젝트 코딩

12 펭귄 오브젝트를 선택한 후 펭귄의 위치를 정하도록 [▶ 시작하기 버튼을 클릭했을 때] 블록에 [움직임(🏃)] 카테고리의 [x: 0 y: 0 위치로 이동하기 🔄] 블록을 연결한 후 x좌표를 [-195]로, y좌표를 [-25]로 입력하여 변경합니다.

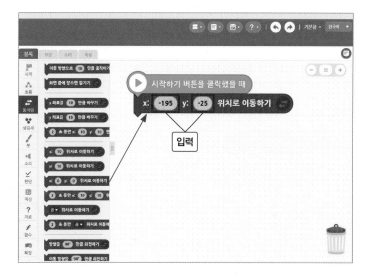

13 펭귄이 2초 기다린 후 벽에 닿을 때까지 달리도록 [흐름( )] 카테고리의 `2 초 기다리기` 블록을 연결합니다. 그리고 `참 이 될 때까지 ▼ 반복하기` 블록을 연결하고 [판단( )] 카테고리의 `마우스포인터 ▼ 에 닿았는가?` 블록을 연결한 후 ▼를 클릭하여 '마우스포인터'를 '벽'으로 변경합니다.

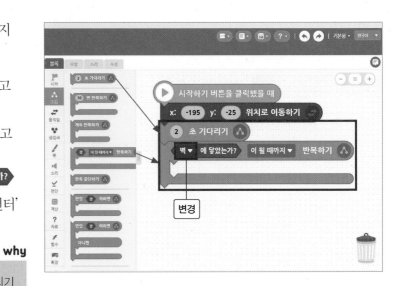

変更

──────────────── **why**

펭귄( )이 2초를 기다리는 이유는 아기돼지가 달리기 시합을 위해 "준비~~~", 출발!!!"을 말하는 시간입니다. 즉, 아기돼지( )가 달리기 시합의 출발을 알린 후 펭귄( )이 달려야 하기 때문입니다.

14 이어서 [움직임( )] 카테고리의 `이동 방향으로 10 만큼 움직이기` 블록을 연결합니다. 이 때 속도의 변화를 주기 위하여 `10`을 [계산( )] 카테고리의 `0 부터 10 사이의 무작위 수` 블록으로 변경하고 그림과 같이 `0`을 `1`로 입력하여 변경합니다.

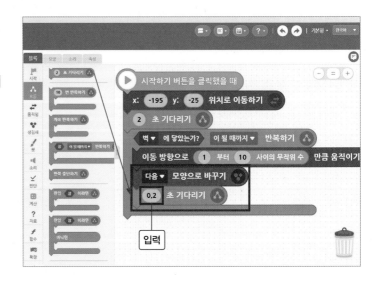

입력

15 펭귄( )이 달리는 것처럼 0.2초 마다 모양을 바꾸기 위해 [생김새( )] 카테고리의 `다음 ▼ 모양으로 바꾸기` 블록과 [흐름( )] 카테고리의 `2 초 기다리기` 블록을 그림과 같이 연결하고 `2`초를 `0.2`초로 입력하여 변경합니다.

입력

16 펭귄()이 벽에 닿으면 달리기 시합의 도착점에 도달했다고 보고 초시계 값을 나타내기 위해 [생김새(생김새)] 카테고리의

안녕! 을(를) 말하기 ▼ 블록을 연결하고 안녕!

을 [계산(계산)] 카테고리의 초시계 값 블록으로 변경합니다.

---
tip

초시계 값 을(를) 말하기 ▼ 블록에서 초시계 값 은 변수의 값입니다. 이 블록은 [계산(계산)] 카테고리에서 가져올 수 있으며,

초시계 값 은 마지막으로 변한 값을 최종 저장하고 있습니다.

17 [시작하기(▶)] 버튼을 클릭하여 아기돼지(🐷)가 "준비~~~", "출발!!!"이라고 말하면서 깃발을 올림과 동시에 초시계가 작동하는지를 확인합니다. 그리고 곰(🐻)과 펭귄(🐧)은 아기돼지(🐷)가 말하는 2초 동안 준비하다가 달리기 시작하고, 도착하면 달린 시간이 제대로 나타나는지 확인합니다.

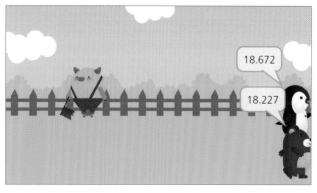

SW코딩자격(3급)
- Software Coding Qualification Test -

SW	시험 시간	급수	응시일	수험 번호	성명
엔트리 2.0 이상	45분	3	년 월 일		

시험자 유의 사항

- 수험자는 감독관의 안내에 따라 문제지와 시험용 SW 등의 이상 여부를 확인해야 합니다.
- 문제지는 시험이 끝난 후 답안지와 함께 제출해야 하며, 미제출 시 실격 처리 됩니다.
- 제한된 시간 내에 시험을 완료하여야 합니다.
- 시험 시작 후에는 화장실 출입이 불가하며, 시험 시간 중에는 퇴실할 수 없습니다.
- 시험 시간 중 고사실 내에서 휴대 전화기, 디지털카메라, MP3 등 전자 기기를 소지한 경우, 해당자의 시험을 무효로 처리하오니 절대 휴대하지 않도록 합니다.
- 부정 응시 및 문제 유출에 해당하는 행위 즉, 답안을 타인에게 전달 및 외부로 반출하는 경우, 자격기본법 제 32조에 의거 부정행위로 간주되어 해당자의 시험을 무효처리하며 민/형사상의 책임을 물을 수 있습니다.

답안 작성 요령

- 답안 작성 절차
  - 바탕화면(Desktop) / SW3–시험 / 수험번호–성명 / 파일에 답안을 작성 또는 작업 후 저장
- 시험을 완료한 수험자는 감독관의 안내에 따라 ①시험지를 제출하고 ②답안 파일을 저장한 후 퇴실합니다.

한 국 생 산 성 본 부

문제 01 지영은 민호에게 "반복되는 말"을 줄여 말하고 싶어 한다. 〈보기〉를 참고하여 〈문제〉의 빈칸을 완성하시오. (10점)

보기

〈지영의 생각〉

'붓과 팔레트와 스케치북'을 계속 말하려니 힘드네.

한 번만 이야기 하고, 이후에 같은 내용을 말할 때에는 '붓 등등'이라고 해야지.

그런데, 민호에게 '붓과 팔레트와 스케치북'을 짧게 줄여 '붓 등등'으로 대신하여 말한다는 말은 언제쯤 하는 게 좋을까 고민되네.

문제

※답안 작성 요령 : 〈보기〉를 참고하여, ①번은 아래의 (가)~(다) 중 적당한 위치를 골라 적으시오. ②번은 직접 적당한 말을 적어 넣으시오.

아래의 (가)~(다) 중 지영이 민호에게 "민호야, '붓과 팔레트와 스케치북'은 말이 너무 길어서, '붓 등등'으로 줄일게" 라는 이야기를 언제쯤 하는 것이 좋을지 선택하시오. (①)

또한, 지영이 반복되는 내용을 줄여서 말하기로 한 후 다시 정리해 말했을 때 (②)에 들어갈 말은 무엇인지 적으시오.

민호야, 이번 일요일에 참가하기로 한 미술대

회에 붓과 팔레트와 스케치북 을 준비해 오래.

나는 _____ 을 학교에 사물함 〈(가)

에 두고 다녀서 미리 챙겨 놓으려고 해.

일요일 대회 전에 _____ 을 〈(나)

집에 가져가야 할 것 같아.

너도 사물함에 (②) 을 두고 〈(다)

다니던데 미리 챙겨 두는 편이 좋을 거야.

정답	① ( )	② ( )

문제 02 지후는 다음 주까지 숙제로 '나의 미래 직업'이라는 주제로 글을 써서 내야 한다. 〈보기〉를 참고하여 〈문제〉의 빈칸을 완성하시오. (10점)

보기

지후는 여러 내용이 순서 없이 떠올라 도무지 감이 잡히지 않았다. 그래서 주제에 관련된 내용들을 머리말, 전개1, 전개2, 마무리로 작게 나누어 쪼개서 적어보고 그에 관련된 책을 찾기로 하였다.

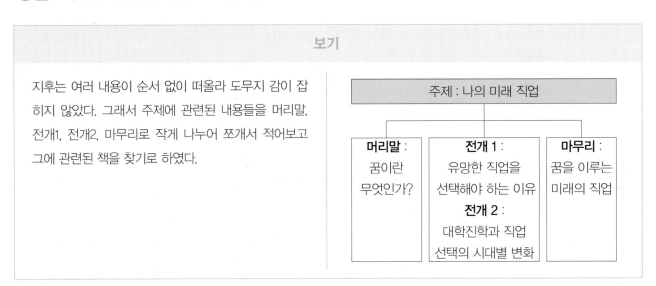

주제 : 나의 미래 직업

머리말 :	전개 1 :	마무리 :
꿈이란 무엇인가?	유망한 직업을 선택해야 하는 이유	꿈을 이루는 미래의 직업
	전개 2 : 대학진학과 직업 선택의 시대별 변화	

문제

※답안 작성 요령 : 〈보기〉를 참고하여, ①, ②번 빈칸에 들어갈 내용을 〈책 목록〉 중에서 골라 (가)~(라) 중 알맞은 기호로 적으시오. ①번은 두 개를 적어야 함.

지후는 글쓰기에 필요한 자료로 (①)책 두 권을 빌려와서 유용한 자료들을 인용해 숙제를 잘 완성했다. 또한 (②) 책은 특히 전개 2에 꼭 필요한 내용들이 많이 있어서 매우 좋았다.

〈책 목록〉

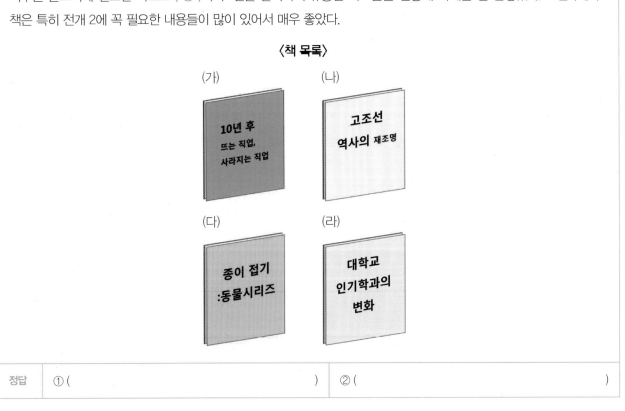

(가) 10년 후 뜨는 직업, 사라지는 직업

(나) 고조선 역사의 재조명

(다) 종이 접기 :동물시리즈

(라) 대학교 인기학과의 변화

정답	① ( )	② ( )

영희는 동생에게 숫자카드를 사용해 더하기를 가르쳐 주고 있다. 〈보기〉를 참고하여 〈문제〉의 빈칸을 완성하시오. (10점)

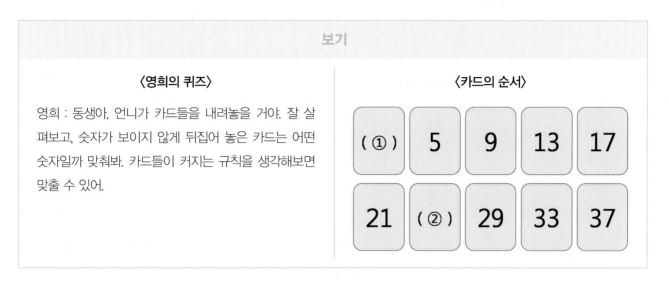

보기

〈영희의 퀴즈〉

영희 : 동생아, 언니가 카드들을 내려놓을 거야. 잘 살펴보고, 숫자가 보이지 않게 뒤집어 놓은 카드는 어떤 숫자일까 맞춰봐. 카드들이 커지는 규칙을 생각해보면 맞출 수 있어.

〈카드의 순서〉

| (①) | 5 | 9 | 13 | 17 |
| 21 | (②) | 29 | 33 | 37 |

문제

※답안 작성 요령 : ①과 ②번에 해당하는 답을 숫자로 순서대로 적어 넣으시오.

영희는 숫자카드들을 하나씩 내려놓은 뒤 동생에게 퀴즈를 내고 있다. 〈카드의 순서〉에 놓인 숫자들을 보고 규칙에 따라 어떤 숫자가 들어 가야하는지 적어 넣으시오.

숫자가 보이지 않게 뒤집어 놓은 첫 번째 카드에는 (①)이/가 뒤집어진 두 번째 카드에는 (②)이/가 들어가야 한다.

| 정답 | ① ( ) | ② ( ) |

문제 04 은정이가 음료수 자동판매기 앞에서 음료수를 고르는 중이다. 보기를 참고하여 〈문제〉의 빈칸을 완성하시오. (10점)

보기

〈음료수 자동판매기 사용 방법〉

(가) 자동판매기 앞으로 간다.

(나) 넣은 돈이 음료수 가격보다 적은가?

(다) 음료수와 잔돈이 나온다.

(라) 음료수를 고른다.

(마) 돈을 넣는다.

(바) 음료수가 나온다.

(사) 음료수가 나오지 않는다.

(아) 넣은 돈이 음료수 가격과 같은가?

문제

※ 답안 작성 요령 : 〈보기〉를 참고하여 작성하되, 〈음료수 자동판매기 사용방법〉에서 적절한 내용을 골라 (가)~(아)의 기호로 적으시오.

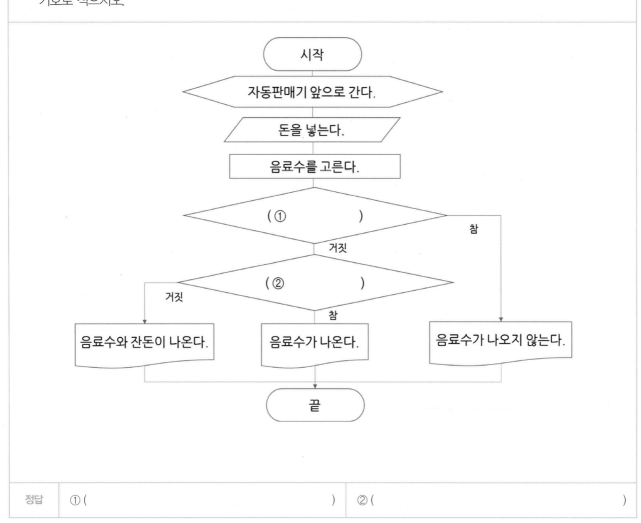

정답	① (	)	② (	)

05 전기가 통하는 물건을 찾으려 한다. 〈보기〉 내용을 참고하여 문제를 푸시오. (10점)

보기

〈전기가 통하는 물건 찾기〉

(가) 전기가 통하는 물건이다.

(나) 연결할 물건을 준비한다.

(다) 전기가 통하지 않는 물건이다.

(라) 스위치 사이에 물건을 연결한다.

(마) 전구에 불이 켜지는가?

문제

※답안 작성 요령 : 〈보기〉를 참고하여 작성하되, 〈전기가 통하는 물건 찾기〉에서 적절한 내용을 골라 (가)~(마)의 기호로 적으시오.

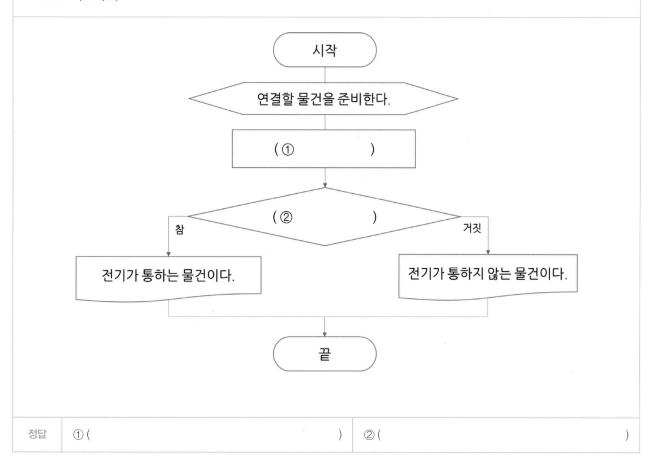

| 정답 | ① (|) | ② (|) |

프로그래밍 작업 가이드

– 문제 파일 위치 : PART05\기출유형따라하기 2회

– [수험번호–성명] 폴더를 마우스 오른쪽 버튼으로 클릭한 후, [이름 바꾸기]를 클릭

   → 본인의 [수험번호–성명]으로 수정하시오. (예: 10041004–홍길동)

– 본인의 [수험번호–성명]으로 수정된 폴더 안의 파일을 문항 별로 더블클릭하여 프로그램을 실행합니다.

– 문항 별 조건에 따라 작업을 완료하였으면, 파일〉저장하기 버튼을 클릭하여 저장합니다.

문제 06 아이가 퀵보드를 타고 공원을 지나가도록, 아래 〈조건〉에 맞게 코딩하시오. (10점)

조건
– 엔트리 프로그램 화면 오른편 [블록 조립소]에 주어진 명령어 블록만을 모두 사용한다. – 시작하기 버튼(▶)을 클릭하면 퀵보드가 x좌표 –89, y좌표 –36에 위치하고, 아이는 x좌표 –180, y좌표 –50에 위치해 있고 '아이_1' 모양이다. – 아이는 "퀵보드 타야지."라고 1초간 말하고 '걷기' 신호를 보낸다. 이어서 x좌표를 5만큼 바꾸기를 0.1초 간격으로 15번 반복하고, '퀵보드탐' 신호를 보낸다. – 아이가 '걷기' 신호를 받았을 때 다음 모양으로 바꾸기를 0.1초 간격으로 15번 반복한다. – 퀵보드는 '퀵보드탐' 신호를 받았을 때 x좌표를 10만큼 바꾸기를 0.1초 간격으로 40번 반복한다. – 아이가 '퀵보드탐' 신호를 받았을 때 '아이_3' 모양으로 바꾸고 퀵보드 위치로 이동하기를 계속 반복한다.

문제 07 음식 메뉴를 클릭할 때마다 그 값들을 더하여 금액을 확인해 주도록, 아래 〈조건〉에 맞게 코딩하시오. (10점)

조건
– 엔트리 프로그램 화면 오른편 [블록 조립소]에 주어진 명령어 블록만을 모두 사용한다. – 시작하기 버튼(▶)을 클릭하면 '금액'은 0으로 정한다. – 화면에서 김치찌개를 클릭했을 때 금액에 5000만큼 더한다. – 화면에서 자장면을 클릭했을 때 금액에 3500만큼 더한다. – 화면에서 볶음밥을 클릭했을 때 금액에 4500만큼 더한다. – 화면에서 라면을 클릭했을 때 금액에 3000만큼 더한다. – 확인을 클릭했을 때 선택한 값들을 더하여 지불하도록 "(금액)원을 넣으세요." 라고 4초간 말한다.

08 여우가 계속 달려서 숲속 배경이 뒤로 연속해 지나가도록, 아래 〈조건〉에 맞게 코딩하시오. (10점)

조건
– 엔트리 프로그램 화면 오른편 [블록 조립소]에 주어진 명령어 블록만을 모두 사용한다.

- 엔트리 프로그램 화면 오른편 [블록 조립소]에 주어진 명령어 블록만을 모두 사용한다.
- 시작하기 버튼(▶)을 클릭하면 숲속1은 x좌표 0, y좌표 0에 숲속2는 x좌표 480, y좌표 0에 위치한다.
- 여우는 다음 모양으로 바꾸기를 0.2초 간격으로 계속 반복한다.
- 숲속1은 x좌표를 −5만큼 바꾸기를 계속 반복한다.
- 숲속2도 x좌표를 −5만큼 바꾸기를 계속 반복한다.
- 숲속1은 자신의 x좌표가 −480 이하면 x좌표를 480 위치로 이동한다. (x좌표만 이동)
- 숲속2도 자신의 x좌표가 −480 이하면 x좌표를 480 위치로 이동한다. (x좌표만 이동)

09 힌트 후 퀴즈의 답을 입력하고 확인할 수 있도록, 아래 〈조건〉에 맞게 코딩하시오. (10점)

조건

- 엔트리 프로그램 화면 오른편 [블록 조립소]에 주어진 명령어 블록만을 모두 사용한다.
- 시작하기 버튼(▶)을 클릭하면 엔트리봇이 "힌트 후 퀴즈를 푸세요."라고 2초간 말하고 이어서 힌트와 문제를 낸다.
- "키 170cm 이상이며 분홍색 티를 입음"이라고 4초 간 말한다.
- "몇 번째 사람일까요?"라고 묻고 대답을 기다린다.
- 만일 대답이 1이면 "맞아요"라고 4초간 말한다.
- 대답이 1이 아니면 "아니에요"라고 4초간 말한다.

분리수거함에 캔만 넣을 수 있도록, 아래 〈조건〉에 맞게 코딩하시오. (10점)

조건
– 엔트리 프로그램 화면 [블록 꾸러미]에서 필요한 블록을 가져다 사용한다. – 시작하기 버튼(⬛ ▶ ⬛)을 클릭하면 우유곽은 x좌표 70, y좌표 25에 위치하고, 캔은 x좌표 −70, y좌표 25 위치에 있고 모양이 보인다. – 분리수거함은 캔을 가져와 닿으면 "캔 맞습니다."라고 1초간 말하고, 우유곽을 가져와 닿으면 "캔이 아닙니다."라고 1초간 말한다. – 캔은 클릭했을 때 마우스포인터 위치로 계속 따라다니며 이동하다가, 분리수거함에 닿으면 1초 후 분리수거함 위치로 이동한 뒤 보이지 않는다. – 우유곽은 클릭했을 때 마우스포인터 위치로 계속 따라다니며 이동하다가, 분리수거함에 닿으면 1초후 원래있던 위치인 x좌표 70, y좌표 25위치로 이동하고, 이 코드를 멈춘다.

시험 종료 전

– 본인의 수험번호–성명 폴더 내에 작업한 답안 파일이 정상적으로 저장되었는지 확인합니다.

 → 시험 종료 후, 감독관이 답안파일을 수거합니다.

– 수험번호, 성명을 잘못 기재하였거나, 답안 파일을 잘못 저장하여 발생한 문제나 불이익에 대한 일체의 책임은 수험자에게 있습니다.

– 감독관의 안내에 따라 시험지를 제출하고 퇴실합니다.

01

★ 학습 개념 문제 해결 방법의 탐색, 텍스트 압축
★ 성취 기준 1.2.2. 다양한 문제 해결 방법을 찾아낼 수 있다.

핵심 정리

긴 말을 반복해 사용하지 않아도 되도록 방법을 찾고 간단하게 줄여서 사용하는 문제 해결 방법의 탐색을 익힐 수 있는 문제입니다. '텍스트 압축' 기술은 실생활에서도 컴퓨터에서 많은 내용을 저장하거나 전송할 때 특히나 유용하게 사용됩니다. 줄여서 말하기를 하면 시간이 덜 걸리듯이 인터넷을 사용해 많은 양의 글자들을 전송할 때 반복되는 것들을 위와 같이 대표적인 짧은 단어나 기호로 만들어 보내면 속도가 빨라지고, 저장할 때는 저장 공간을 절약할 수 있게 됩니다. 마찬가지로, 소프트웨어 코딩을 할 때에도 같은 내용을 계속 반복하여 코드를 작성하는 것은 비효율적이므로, 위와 같은 원리를 적용하여 코딩에 활용하면 훨씬 간단하고 보기 좋게 작성할 수 있습니다.

풀이

정답 ① (가), ② 붓 등등

해설 줄여 말하기를 하기 이전에 줄여서 말할 것을 설명해줘야 민호가 알아들을 수 있습니다. 그러므로 (가)부분에서 먼저 설명한 후, 이후부터 '붓과 팔레트와 스케치북'을 '붓 등등'으로 줄여서 말하면 될 것입니다. 또한 ②번은 줄여 말하기 한다고 설명해준 이후이므로, '붓 등등'이라고 말하면 됩니다.

02

★ 학습 개념 문제 표현, 문제 분해
★ 성취 기준 1.2.1. 상황 속에서 문제를 정확하게 표현할 수 있다.

핵심 정리

기출문제에서 나오는 '문제 분해'에 관한 내용은 한 번에 해결하기 힘든 복잡한 내용을 부분별로 다루기 쉬운 수준으로 잘게 쪼개어 해결책을 찾도록 생각을 유도하는 문제입니다. 그러므로 세분화하여 나눈 내용들이 어떤 기준으로 나누어지고 어떤 내용들 끼리 분류되었는지를 파악하는 것이 중요합니다.

풀이

정답 ① (가), (라), ② (라)

해설 지후가 도서관에서 빌려온 책은 (가) 10년 후 뜨는 직업, 사라지는 직업, (라) 대학교 인기학과의 변천사 두 가지입니다. 머리말부터 마무리까지 지후가 글을 쓸 내용들을 정리해 놓은 개요를 보면, (나), (다) 책에는 해당 내용이 거의 없을 것입니다. '나의 미래 직업'이라는 글쓰기 숙제를 해결해야 하는 상황에서 주제만 생각하면, 막연하고 생각이 두서없이 떠올라 어떤 자료를 수집해야 할지도 감이 잡히지 않을 것입니다. 이런 상황에서 문제 분해를 합니다. 즉, 글을 머리말, 전개1, 전개2, 마무리로 나누고 파악해 보면 쉬워집니다. 어떤 자료가 필요한지도 한눈에 파악할 수 있게 됩니다. 특히 분해해 놓은 전개2에는 (라) 책의 내용이 유용하게 사용될 수 있을 것입니다.

03

★ 학습 개념 문제 해결 방법 비교와 선택, 패턴찾기
★ 성취 기준 1.2.2. 다양한 문제 해결 방법을 찾아낼 수 있다.

핵심 정리

'패턴 찾기'에 관련된 문제는 일정한 규칙으로 커지는 수, 또는 정해진 규칙만큼 변하는 도형, 또는 반복되는 작업의 파악에 대한 문제 등이 있습니다. 일정한 규칙으로 커지는 수의 패턴을 알기 위해서는 첫 번째 수와 두 번째 나오는 두 개의 수만 비교하지 말고, 두 번째와 세 번째, 세 번째와 네 번째 수 등 각각의 관계를 비교하여 어떤 규칙으로 변화하는지 규칙을 찾아내는 것이 필요합니다.

풀이

정답 ① 1, ② 25

해설 첫 번째 카드는 모르는 상태입니다. 그러나 '5 → 9 → 13 → 17 → 21'로 카드에 적힌 숫자가 커지고 있는 상황입니다. 어떤 규칙으로 숫자가 커지고 있는지 알아보기 위해 비교를 해보면, 각각의 수가 이전의 수보다 4씩 커지고 있음을 알 수 있습니다. 그렇다면 숫자 5가 적힌 카드 앞의 ① 번 카드에 들어갈 숫자는 무엇인지 알 수 있습니다. 어떤 수보다 4 만큼 큰 수가 5라면 그 어떤 수는 바로 1이 됩니다. 또한 ②번 카드 역시 21보다 4 만큼 커진 수를 적어 넣으면 됩니다. 그러므로 ②번 카드에 들어갈 수는 25가 됩니다.

04

★ 학습 개념 알고리즘 개념과 중요성, 순서도 작성
★ 성취 기준 1.3.2. 알고리즘이 갖추어야 할 조건을 이해하고 다양한 알고리즘을 작성할 수 있다.

핵심
정리

조건 선택에 대한 '알고리즘' 순서도를 이해하고 작성할 수 있는지 알아보는 문제입니다. 조건 선택은 '참'과 '거짓' 상황에 따라 처리되는 방법이 다르게 갈라집니다. 순서도의 기호별 쓰임새를 알고 있어야 합니다. 이 문제에서와 같이 선택에 해당되는 순서도 기호 이외에 준비, 출력 등의 기호의 쓰임새에 대해서도 알아둡시다.

풀이

정답 ① (나), ② (아)

해설 은정이가 음료수 자동판매기에서 음료수를 살 수 있다는 것은, 자동판매기 안에 있는 아래와 같은 알고리즘으로 만들어진 소프트웨어 프로그램이 작동되고 있음을 사용경험상 알고 있다는 것입니다. 판단기호들이 문제의 빈칸으로 되어 있을 경우, 출력되는 값을 확인하면 어떤 조건내용이 들어있는지 찾을 수 있습니다. ①번은 음료수가 나오지 않는 상황이 참이 되려면 어떤 조건인지 생각해 보면 됩니다. 즉, '(나) 넣은 돈이 음료수 가격보다 적은가?' 라는 내용이 들어가면 됩니다. ②번 역시 '음료수가 나온다.'라는 상황이 참이고, '음료수와 잔돈이 나온다'라는 상황이 거짓이 되는 상황을 생각해 봅시다. 보기 중 '(아) 넣은 돈이 음료수 가격과 같은가?' 라는 조건을 넣으면 참과 거짓인 경우 출력 값이 제대로 맞게 진행되는 것을 확인할 수 있습니다.

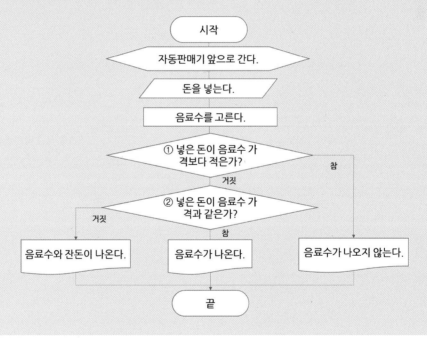

05

★ 학습 개념 알고리즘 개념과 중요성, 순서도 작성

★ 성취 기준 1.3.2. 알고리즘이 갖추어야 할 조건을 이해하고 다양한 알고리즘을 작성할 수 있다.

핵심 정리

평상시 일상 문제나 수업 중 배운 내용에 대해서도 알고리즘을 설계하고 순서도로 바르게 작성할 수 있도록 연습해 보도록 합시다. 특히 선택기호 부분에서 참과 거짓에 따라 처리가 되는 부분이 오류가 없는지 살펴보고, 순서도의 흐름상 처리 결과가 옳게 나오는지도 살펴봅시다.

풀이

정답 ① (라) ② (마)

해설 전기가 통하는 물건인지 알아보기 위해 먼저 준비한 물건 중에서, 먼저 궁금한 물건을 하나 골라 스위치 사이에 연결해 봅니다. ①에는 '(라) 스위치 사이에 물건을 연결한다.' 내용을 넣습니다. 전구에 불이 들어오면, 전기가 통하는 물건입니다. 또한 전구에 불이 켜지지 않으면 전기가 통하지 않는 물건입니다. 그러므로 참과 거짓으로 나뉘게 하는 판단 기호 ②번 안에는 '(마)전구에 불이 켜지는가?' 내용을 넣으면 됩니다.

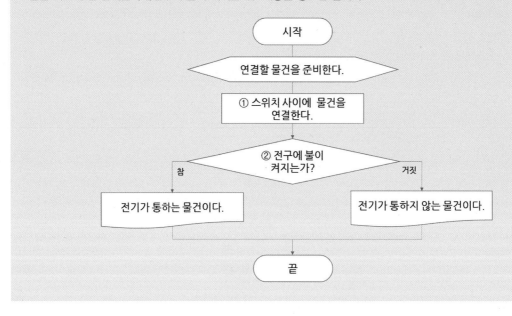

06

★ 학습 개념 순차, 반복, 신호
★ 성취 기준 2.2.2. 주어진 블록을 순차적으로 사용하여 목표물까지 이동할 수 있다.

핵심
블록
설명

> 퀵보드탐 ▼ 신호 보내기 : '퀵보드탐' 신호를 보냅니다.

> 15 번 반복하기 : 입력해 넣은 수만큼 반복하여 안쪽의 블록들을 실행합니다.

> x 좌표를 5 만큼 바꾸기 : 입력한 수만큼 화면에서 x좌표를 바꿉니다. 오른쪽으로 움직입니다.

풀이 따라하기

01 엔트리가 실행되면 [파일]–[오프라인 작품 불러오기]를 선택합니다.

02 [열기] 대화 상자가 나타나면 'PART 05₩기출유형따라하기 2회' 폴더에서 '6..ent' 파일을 선택하고 [열기]를 클릭합니다.

──────── tip

〈조건〉에 '엔트리 프로그램 화면 오른쪽 [블록 조립소]에 주어진 명령어 블록만을 사용한다.'라고 명시된 문제는 [블록 조립소]에 주어진 블록만 사용해야 합니다.

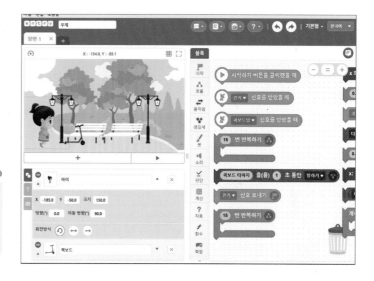

 **아이 오브젝트 코딩**

03 아이( ) 오브젝트를 선택합니다.

시작하기 버튼을 클릭했을 때 블록에

x: -180 y: -50 위치로 이동하기 블록을 연결하여 아이의 위치를 정합니다.

아이_1 모양으로 바꾸기 블록을 연결하여 시작할 때 나타날 모양을 정합니다.

04 `퀵보드 타야지 을(를) 1 초 동안 말하기 ▼`

블록을 연결하여 아이가 "퀵보드 타야
지." 라고 1초 동안 말하게 합니다. 그리고

`걷기 ▼ 신호 보내기` 블록을 연결하여 '걷기' 신
호를 보냅니다.

05 `15 번 반복하기` 블록 안에

`x 좌표를 5 만큼 바꾸기` 블록과

`0.1 초 기다리기` 블록을 연결하여 넣은 후,

`퀵보드탐 ▼ 신호 보내기` 블록을 가져와 아래에 연
결합니다.

06 `15 번 반복하기` 블록 안에

`다음 ▼ 모양으로 바꾸기` 블록과

`0.1 초 기다리기` 블록을 연결해 넣은 후

`걷기 ▼ 신호를 받았을 때` 블록 아래에 그림과
같이 연결해 줍니다.

─────────────── **why**

모양을 계속 바꾸는 반복 실행 사이에 다른 명령이 들
어가서, 시간이 지연되면 걷는 모습이 어색해질 수 있습
니다. 따라서, 모양 바꾸기 코드만 별도로 조립합니다.

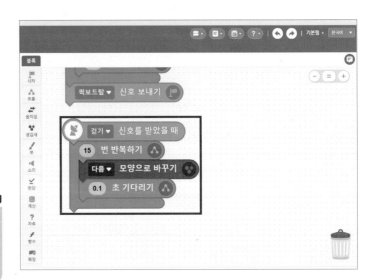

병렬 실행

명령을 규칙적으로 계속 실행해야 할 경우 다른 명령에 간섭받지 않게 블록을 따로 조합하는 것이 좋습니다. 아래 A와 B를 비교해 봅시다. A와 같이 블록을 조합하면, 태양은 "오! 나의 태양"이라고 말하는 동안에도 멈추지 않고 계속해서 빙글빙글 회전하게 됩니다. B와 같이 블록을 조합하면, 말하는 1초 사이에 태양이 회전을 멈췄다가 다시 회전하게 됩니다.

A. 두 개의 코드로 분리해 병렬 실행   B. 하나의 코드로 실행

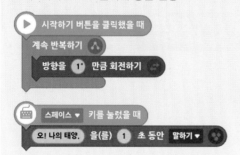   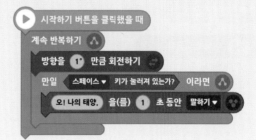

07 〔 🐰 퀵보드탐 ▾ 신호를 받았을 때 〕 블록 아래

에 〔 아이_3 모양으로 바꾸기 〕 블록을 연결하여,

'아이_3' 모양으로 바꿉니다.

08 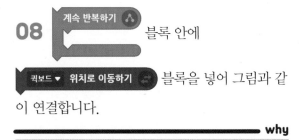 블록 안에 블록을 넣어 그림과 같이 연결합니다.

─────────── **why**

'퀵보드팀' 신호를 받은 이후에 아이(🔑)는 퀵보드(🛴)의 위치가 바뀌는 대로 계속 따라 이동합니다.

🛴 퀵보드 **퀵보드 오브젝트 코딩**

09 퀵보드(🛴) 오브젝트를 선택합니다.

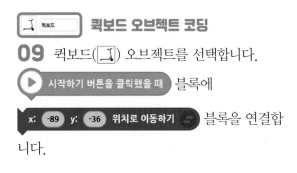

블록에 블록을 연결합니다.

10  블록 안에 와 블록을 연결해 넣은 후, 블록 아래에 연결합니다.

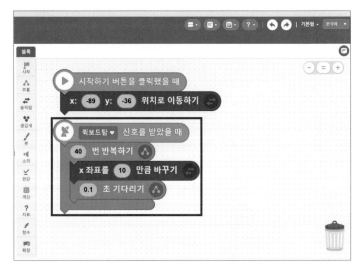

11 [시작하기(▶)] 버튼을 클릭하여 아이(🧒)가 "퀵보드 타야지"라고 말한 후 퀵보드 쪽으로 이동해서, 퀵보드(🛴)를 타고 이동하는지 확인합니다.

07

동영상 강의

★ 학습 개념 순차, 변수, 이벤트
★ 성취 기준 2.2.6. 변수를 활용하여 프로그래밍 할 수 있다.

핵심
블록
설명

`금액 ▼ 를 0 로 정하기 ?` : 변수 '금액'의 초기 값을 0으로 설정합니다.

`오브젝트를 클릭했을 때` : 오브젝트를 클릭했을 때 아래 연결된 블록을 실행합니다.

`금액 ▼ 에 5000 만큼 더하기 ?` : 변수 '금액'에 입력한 수만큼 값을 더합니다.

풀이 따라하기

01 엔트리가 실행되면 [파일]–[오프라인 작품 불러오기]를 선택합니다.

02 [열기] 대화 상자가 나타나면 'PART 05₩기출유형따라하기 2회' 폴더에서 '7..ent' 파일을 선택하고 [열기]를 클릭합니다.

═══════════════════════ tip

〈조건〉에 '엔트리 프로그램 화면 오른쪽 [블록 조립소]에 주어진 명령어 블록만을 사용한다.'라고 명시된 문제는 [블록 조립소]에 주어진 블록만 사용해야 합니다.

`확인` **확인 버튼** **확인 버튼 코딩**

03 확인(`확인`) 오브젝트를 선택합니다. 변수 '금액'를 0으로 정하기 위해

`▶ 시작하기 버튼을 클릭했을 때` 블록에

`금액 ▼ 를 0 로 정하기 ?` 블록을 연결합니다.

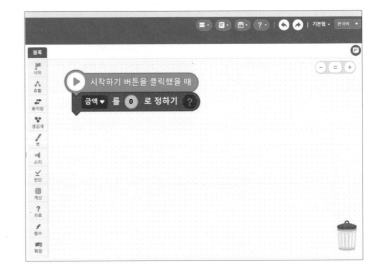

04  블록 안
에 `금액▼ 값` `과(와)` `원을 넣으세요.` `를 합치기` 블록을
그림과 같이 결합한 후, `오브젝트를 클릭했을 때`
블록 아래에 연결합니다.

—— **why**

확인(확인)을 누르면 선택한 음식 메뉴의 값을 합하여
가격을 말하게 합니다.

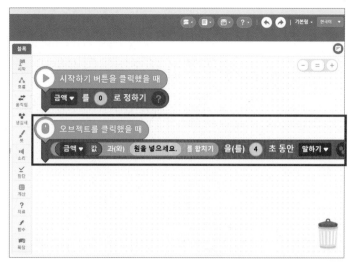

`김치찌개` **김치찌개 오브젝트 코딩**

05 김치찌개(🍲) 오브젝트를 선택합니다.
`오브젝트를 클릭했을 때` 블록 아래에

`금액▼ 에 5000 만큼 더하기` 블록을 연결합니
다.

—— **why**

실행화면에서 음식 메뉴 중 김치찌개(🍲) 오브젝트를
클릭했을 때 그 가격만큼 '금액' 변수에 값을 더합니다.

`자장면` **자장면 오브젝트 코딩**

06 자장면(🍜) 오브젝트를 선택합니다.
`오브젝트를 클릭했을 때` 블록 아래에

`금액▼ 에 3500 만큼 더하기` 블록을 연결합니
다.

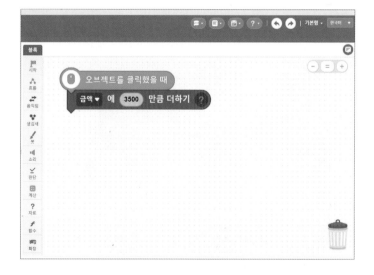

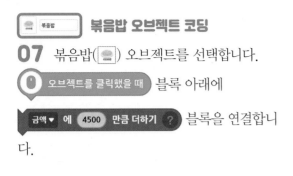 **볶음밥 오브젝트 코딩**

07 볶음밥( ) 오브젝트를 선택합니다.

오브젝트를 클릭했을 때 블록 아래에

금액▼ 에 4500 만큼 더하기 블록을 연결합니다.

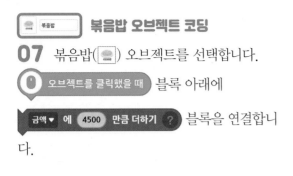 **라면 오브젝트 코딩**

08 라면( ) 오브젝트를 선택합니다.

오브젝트를 클릭했을 때 블록 아래에

금액▼ 에 3000 만큼 더하기 블록을 연결합니다.

09 [시작하기(▶)] 버튼을 클릭하여 음식 메뉴를 클릭하면 각각의 값을 금액에 더하여 확인(확인)을 눌렀을 때 모두 합한 값을 말하는지 실행해 봅니다.

08

★ 학습 개념 순차, 반복, 선택, 관계 연산

★ 성취 기준 2.2.7. 좌표를 활용하여 배경이 계속해서 이어지는 효과를 만들 수 있다.

동영상 강의

핵심 블록 설명

만일 〈 〈 자신 ▼ 〉의 〈 x 좌푯값 ▼ 〉 ≤ -480 〉 이라면 ⚡ : 자신의 좌표값을 비교하여 -480 이하인지 확인합니다. 참이 되면 안쪽의 블록을 실행합니다.

x: 480 위치로 이동하기 🔄 : y좌표는 바뀌지 않고, x좌표만 480 위치로 이동합니다.

풀이 따라하기

01 엔트리가 실행되면 [파일]-[오프라인 작품 불러오기]를 선택합니다.

02 [열기] 대화 상자가 나타나면 'PART 05₩기출유형따라하기 2회' 폴더에서 '8..ent' 파일을 선택하고 [열기]를 클릭합니다.

──────────────── tip

〈조건〉에 '엔트리 프로그램 화면 오른쪽 [블록 조립소]에 주어진 명령어 블록만을 사용한다.'라고 명시된 문제는 [블록 조립소]에 주어진 블록만 사용해야 합니다.

 **여우 오브젝트 코딩**

03 여우(🦊) 오브젝트를 선택합니다. 여우의 모양을 계속 바꾸기 위해

▶ 시작하기 버튼을 클릭했을 때 블록 아래에 다음 블록을 조립해 연결합니다. 계속 반복하기 ⚡ 블록

안에 0.2 초 기다리기 ⚡ 과

다음 ▼ 모양으로 바꾸기 ❖ 블록을 넣은 후 그림과 같이 연결합니다.

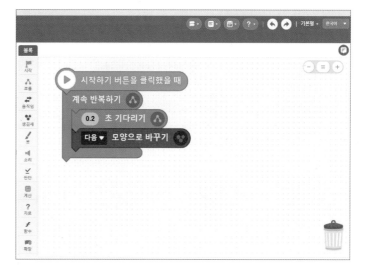

 **숲속1 오브젝트 코딩**

04 숲속1() 오브젝트를 선택합니다. 첫 위 치를 설정하기 위해 ▶ **시작하기 버튼을 클릭했을 때** 블록 아래에 **x: 0 y: 0 위치로 이동하기** 블록 을 연결합니다.

05 **계속 반복하기** 블록 안에

x 좌표를 -5 만큼 바꾸기 블록을 넣어 연결합니 다.

━━━━━━━━━━━━━━━━━━━ why

숲속1() 배경그림이 화면 왼쪽으로 계속 이동하여 여우()가 반대 방향인 오른쪽으로 달려가는 것처럼 보입니다.

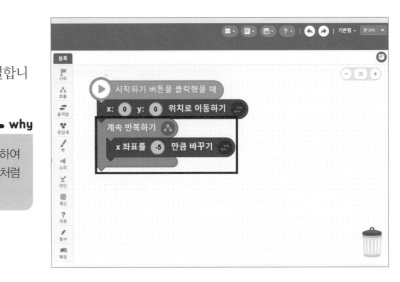

06 새로운 ▶ **시작하기 버튼을 클릭했을 때** 블록 아래에 **계속 반복하기** 블록을 연결하고,

만일 자신▼ 의 x 좌푯값▼ ≤ -480 이라면 블록 안에 **x: 480 위치로 이동하기** 블록을 넣습 니다.

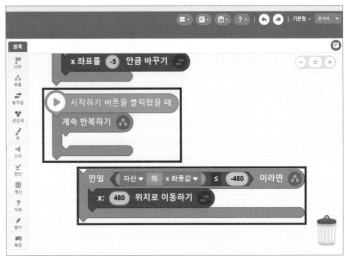

07 그림과 같이 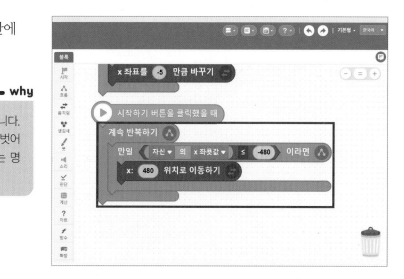 블록 안에 06에서 조립한 블록을 넣어 연결합니다.

─────────────── **why**

숲속1(▬)은 첫 위치가 x좌표 0, y좌표 0이었습니다. 시작한 후 왼쪽으로 조금씩 이동하여 화면을 다 벗어나게 되면, 다시 화면의 오른쪽 끝으로 이동하라는 명령입니다.

숲속2 오브젝트 코딩

08 숲속2(▬) 오브젝트를 선택합니다. 첫 위치를 설정하기 위해 시작하기 버튼을 클릭했을 때 블록 아래에 x: 480 y: 0 위치로 이동하기 블록을 연결합니다. 숲속2(▬)는 처음 시작할 때는 화면 오른쪽 바깥에 위치해 있게 됩니다.

09 계속 반복하기 블록 안에

x 좌표를 -5 만큼 바꾸기 블록을 넣어 연결합니다.

─────────────── **why**

숲속2(▬)가 화면 오른쪽 바깥에서 시작하여 화면 왼쪽 끝으로 점점 이동합니다.

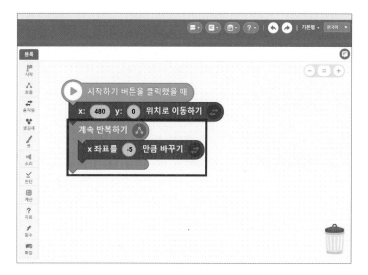

10 새로운  블록 아래에 블록을 연결합니다.

블록 안에 블록을 넣어 그림과 같이 연결합니다.

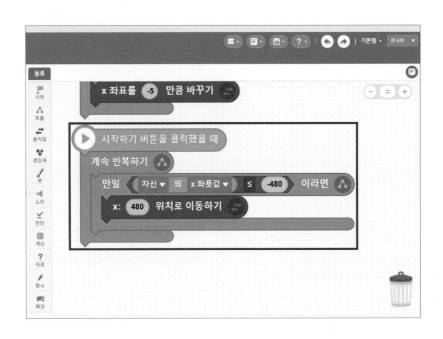

11 [시작하기(▶)] 버튼을 클릭하여 여우(🦊)가 0.2초 간격으로 계속 모양을 바꾸는지, 뒤에 보이는 숲속1(▬)과 숲속2(▬)가 연결되어 연속적으로 지나가는 것처럼 보이는지 확인합니다.

좌표를 활용하여 배경이 계속 이어지는 원리

배경 그림 2개를 연결하여 배치한 후 두 배경이 각각 계속 왼쪽으로 이동하다가 화면을 벗어나면 다시 오른쪽 끝에서 나타나도록 하여, 배경이 끊어지지 않고 계속 이어지는 것처럼 표현하였습니다.

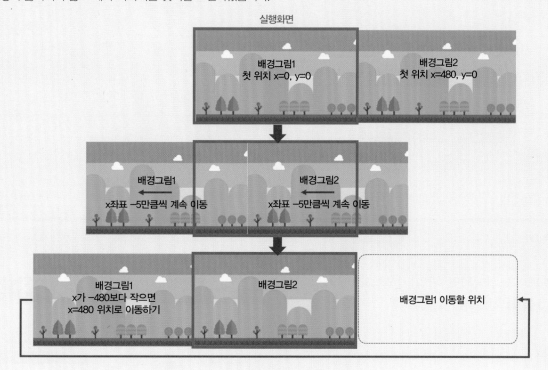

09

★ 학습 개념 순차, 선택, 관계 연산
★ 성취 기준 2.2.4. 다양한 조건을 고려하여 다른 동작을 하는 프로그램을 만들어 볼 수 있다.

**핵심
블록
설명**

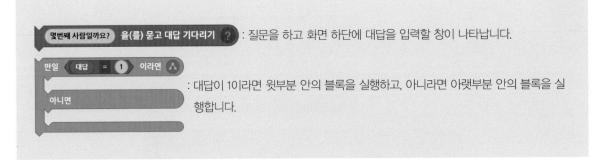

[몇번째 사람일까요? 을(를) 묻고 대답 기다리기] : 질문을 하고 화면 하단에 대답을 입력할 창이 나타납니다.

[만일 대답 = 1 이라면 / 아니면] : 대답이 1이라면 윗부분 안의 블록을 실행하고, 아니라면 아랫부분 안의 블록을 실행합니다.

풀이 따라하기

01 엔트리가 실행되면 [파일]-[오프라인 작품 불러오기]를 선택합니다.

02 [열기] 대화 상자가 나타나면 'PART 05₩기출유형따라하기 2회' 폴더에서 '9..ent' 파일을 선택하고 [열기]를 클릭합니다.

━━━━━━━━ **tip**

〈조건〉에 '엔트리 프로그램 회면 오른쪽 [블록 조립소]에 주어진 명령어 블록만을 사용한다.'라고 명시된 문제는 [블록 조립소]에 주어진 블록만 사용해야 합니다.

[🤖 엔트리봇] **엔트리봇 오브젝트 코딩**

03 엔트리봇(🤖) 오브젝트를 선택합니다. 엔트리봇(🤖)이 힌트를 말하기 위해

[▶ 시작하기 버튼을 클릭했을 때] 블록 아래에

[힌트 후 퀴즈를 푸세요. 을(를) 2 초 동안 말하기 ▼] 블록과

[키 170cm 이상이며 분홍색 티를 입음 을(를) 4 초 동안 말하기 ▼]

블록을 연결합니다.

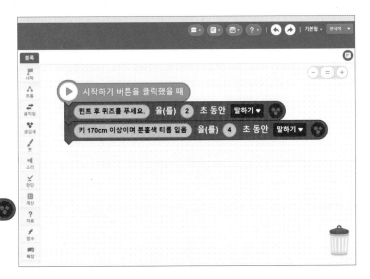

04 『몇번째 사람일까요? 을(를) 묻고 대답 기다리기 ?』블록을 가져와 그림과 같이 연결합니다.

tip

『안녕! 을(를) 묻고 대답 기다리기 ?』블록을 사용하여 질문을 하면, 화면 하단에 대답을 입력할 수 있는 입력창이 나타납니다.

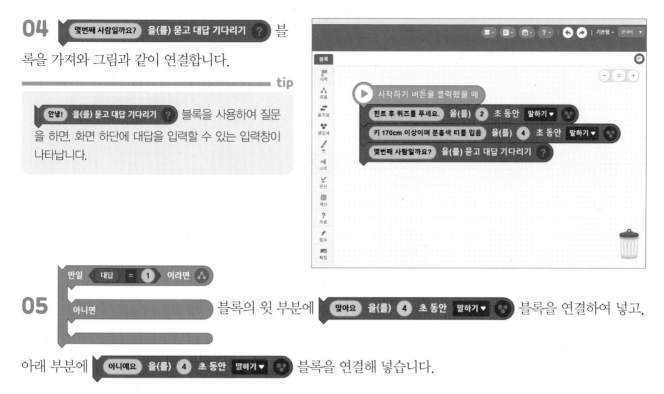

05 『만일 대답 = 1 이라면 / 아니면』블록의 윗 부분에 『맞아요 을(를) 4 초 동안 말하기』블록을 연결하여 넣고,

아래 부분에 『아니예요 을(를) 4 초 동안 말하기』블록을 연결해 넣습니다.

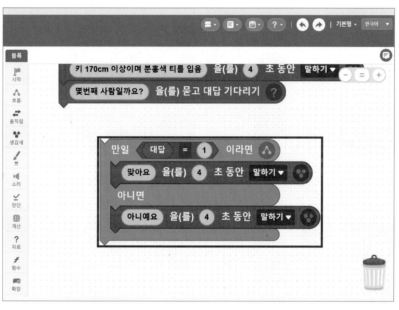

tip

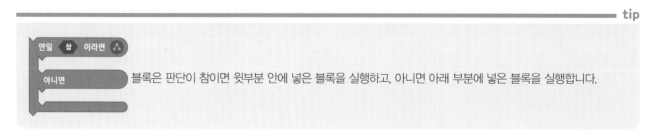
『만일 참 이라면 / 아니면』블록은 판단이 참이면 윗부분 안에 넣은 블록을 실행하고, 아니면 아래 부분에 넣은 블록을 실행합니다.

06 [몇번째 사람일까요? 을(를) 묻고 대답 기다리기 ?] 블록 아래에 **05**에서 조립한 블록을 그림과 같이 연결합니다.

─────────── **why**

힌트에서 말한 사람은 그림에서 첫 번째 사람에 해당합니다. 그러므로 화면 하단에 나타난 대답 창에 1이라고 입력하면 정답이 되고, 아니면 틀린 답이 됩니다.

11 [시작하기(▶)] 버튼을 클릭하여 엔트리봇( )이 힌트와 문제를 내는지 확인합니다. 또한 대답 입력창에 1이라고 입력했을 때 "맞아요"라고 말하는지, 틀리면 "아니에요"라고 말하는지를 확인합니다.

10

★ 학습 개념 순차, 반복, 선택

★ 성취 기준 2.2.4. 다양한 조건을 고려하여 다른 동작을 하는 프로그램을 만들어 볼 수 있다.

핵심
블록
설명

| 마우스포인터 ▼ 위치로 이동하기 ⇄ : 실행 화면에서 해당 오브젝트가 마우스포인터가 있는 위치로 이동합니다.

| 만일 분리수거함 ▼ 에 닿았는가? 이라면 ⚠ : 분리수거함에 닿으면, 즉 판단이 참인 상황이 되면 안쪽에 연결된 블록들을 실행합니다.

풀이 따라하기

01 엔트리가 실행되면 [파일]-[오프라인 작품 불러오기]를 선택합니다.

02 [열기] 대화 상자가 나타나면 'PART 05₩기출유형따라하기 2회' 폴더에서 '10..ent' 파일을 선택하고 [열기]를 클릭합니다.

────────────────────── tip

〈조건〉에 '엔트리 프로그램 화면 [블록 꾸러미]에서 필요한 블록을 가져다 사용한다.'라고 명시된 문제는 [블록 조립소]에서 블록을 직접 가져다 사용해야 합니다.

분리수거함 오브젝트 코딩

03 분리수거함(🗑) 오브젝트를 선택합니다. [시작(▶)] 카테고리의

▶ 시작하기 버튼을 클릭했을 때 블록을 가져옵니다.

[판단(✓)] 카테고리의 마우스포인터 ▼ 에 닿았는가?

블록의 ▼를 눌러 캔 ▼ 에 닿았는가? 로 설정한 뒤,

[흐름(△)] 카테고리의 만일 참 이라면 ⚠ 블록을 가져와 그림과 같이 연결해 넣습니다.

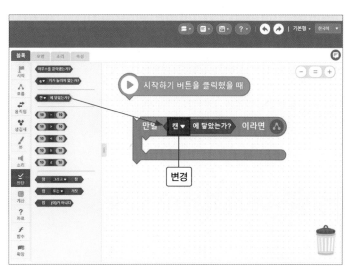

04 분리수거함(🗑)이 캔(🥫)에 닿으면 "캔 맞습니다."를 말하도록, [생김새(🎭)] 카테고리의 [안녕! 을(를) 4 초 동안 말하기 🔽] 블록을 블록 조립소로 가져와, [안녕!]을 [캔 맞습니다.]로, [4]초를 [1]초로 입력하여 변경한 후 그림과 같이 연결합니다.

05 분리수거함(🗑)이 우유곽(🥛)에 닿으면 "캔이 아닙니다."를 말하도록, **03**을 참고하여 [우유곽 🔽 에 닿았는가?] 블록을 [만일 참 이라면] 블록에 끼워 넣은 후 그림과 같이 조립합니다.

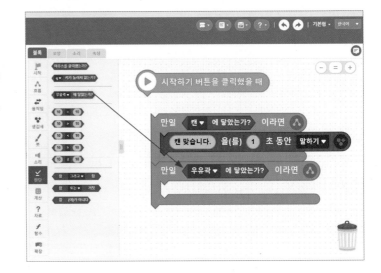

06 [생김새(🎭)] 카테고리의 [안녕! 을(를) 4 초 동안 말하기 🔽] 블록을 블록 조립소로 가져와, [안녕!]을 [캔이 아닙니다.]로, [4]초를 [1]초로 입력하여 변경한 후 연결합니다.

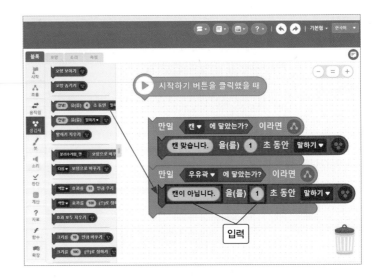

07 [흐름( )] 카테고리의

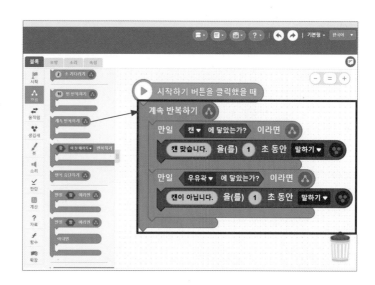

블록을 블록 조립소로 가져와

블록 아래에 연결합니다. 그리고 조립해 둔 블록을 그림과 같이

블록 안에 넣어 연결합니다.

---

why

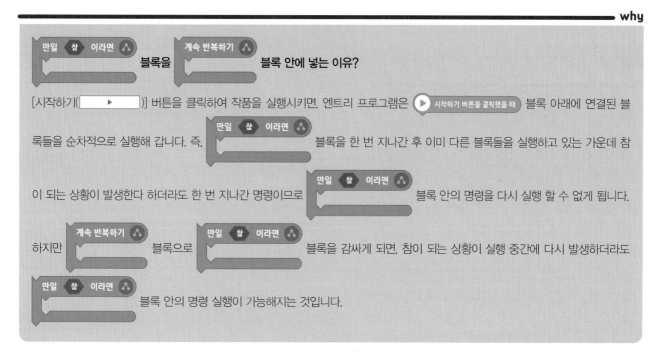

블록을 블록 안에 넣는 이유?

[시작하기(▶)] 버튼을 클릭하여 작품을 실행시키면, 엔트리 프로그램은 시작하기 버튼을 클릭했을 때 블록 아래에 연결된 블록들을 순차적으로 실행해 갑니다. 즉, 만일 참 이라면 블록을 한 번 지나간 후 이미 다른 블록들을 실행하고 있는 가운데 참

이 되는 상황이 발생한다 하더라도 한 번 지나간 명령이므로 만일 참 이라면 블록 안의 명령을 다시 실행 할 수 없게 됩니다.

하지만 계속 반복하기 블록으로 만일 참 이라면 블록을 감싸게 되면, 참이 되는 상황이 실행 중간에 다시 발생하더라도

만일 참 이라면 블록 안의 명령 실행이 가능해지는 것입니다.

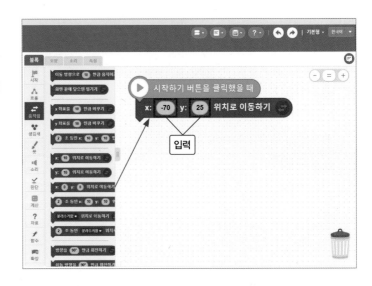

캔 오브젝트 코딩

08 캔(⬛) 오브젝트를 선택합니다. 캔(⬛)의 처음 위치를 설정하기 위해, [시작(▶)] 카테고리의 ▶ **시작하기 버튼을 클릭했을 때** 블록을 가져온 후 [움직임(🔄)] 카테고리의

x: 0 y: 0 위치로 이동하기 블록을 가져와 x좌표를 **-70** 으로 y좌표를 **25** 로 직접 입력하여 연결합니다.

09 이어서 [생김새(👁)] 카테고리의

모양 보이기 블록을 가져와 연결합니다.

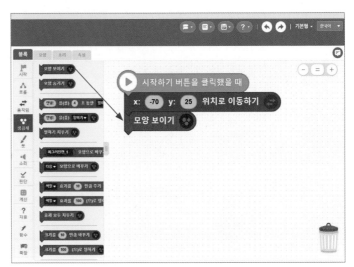

──────────────────────── **why**

실행 도중 좌표가 바뀌거나, 값이 바뀌는 변수의 처음 시작할 값이나, 크기의 변화 등은 시작할 때 처음 값들을 설정을 해줘야 합니다. **모양 숨기기 👁** 블록이 실행 중 사용된다면, 처음 시작할 때는 보이도록 **모양 보이기 👁** 로 설정해 줍니다.

10 [시작(▶)] 카테고리의

⑩ 오브젝트를 클릭했을 때 블록을 블록 조립소로 가져옵니다. [흐름(🔀)] 카테고리의

계속 반복하기 🔀 블록을 가져와 연결합니다. [움직임(🔄)]카테고리의 **엔트리봇 ▾ 위치로 이동하기** 블록의 ▾를 눌러 **마우스포인터 ▾ 위치로 이동하기** 로 설정한 후 블록 조립소로 가져와 그림과 같이 연결합니다.

──────────────────────── **why**

캔(⬛) 오브젝트를 클릭한 후 캔(⬛)이 실행 화면에서 마우스포인터를 따라 계속 움직이게 됩니다.

11 [흐름(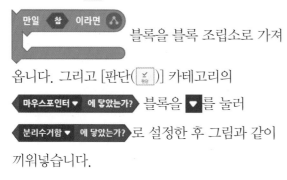)] 카테고리의

만일 참 이라면 블록을 블록 조립소로 가져

옵니다. 그리고 [판단( )] 카테고리의

마우스포인터 ▼ 에 닿았는가? 블록을 ▼를 눌러

분리수거함 ▼ 에 닿았는가? 로 설정한 후 그림과 같이

끼워넣습니다.

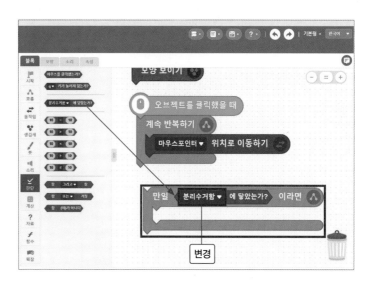

12 [흐름( )] 카테고리의 2 초 기다리기

블록을 연결하고 2 초를 1 초로 입력해 변경합

니다. [움직임( )] 카테고리의

앤트리봇 ▼ 위치로 이동하기 블록의 ▼를 눌러

분리수거함 ▼ 위치로 이동하기 로 설정한 뒤 그림

과 같이 연결합니다.

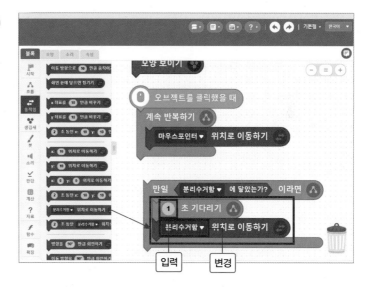

13 [생김새( )] 카테고리의 모양 숨기기

블록을 가져와 연결합니다.

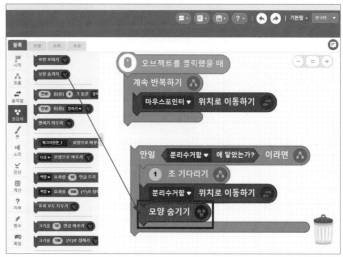

14 13에서 조립한 블록을 그림과 같이 조립합니다. 캔(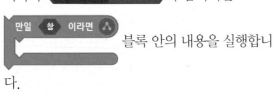)이 마우스포인터를 계속 따라다니다가 분리수거함 ▾ 에 닿았는가? 가 참이되면

만일 참 이라면 ⚡ 블록 안의 내용을 실행합니다.

──────────── **why**

캔(⬛)을 분리수거함(🗑)에 버리게 됩니다. 즉, 캔(⬛)이 분리수거함(🗑)에 닿으면, 분리수거함(🗑)이 "캔 맞습니다." 라고 말하는 1초 동안 닿은 상태로 잠시 기다리다가, 분리수거함 위치로 이동해 모양을 숨깁니다.

🏠 우유곽 **우유곽 오브젝트 코딩**

15 우유곽(🏠) 오브젝트를 선택합니다. 우유곽(🏠)의 처음 위치를 설정하기 위해, [시작(🚩)] 카테고리의 ▶ 시작하기 버튼을 클릭했을 때 블록을 가져온 후, [움직임(🔀)] 카테고리의 x: 0 y: 0 위치로 이동하기 블록을 가져와 x좌표를 70 으로 y좌표를 25 로 직접 입력하고 연결합니다.

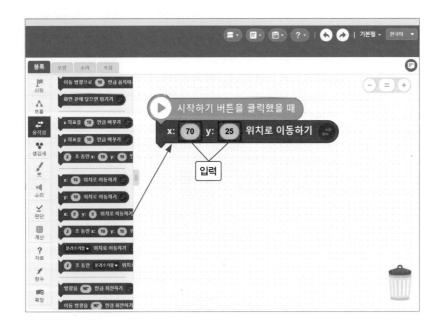

16 [시작(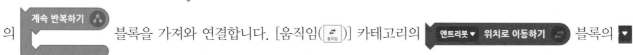)] 카테고리의 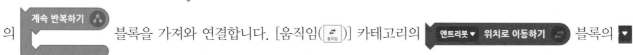 블록을 블록 조립소로 가져옵니다. [흐름(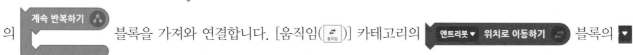)] 카테고리의 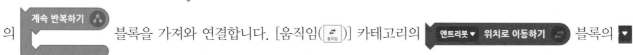 블록을 가져와 연결합니다. [움직임(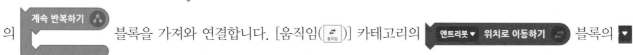)] 카테고리의 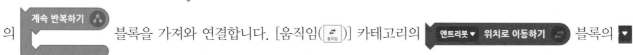 블록의 ▼를 눌러 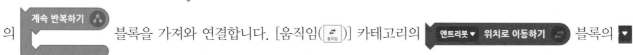 로 설정한 후 블록 조립소로 가져와 그림과 같이 연결합니다.

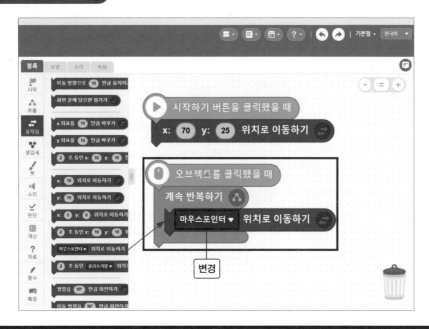

why

우유곽(🏠) 오브젝트를 클릭한 후 우유곽(🏠)이 실행 화면에서 마우스포인터를 따라 계속 움직이게 됩니다.

17 [흐름(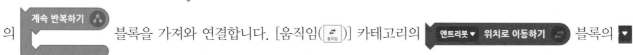)] 카테고리의 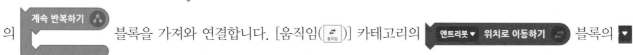 블록을 블록 조립소로 가져옵니다. 그리고 [판단(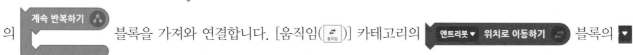)] 카테고리의 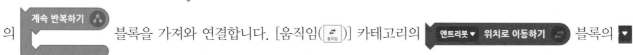 블록을 ▼를 눌러 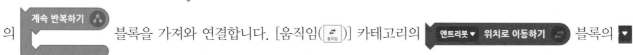 로 설정한 후 연결해 넣습니다.

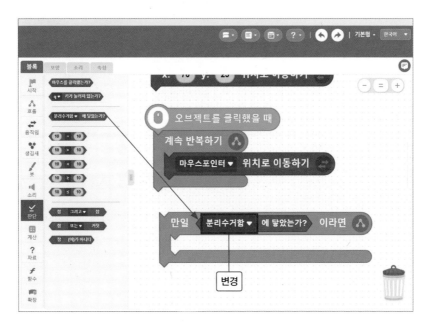

18 [흐름( )] 카테고리의 ② 초 기다리기 블록을 가져와 ②초를 ①초로 입력해 변경한 후 연결합니다. [움직임( )] 카테고리의 x: ⓞ y: ⓞ 위치로 이동하기 블록을 가져와 x좌표를 ⑦⓪으로 y좌표를 ②⑤로 직접 입력하여 연결합니다. [흐름( )] 카테고리의 이▼ 코드 멈추기 블록을 가져와 연결합니다.

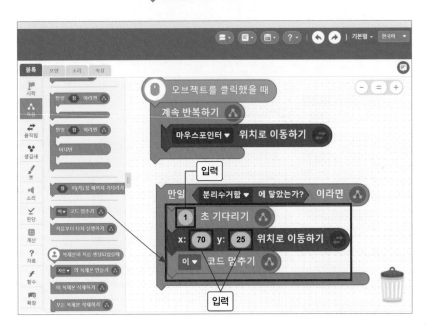

19 18에 조립한 블록을 그림과 같이 연결합니다.

― why

우유곽( )이 분리수거함( )에 닿으면, 분리수거함( )이 "캔이 아닙니다."라고 1초 동안 말하는 동안 잠시 기다린 후 원래 위치로 되돌아가고 이 코드는 멈춥니다. 즉, 더 이상 마우스포인터를 따라다니지 않습니다. 실행 화면에서 다시 마우스포인터를 따라다니게 하고 싶으면 우유곽( ) 오브젝트를 클릭하면 됩니다.

20 [시작하기(▶)] 버튼을 클릭하여 캔( )을 클릭해 분리수거함( )으로 가져오면 분리수거함( )이 "캔 맞습니다."라고 말하고 캔( )이 분리수거함( ) 안으로 사라지는지 확인해 봅시다. 또한, 우유곽( )을 클릭해 분리수거함( )으로 가져오면 분리수거함( )이 "캔이 아닙니다."라고 말하고 우유곽( )은 원래 자리로 되돌아가는지 확인해 봅시다.

PART 6

최신 기출 유형
문제

SW코딩자격(3급)
- Software Coding Qualification Test -

SW	시험 시간	급수	응시일	수험 번호	성명
엔트리 2.0 이상	45분	3	년 월 일		

시험자 유의 사항

- 수험자는 감독관의 안내에 따라 문제지와 시험용 SW 등의 이상 여부를 확인해야 합니다.
- 문제지는 시험이 끝난 후 답안지와 함께 제출해야 하며, 미제출 시 실격 처리 됩니다.
- 제한된 시간 내에 시험을 완료하여야 합니다.
- 시험 시작 후에는 화장실 출입이 불가하며, 시험 시간 중에는 퇴실할 수 없습니다.
- 시험 시간 중 고사실 내에서 휴대 전화기, 디지털카메라, MP3 등 전자 기기를 소지한 경우, 해당자의 시험을 무효로 치리히오니 절대 휴대하지 않도록 합니다.
- 부정 응시 및 문제 유출에 해당하는 행위 즉, 답안을 타인에게 전달 및 외부로 반출하는 경우, 자격기본법 제 32조에 의거 부정행위로 간주되어 해당자의 시험을 무효처리하며 민/형사상의 책임을 물을 수 있습니다.

답안 작성 요령

- 답안 작성 절차
  - 바탕화면(Desktop) / SW3-시험 / 수험번호-성명 / 파일에 답안을 작성 또는 작업 후 저장
- 시험을 완료한 수험자는 감독관의 안내에 따라 ①시험지를 제출하고 ②답안 파일을 저장한 후 퇴실합니다.

한 국 생 산 성 본 부

문제 01 민서는 디지털 신호를 이용하여 친구에게 암호로 약속 메시지를 전달하려고 한다. 〈보기〉를 참고하여 〈문제〉의 빈칸을 완성하시오. (10점)

보기

〈십진수를 이진수로 변환하기〉	
십진수	이진수
0	0000
1	0001
2	0010
3	0011
4	0100

〈민서가 친구와 약속한 암호〉	
십진수	암호
0	학교 후문
1	토스트가게
2	분식집
3	놀이터
4	학교 운동장

문제

※답안 작성 요령 : 〈보기〉를 참고하여, 빈칸 ①과 ②를 채워 넣으시오.

민서가 친구에게 암호를 넣어 메시지를 작성하였다. 보안을 강화하기 위하여 메시지를 축약하고, 암호를 이진수로 변환하려고 한다.

(변환 전) "수업 끝나고 학교 후문에서 만나서 토스트 먹고 같이 학교 운동장에 가서 줄넘기하자."

→ (변환 후) "수업 끝나고 (①   )에서 만나서 간식 먹고 (②   )에 가자"

| 정답 | ① (   ) | ② (   ) |

문제 02 연수가 구슬로 목걸이 만들기를 하고 있다. 몇 가지 구슬을 일정한 규칙대로 끼워서 모양을 만들고 있다. 아래 〈보기〉를 참고하여 문제의 빈칸을 완성하시오. (10점)

보기

〈구슬목걸이 만들기〉

아래 그림은 연수가 만들고 있는 목걸이의 일부분이다.

첫 구슬

〈패턴 찾기〉

왼쪽 그림을 보면, 첫 구슬을 기준으로 해서 일정한 패턴으로 구슬을 끼우고 있다. 현재까지 끼운 것은 패턴을 두 번 반복하고 구슬 하나를 더 끼운 상태이다.

문제

※답안 작성 요령 : 〈보기〉를 참고하여 작성하되, ①번은 (가)〜(라) 중에서 선택해서 적고, ②번은 알맞은 숫자를 적어 넣으시오.

위의 그림과 같이 계속해서 같은 패턴으로 반복해 구슬을 끼우려고 한다. 끝의 노란 구슬을 포함해 한 패턴을 더 완성하려면, 어떤 모양의 구슬 몇 개씩이 더 필요할지 생각해 보고, 아래 (가)〜(다) 중 고르시오. (①) 번

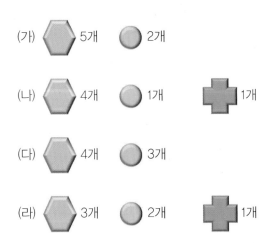

위의 그림에서 한 패턴을 완성하는 데 필요한 구슬은 모두 7개이다. 연수는 60cm 이상의 목걸이를 갖고 싶어 한다. 한 패턴의 길이가 10 cm이라면, 적어도 한 패턴을 (②)번 이상 반복해서 만들어야 한다.

정답	① ( )	② ( )

문제 03 원철은 수업시간에 배운 삼각형의 특징을 정리하고 있다. 〈보기〉를 참고하여 〈문제〉의 빈칸을 완성하시오. (10점)

보기

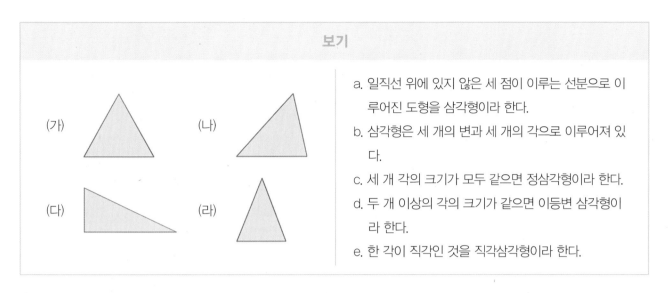

(가)

(나)

(다)

(라)

a. 일직선 위에 있지 않은 세 점이 이루는 선분으로 이루어진 도형을 삼각형이라 한다.
b. 삼각형은 세 개의 변과 세 개의 각으로 이루어져 있다.
c. 세 개 각의 크기가 모두 같으면 정삼각형이라 한다.
d. 두 개 이상의 각의 크기가 같으면 이등변 삼각형이라 한다.
e. 한 각이 직각인 것을 직각삼각형이라 한다.

문제

※답안 작성 요령 : 〈보기〉를 참고하여, 빈칸 ①과 ②를 채워 넣으시오.

위 보기의 내용을 참조하여, (가)~(라) 중 이등변 삼각형이 아닌 것을 모두 고르시오. (　①　)

정삼각형과 이등변 삼각형 두 가지에 모두 해당되는 내용을 a~e 중에서 모두 고르시오. (　②　)

정답	① ( )	② ( )

문제 04 가까운 미래에는 운전자 없이 도로 위를 달릴 수 있는 '자율 주행 자동차'가 나올 것이다. 〈보기〉를 참고하여 〈문제〉의 빈칸을 완성하시오. (10점)

보기

〈자율 주행자 동차〉

현재 위치

목적지 : 공원

〈공원으로 이동하기〉

(가) 시작
(나) 끝
(다) 앞으로 이동
(라) 오른쪽으로 회전
(마) 갈림길에 닿았는가
(바) 목적지에 닿았는가

문제

※답안 작성 요령 : 〈보기〉를 참고하여 작성하되, 〈공원으로 이동하기〉에서 (가)~(바) 중에서 골라 적어 넣으시오.

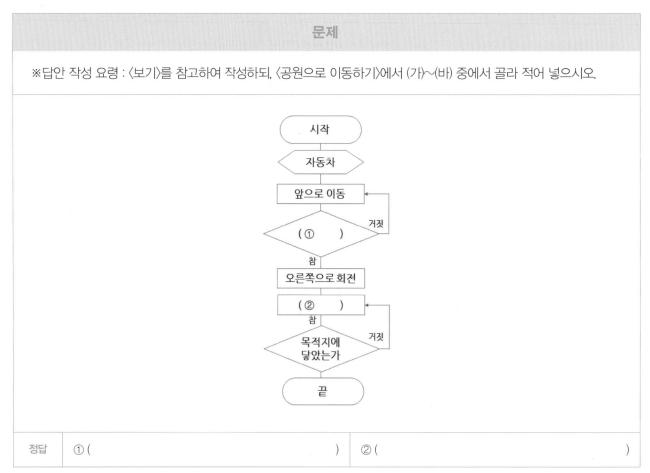

시작
자동차
앞으로 이동
(①) 거짓
참
오른쪽으로 회전
(②) 거짓
참
목적지에 닿았는가 거짓
끝

정답	① ( )	② ( )

05 민재가 친구들과 놀이터에 모여서 어떤 놀이를 할지 정하고 있다. 〈보기〉를 참고하여 〈문제〉의 빈칸을 완성하시오. (10점)

보기	
〈놀이에 필요한 최소 인원〉 – 2인 : 딱지치기 – 3인 : 술래잡기 – 4인 : 피구	(가) 3명 이상 모였는가 (나) 4명 이상 모였는가 (다) 딱지치기로 정한다 (라) 피구 놀이로 정한다 (마) 술래잡기로 정한다

문제

※답안 작성 요령 : 〈보기〉를 참고하여 작성하되, 〈놀이에 필요한 최소 인원〉을 참고하여 (가)～(마) 중에서 골라 적어 넣으시오.

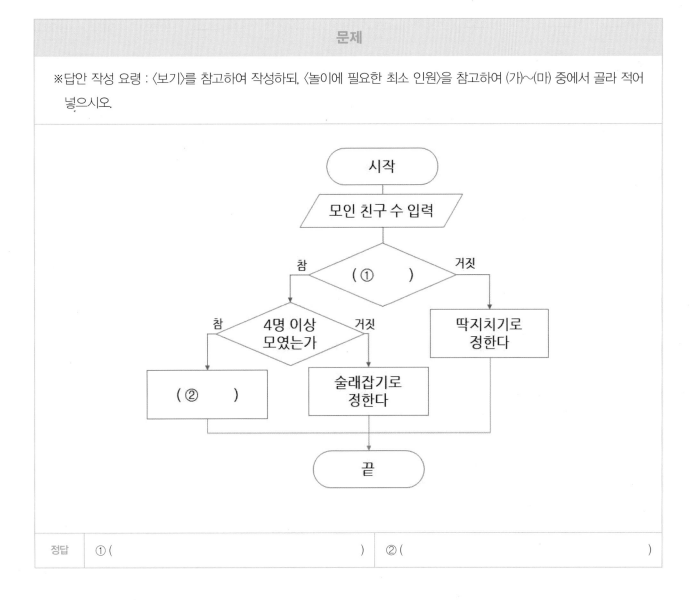

정답	① ( )	② ( )

프로그래밍 작업 가이드

– 문제 파일 위치 : PART06₩기출유형문제 1회

– [수험번호–성명] 폴더를 마우스 오른쪽 버튼으로 클릭한 후, [이름 바꾸기]를 클릭

   → 본인의 [수험번호–성명]으로 수정하시오. (예: 10041004–홍길동)

– 본인의 [수험번호–성명]으로 수정된 폴더 안의 파일을 문항 별로 더블클릭하여 프로그램을 실행합니다.

– 문항 별 조건에 따라 작업을 완료하였으면, 파일〉저장하기 버튼을 클릭하여 저장합니다.

엔트리봇이 집 안으로 들어가도록, 아래 〈조건〉에 맞게 코딩하시오. (10점)

조건
– 엔트리 프로그램 화면 오른편 [블록 조립소]에 주어진 명령어 블록만을 사용한다.
– 시작하기 버튼(▶)을 클릭하면 엔트리봇의 위치를 x좌표 –190, y좌표 –40으로 정하고, 엔트리봇의 모양을 '엔트리봇'으로 정하고, 손잡이와 마을은 화면에 보이도록 하고 거실은 화면에 보이지 않도록 한다.
– 엔트리봇이 5만큼씩 계속 반복하여 이동한다.
– 엔트리봇이 손잡이에 닿으면 '집안으로' 신호를 보내고 이 코드를 멈춘다.
– '집안으로' 신호를 받으면 엔트리봇은 x좌표 –55, y좌표 –100 위치로 이동하고, '엔트리_뒤' 모양으로 바꾼 후 "이제 쉬어야겠다!"라고 4초 동안 말한다.
– '집안으로' 신호를 받으면 손잡이는 화면에 보이지 않도록 한다.
– '집안으로' 신호를 받으면 거실은 화면 앞으로 보내고 화면에 보이도록 한다.

07 농구공과 축구공이 결승선까지 굴러가도록, 아래 〈조건〉에 맞게 코딩하시오. (10점)

조건
– 엔트리 프로그램 화면 오른편 [블록 조립소]에 주어진 명령어 블록만을 사용한다. – 시작하기 버튼(▶)을 클릭하면 농구공의 위치를 x좌표 −200, y좌표 0으로, 축구공의 위치를 x좌표 −200, y좌표 −70으로 정하고, '농구공기록'과 '축구공기록' 변수를 0으로 정한다. – 스페이스 키를 누르면 초시계가 작동을 시작한다. – 스페이스 키를 누르면 농구공과 축구공은 결승선에 닿을 때까지 x좌표를 3부터 8사이의 무작위 수만큼 이동하면서 방향을 20°씩 회전한다. – 농구공이 결승전에 닿으면 '농구공기록'을 초시계 값으로 정하고, 초시계 값을 1초 동안 말한다. – 축구공이 결승전에 닿으면 '축구공기록'을 초시계 값으로 정하고, 초시계 값을 1초 동안 말한다. – 결승선은 "공 빨리 굴리기 시합! 스페이스 키를 눌러주세요."라고 1초 동안 말하고, '농구공기록'이 0보다 크고 '축구공기록'이 0보다 클 때까지 기다린 후 초시계를 정지하고 1초 기다린다. – 만약 '농구공기록'이 '축구공기록'과 같으면 "공동 우승!"이라고 말하고, 그렇지 않을 때는 '농구공기록'이 '축구공기록'보다 크면 "축구공 승!", 그렇지 않으면 "농구공 승!"이라고 말한다.

08 화분에 물을 5번 주면 꽃이 피도록, 아래 〈조건〉에 맞게 코딩하시오. (10점)

조건
– 엔트리 프로그램 화면 오른편 [블록 조립소]에 주어진 명령어 블록만을 사용한다. – 시작하기 버튼(▶)을 클릭하면 '물주기' 변수를 0으로 정하고 물조리개는 '물조리개2'로, 화분은 '화분1' 모양으로 정한다. – 물조리개를 클릭하면 '물주기' 변수를 1씩 더하고 물조리개의 모양을 '물조리개1'로 바꾸고 1초 후 '물조리개2'모양으로 바꾼다. – 화분은 '물주기' 변수가 5가 될 때까지 기다린 후 '화분2' 모양을 바꾸고, '꽃활짝' 신호를 보낸다. – 오빠는 '꽃활짝' 신호를 받으면 "저기 봐봐~ 꽃이 활짝 피었어!"라고 4초 동안 말한다.

09 아이가 떨어지는 사과를 바구니로 받도록, 아래 〈조건〉에 맞게 코딩하시오. (10점)

조건

– 엔트리 프로그램 화면 오른편 [블록 조립소]에 주어진 명령어 블록만을 사용한다.

– 시작하기 버튼(⬛ ▶ ⬛)을 클릭하면 사과의 위치를 x좌표 −100부터 100 사이의 무작위 수, y좌표는 100으로 정하고, '사과개수' 변수를 0으로 정한다.

– 바구니는 아이와 함께 움직인다.

– 키보드의 오른쪽 화살표 키를 입력하면 아이가 오른쪽으로 2만큼씩 움직이고, 왼쪽 화살표 키를 입력하면 왼쪽으로 2만큼씩 움직인다.

– '사과개수'가 10이 될 때까지 사과는 아래로 3만큼씩 떨어진다.

– 사과가 바구니에 닿으면 '사과개수'를 1씩 더하고, 사과가 바구니에 닿거나 벽에 닿으면 x좌표 −100부터 100 사이의 무작위 수, y좌표는 100 위치로 이동한다.

– 사과개수'가 10이 되면 아이는 "내가 딴 사과의 개수는 (사과개수 값)"라고 4초 동안 말한다.

10 캥거루가 지나가면 풍선이 하늘로 올라가도록, 아래 〈조건〉에 맞게 코딩하시오. (10점)

조건

– 엔트리 프로그램 화면 [블록 꾸러미]에서 필요한 블록을 가져다 사용한다.

– 시작하기 버튼(⬛ ▶ ⬛)을 클릭하면 캥거루의 위치를 x좌표 −190, y좌표 −70으로 정하고, 풍선1은 x좌표 −90, y좌표 −80으로, 풍선2는 x좌표 15, y좌표 −80으로, 풍선3은 x좌표 120, y좌표 −80으로 위치를 정하고 풍선1, 풍선2, 풍선3은 화면에 보이도록 한다.

– 캥거루를 클릭하면 오른쪽으로 5만큼씩 60번 반복하여 움직인다.

– 풍선1, 풍선2, 풍선3이 캥거루에 닿으면 위쪽 벽에 닿을 때까지 위쪽으로 2만큼씩 움직이며 크기를 0.3만큼씩 줄인다.

– 풍선1, 풍선2, 풍선3이 위쪽 벽에 닿으면 화면에 보이지 않도록 한다.

시험 종료 전

– 본인의 수험번호−성명 폴더 내에 작업한 답안 파일이 정상적으로 저장되었는지 확인합니다.

→ 시험 종료 후, 감독관이 답안 파일을 수거합니다.

– 수험번호, 성명을 잘못 기재하였거나, 답안 파일을 잘못 저장하여 발생한 문제나 불이익에 대한 일체의 책임은 수험자에게 있습니다.

– 감독관의 안내에 따라 시험지를 제출하고 퇴실합니다.

SW코딩자격(3급)
- Software Coding Qualification Test -

SW	시험 시간	급수	응시일	수험 번호	성명
엔트리 2.0 이상	45분	3	년 월 일		

시험자 유의 사항

- 수험자는 감독관의 안내에 따라 문제지와 시험용 SW 등의 이상 여부를 확인해야 합니다.
- 문제지는 시험이 끝난 후 답안지와 함께 제출해야 하며, 미제출 시 실격 처리 됩니다.
- 제한된 시간 내에 시험을 완료하여야 합니다.
- 시험 시작 후에는 화장실 출입이 불가하며, 시험 시간 중에는 퇴실할 수 없습니다.
- 시험 시간 중 고사실 내에서 휴대 전화기, 디지털카메라, MP3 등 전자 기기를 소지한 경우, 해당자의 시험을 무효로 처리하오니 절대 휴대하지 않도록 합니다.
- 부정 응시 및 문제 유출에 해당하는 행위 즉, 답안을 타인에게 전달 및 외부로 반출하는 경우, 자격기본법 제 32조에 의거 부정행위로 간주되어 해당자의 시험을 무효처리하며 민/형사상의 책임을 물을 수 있습니다.

답안 작성 요령

- 답안 작성 절차
  - 바탕화면(Desktop) / SW3-시험 / 수험번호-성명 / 파일에 답안을 작성 또는 작업 후 저장
- 시험을 완료한 수험자는 감독관의 안내에 따라 ①시험지를 제출하고 ②답안 파일을 저장한 후 퇴실합니다.

한 국 생 산 성 본 부

문제 01 정우는 컴퓨터 바탕화면에 파일들이 많아서 '정우폴더'라는 이름으로 폴더를 만들어 파일들을 정리 중이다. 〈보기〉를 참고하여 〈문제〉의 빈칸을 완성하시오. (10점)

보기	

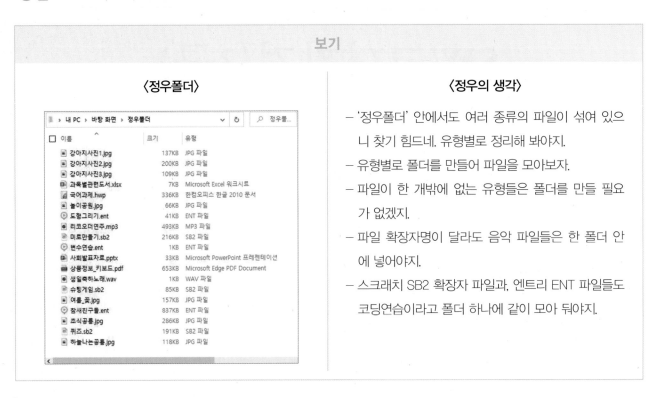

〈정우폴더〉

〈정우의 생각〉

- '정우폴더' 안에서도 여러 종류의 파일이 섞여 있으니 찾기 힘드네. 유형별로 정리해 봐야지.
- 유형별로 폴더를 만들어 파일을 모아보자.
- 파일이 한 개밖에 없는 유형들은 폴더를 만들 필요가 없겠지.
- 파일 확장자명이 달라도 음악 파일들은 한 폴더 안에 넣어야지.
- 스크래치 SB2 확장자 파일과, 엔트리 ENT 파일들도 코딩연습이라고 폴더 하나에 같이 모아 둬야지.

문제

※답안 작성 요령 : 〈보기〉를 참고하여, 빈칸 ①과 ②를 채워 넣으시오.

정우는 유형별로 파일 정리를 하기 위해 새 폴더를 몇 개 더 만들어야 할까요? (①   )

새로 만든 폴더에 파일들을 분류해 이동시킨 후, 크기순으로 나열했을 때 한 개씩 남아있는 파일 중 세 번째로 크기가 큰 파일 이름은 무엇인가요? (②   )

정답	① ( )	② ( )

4학년이 시작되는 교실에서 민수와 친구들은 시간표를 보고 이런 저런 대화를 나누고 있다. 〈보기〉를 참고하여 〈문제〉의 빈칸을 채우시오. (10점)

보기

〈시간표〉

	월	화	수	목	금
1교시	국어	수학	과학	국어	국어
2교시	미술	영어	영어	과학	수학
3교시	미술	국어	국어	사회	사회
4교시	수학	도덕	수학	음악	도덕
5교시	음악	체육		국어	과학
6교시		체육		창제	

〈4학년 친구들의 대화〉

민수 : 6교시인 요일은 일주일 중 이틀이나 되네.

영희 : 이런, 수요일은 제일 늦게 끝나네.

지수 : 같은 과목이 연속해 2교시하는 수업은 미술 한 과목이야. 난 연속해 하는 수업이 좋은데.

지호 : 국어는 월요일부터 금요일까지 매일 하는구나.

문제

※답안 작성 요령 : 〈보기〉를 참고하여 시간표를 잘못 이해한 친구의 이름을 〈4학년 친구들의 대화〉에서 찾아 ①, ② 에 적어 넣으시오.(순서 상관 없음)

선생님께서 친구들의 대화를 듣고 있다가, "(①   )야, (②   )야, 선생님이랑 시간표 보면서 다시 한 번 살펴볼까?" 라고 웃으며 말씀하셨다.
선생님께서는 친구들이 잘못 이해한 내용을 알기 쉽게 잘 설명해 주셨다.

정답	① ( )	② ( )

문제 03 컴퓨터는 화면에 그림을 표현할 때, 숫자로, 색칠할 위치와 칸의 수를 정하여 명령을 내리면 해당 칸을 채워 그림으로 나타낸다. 아래 〈보기〉를 보고 〈문제〉의 빈칸을 완성하시오. (10점)

보기

〈숫자로 이미지표현〉

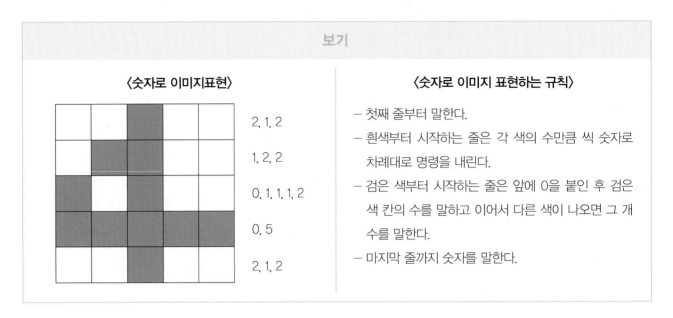

〈숫자로 이미지 표현하는 규칙〉

- 첫째 줄부터 말한다.
- 흰색부터 시작하는 줄은 각 색의 수만큼 씩 숫자로 차례대로 명령을 내린다.
- 검은 색부터 시작하는 줄은 앞에 0을 붙인 후 검은 색 칸의 수를 말하고 이어서 다른 색이 나오면 그 개수를 말한다.
- 마지막 줄까지 숫자를 말한다.

문제

※답안 작성 요령 : 위의 보기를 참고로 하여 숫자로 이미지를 표현하는 규칙을 살펴보고, 아래의 빈칸에 들어갈 숫자를 채워 넣으시오.

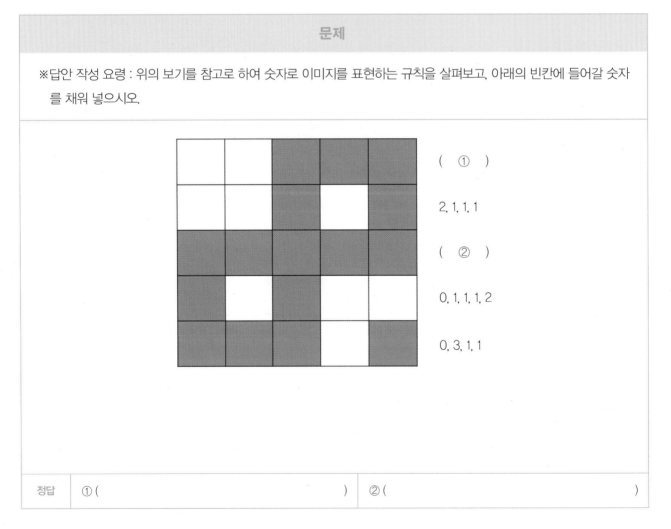

| 정답 | ① ( ) | ② ( ) |

문제 04 1부터 1씩 커지는 숫자를 10까지 더하여 어떤 값이 나오는지를 알아보고자 한다. 〈보기〉를 참고하여 〈문제〉의 빈칸을 완성하시오. (10점)

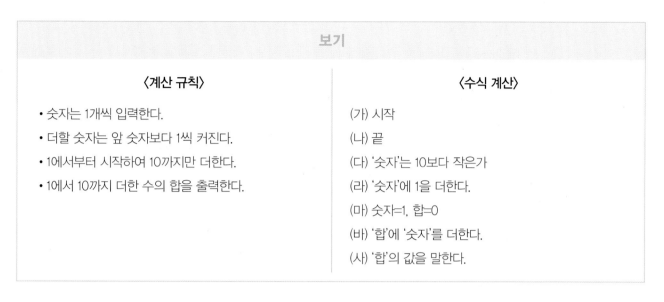

보기

〈계산 규칙〉

- 숫자는 1개씩 입력한다.
- 더할 숫자는 앞 숫자보다 1씩 커진다.
- 1에서부터 시작하여 10까지만 더한다.
- 1에서 10까지 더한 수의 합을 출력한다.

〈수식 계산〉

(가) 시작
(나) 끝
(다) '숫자'는 10보다 작은가
(라) '숫자'에 1을 더한다.
(마) 숫자=1, 합=0
(바) '합'에 '숫자'를 더한다.
(사) '합'의 값을 말한다.

문제

※답안 작성 요령 : 〈보기〉를 참고하여 작성하되, 〈수식 계산〉에서 (가)~(사) 중에서 골라 적어 넣으시오.

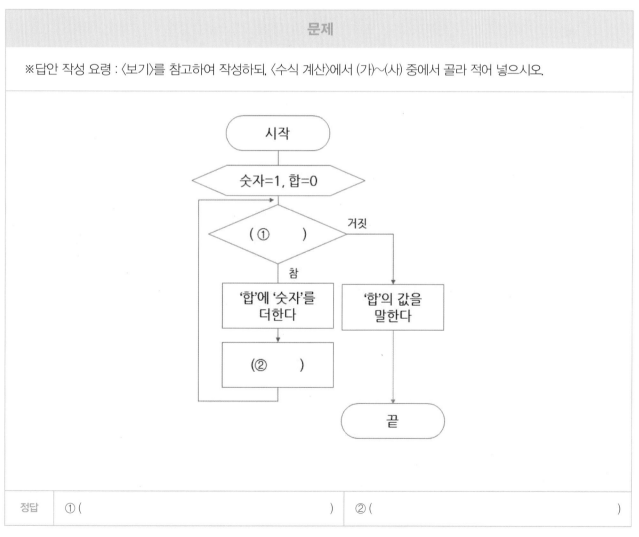

정답	① ( )	② ( )

문제 05 영희는 어버이날 선물로 1만원짜리 카네이션을 사려고 한다. 〈보기〉를 참고하여 〈문제〉의 빈칸을 완성하시오. (10점)

보기
〈카네이션 사기〉 (가) 시작 (나) 끝 (다) 카네이션을 산다. (라) 카네이션을 못산다. (마) 다른 선물을 산다. (바) 1만원 (사) 1만원 이상 가지고 있는가

문제

※답안 작성 요령 : 〈보기〉를 참고하여 작성하되, 〈카네이션 사기〉에서 (가)~(사) 중에서 골라 적어 넣으시오.

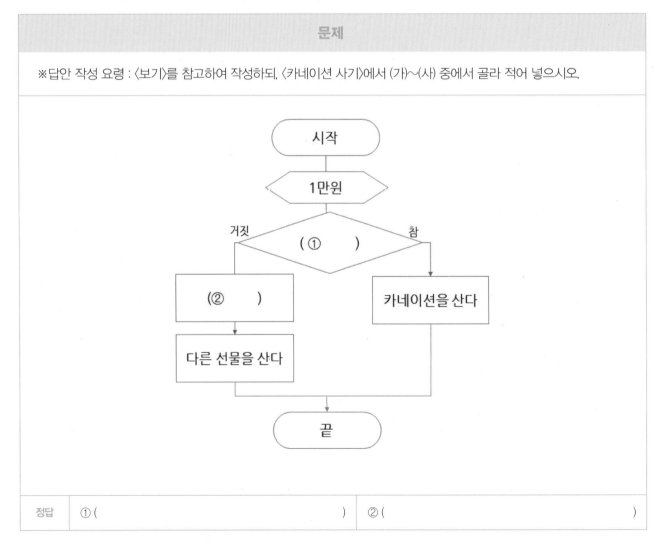

정답	① ( )	② ( )

과목2 기본 프로그래밍

프로그래밍 작업 가이드

- 문제 파일 위치 : PART06₩기출유형문제 2회
- [수험번호–성명] 폴더를 마우스 오른쪽 버튼으로 클릭한 후, [이름 바꾸기]를 클릭
  → 본인의 [수험번호–성명]으로 수정하시오. (예: 10041004–홍길동)
- 본인의 [수험번호–성명]으로 수정된 폴더 안의 파일을 문항 별로 더블클릭하여 프로그램을 실행합니다.
- 문항 별 조건에 따라 작업을 완료하였으면, 파일>저장하기 버튼을 클릭하여 저장합니다.

 택시가 빨강 신호등 앞에 멈추고 파랑 신호등에 다시 가도록 아래 〈조건〉에 맞게 코딩하시오. (10점)

조건
– 엔트리 프로그램 화면 오른편 [블록 조립소]에 주어진 명령어 블록만을 사용한다. – 시작하기 버튼(▶)을 클릭하면 택시의 위치를 x좌표 –190, y좌표 –45로 정하고, 신호등의 모양은 '빨강신호등'으로 정한다. – 택시는 2만큼씩 움직이기를 반복한다. – 택시는 신호등까지의 거리가 80보다 작으면 자신의 다른 코드를 멈추고, 2초 후 2만큼씩 움직이기를 반복한다. – 신호등은 택시까지의 거리가 80보다 작을 때까지 기다리고, 2초 기다린 후 '초록신호등' 모양으로 바꾼다.

 내가 가진 돈에 맞게 간식을 고르도록, 아래 〈조건〉에 맞게 코딩하시오. (10점)

조건
– 엔트리 프로그램 화면 오른편 [블록 조립소]에 주어진 명령어 블록만을 사용한다. – 시작하기 버튼(▶)을 클릭하면 요거트는 x좌표 –10, y좌표 –30으로, 두유는 x좌표 150, y좌표 –30으로, 컵케이크는 x좌표 70, y좌표 –30으로 위치를 정하고, '돈' 변수는 2000으로 정한다. – 요거트를 클릭하면 '돈' 변수에서 2000을 빼고 0.5초 동안 '나' 위치로 이동한다. – 두유를 클릭하면 '돈' 변수에서 500을 빼고 0.5초 동안 '나' 위치로 이동한다. – 컵케이크를 클릭하면 '돈' 변수에서 500을 빼고 0.5초 동안 '나' 위치로 이동한다. – 나는 "가진 돈은 2천원"이라고 2초 동안 말하고, 이어서 "간식을 클릭하고 스페이스키를 누르세요."라고 2초 동안 말한다. – 스페이스 키가 눌러져있을 때까지 기다린 후 '돈' 변수가 0보다 작으면 나는 "돈이 모자라네. 다시 골라야겠다!"라고 4초 동안 말하고, 그렇지 않으면 "맛있겠다!"라고 4초 동안 말한 후 모든 코드를 멈춘다.

문제 08 10초가 넘으면 휴식시간을 알리는 알림등이 켜지도록, 아래 〈조건〉에 맞게 코딩하시오. (10점)

<table>
<tr><th>조건</th></tr>
<tr><td>

– 엔트리 프로그램 화면 오른편 [블록 조립소]에 주어진 명령어 블록만을 사용한다.

– 시작하기 버튼(▶)을 클릭하면 스케이트 엔트리봇의 크기를 100으로 정하고 '스케이트 엔트리봇1' 모양으로 정하며, 초시계가 작동을 시작하고 알림등의 모양을 '파란LED_켜짐'으로 정한다.

– 스케이트 엔트리봇은 초시계 값이 10보다 클 때까지 3만큼씩 계속 움직이다가 화면 끝에 닿으면 튕기고, 스페이스 키를 누르면 스케이트 엔트리봇의 모양을 '스케이트 엔트리봇2'로 바꾼다.

– 초시계 값이 10보다 크면 스케이트 엔트리봇은 알림등에 닿을 때까지 1초 동안 '알림등' 위치로 이동하고, 알림등은 '빨간LED_켜짐' 모양으로 바꾼 후 "휴식시간입니다!"라고 1초 동안 말한다.

</td></tr>
</table>

문제 09 컴퓨터가 생각한 숫자를 엔트리봇이 맞추도록, 아래 〈조건〉에 맞게 코딩하시오. (10점)

<table>
<tr><th>조건</th></tr>
<tr><td>

– 엔트리 프로그램 화면 오른편 [블록 조립소]에 주어진 명령어 블록만을 사용한다.

– 시작하기 버튼(▶)을 클릭하면 '생각한 숫자' 변수를 1부터 9사이의 무작위 수로, '기회' 변수를 3으로 정한다.

– 엔트리봇은 "숫자를 맞춰봐. 맞출기회는 단 3번!"라고 4초 동안 말한다.

– "이 숫자가 생각한 숫자니?"라고 묻고 대답 기다리기를 (기회 값)번 반복한다.

– 만약 '생각한 숫자' 변수와 '대답'이 같다면 "맞아, 정답이야."라고 2초 동안 말한 후 반복을 중단한다.

– 만약 '생각한 숫자' 변수와 '대답'이 같지 않다면 '기회' 변수를 1씩 줄이고, "틀렸어. 다시 생각해봐."라고 2초 동안 말한다.

– 만약 '기회' 변수가 0이면 "아쉽게도 못맞췄구나!"라고 4초 동안 말하고 모든 코드를 멈춘다.

</td></tr>
</table>

연필 버튼을 클릭하면 연필로 그림을 그릴 수 있도록, 아래 〈조건〉에 맞게 코딩하시오. (10점)

조건
– 엔트리 프로그램 화면 [블록 꾸러미]에서 필요한 블록을 가져다 사용한다. – 연필 버튼을 클릭하면 '그리기신호' 신호를 보낸다. – '그리기신호' 신호를 받으면 연필은 붓의 색을 무작위로 정하고 마우스포인터 위치를 따라 이동한다. – 연필은 마우스를 클릭하면 그림을 그리기 시작하고, 마우스를 클릭하지 않으면 그리기를 멈춘다.

시험 종료 전

– 본인의 수험번호–성명 폴더 내에 작업한 답안 파일이 정상적으로 저장되었는지 확인합니다.

　→ 시험 종료 후, 감독관이 답안파일을 수거합니다.

– 수험번호, 성명을 잘못 기재하였거나, 답안 파일을 잘못 저장하여 발생한 문제나 불이익에 대한 일체의 책임은 수험자에게 있습니다.

– 감독관의 안내에 따라 시험지를 제출하고 퇴실합니다.

SW코딩자격(3급)
- Software Coding Qualification Test -

SW	시험 시간	급수	응시일	수험 번호	성명
엔트리 2.0 이상	45분	3	년 월 일		

시험자 유의 사항

- 수험자는 감독관의 안내에 따라 문제지와 시험용 SW 등의 이상 여부를 확인해야 합니다.
- 문제지는 시험이 끝난 후 답안지와 함께 제출해야 하며, 미제출 시 실격 처리 됩니다.
- 제한된 시간 내에 시험을 완료하여야 합니다.
- 시험 시작 후에는 화장실 출입이 불가하며, 시험 시간 중에는 퇴실할 수 없습니다.
- 시험 시간 중 고사실 내에서 휴대 전화기, 디지털카메라, MP3 등 전자 기기를 소지한 경우, 해당자의 시험을 무효로 처리하오니 절대 휴대하지 않도록 합니다.
- 부정 응시 및 문제 유출에 해당하는 행위 즉, 답안을 타인에게 전달 및 외부로 반출하는 경우, 자격기본법 제 32조에 의거 부정행위로 간주되어 해당자의 시험을 무효처리하며 민/형사상의 책임을 물을 수 있습니다.

답안 작성 요령

- 답안 작성 절차
  - 바탕화면(Desktop) / SW3-시험 / 수험번호-성명 / 파일에 답안을 작성 또는 작업 후 저장
- 시험을 완료한 수험자는 감독관의 안내에 따라 ①시험지를 제출하고 ②답안 파일을 저장한 후 퇴실합니다.

한 국 생 산 성 본 부

과목 1 문제 해결과 알고리즘 설계

문제 01 서율이와 승재는 가위바위보를 하여 계단을 올라가려고 한다. 〈보기〉를 참고하여 〈문제〉의 빈칸을 완성하시오. (10점)

보기

〈게임 규칙〉

가위를 내서 이기면 계단을 3칸, 바위는 1칸, 보를 내서 이기면 5칸을 올라간다. 비기거나 지면 계단을 올라가지 않는다.

〈게임의 현재 상황〉

– 게임 시작은 계단을 올라가지 않은 상태에서 시작하며, 가위바위보에서 이기면 계단을 올라간다.
– 가위바위보 게임의 첫 번째는 서율이가 가위를 내서 승재를 이기고, 두 번째는 승재가 보를 내서 이겼다. 세 번째는 둘 다 가위를 내서 비겼다.

게임	서율	승재
첫 번째	가위	보
두 번째	바위	보
세 번째	가위	가위

문제

※답안 작성 요령 : 〈보기〉를 참고하여, 빈칸 ①과 ②를 채워 넣으시오.

서율이와 승재가 가위바위보 게임을 하고 있다. 가위바위보 3번 진행한 지금, 누가 몇 칸 더 계단에 올라가 있는가?
현재 (①)가/이가 (②) 칸 더 높은 계단에 올라가 있다.

| 정답 | ① ( ) | ② ( ) |

교통수단이라고 할 수 있는 것에는 공통적인 특징이 있다. 〈보기〉를 참고하여 〈문제〉에 답하시오. (10점)

보기

〈여러 가지 교통수단〉

옆의 여러 가지 교통수단들의 공통적인 특징을 알아보기 위해, 아래와 같이 정리하였다.

(가) 엔진이 있다.
(나) 바퀴가 있다.
(다) 사람이 탈 수 있다.
(라) 지상에서 달린다.

문제

※답안 작성 요령 : 〈보기〉를 참고하여 ①과 ②에 들어갈 답을 (가)~(라)의 기호로만 적으시오.(순서 상관 없음)

위의 〈보기〉에서 제시된 교통수단을 나타내는 그림을 보고,
공통적인 것에 해당하는 내용 두 가지를 (가)~(라) 중에서 골라 적으시오.

정답	① ( )	② ( )

민재가 엄마의 심부름을 하게 되었다. 〈보기〉를 참고하여 〈문제〉의 빈칸을 채우시오. (10점)

보기

〈엄마의 심부름〉

엄마 :
"민재야. 저녁 준비를 해야 하는데 심부름 좀 다녀 올래. 엄마가 1만원을 줄게. 내일 아침에 시리얼을 먹어야 하니 우유를 잊어버리지 말고 사와야 한다. 그리고, 저녁에 국수를 해먹어야 하니, 국수는 지금 제일 필요해. 국수를 한 봉지 사와."

민재 :
"엄마, 나 너무 더워서 아이스크림이 꼭 먹고 싶어요. 아이스크림 사먹어도 돼요? 그리고 심부름하고 남은 돈으로 과자도 사먹어도 돼요?"

엄마 :
"그래, 심부름 하고 남으면 아이스크림 하나 사먹어. 그리고도 남으면 과자도 사먹어도 되고."

〈우선순위 정하기〉

민재는 1만원을 들고 심부름을 갔어요.
다음 보기를 보고 (가)~(라) 중 우선순위를 정해 구매해야 할 목록을 순서대로 정리해 보세요.

(가) 아이스크림
(나) 우유
(다) 국수
(라) 과자

문제

※답안 작성 요령 : 〈보기〉를 참고하여 ①과 ②에 들어갈 답을 (가)~(라)의 기호로 적으시오.

민재는 우선순위를 정하여 심부름을 잘 하였다. 어떤 순서로 일을 처리하였는지 아래 빈칸에 들어갈 내용을 순서대로 적으시오.
(다) → (①   ) → (②   ) → (라)

정답	① ( )	② ( )

문제 04 온라인 서점에서 책을 구매하는 과정을 다음과 같이 정리하였다. 〈보기〉를 참고하여 〈문제〉의 빈칸을 완성하시오. (10점)

보기
〈온라인 서점에서 책 2권 사기〉 (가) 시작　　　　　　　　　(나) 종료 (다) 책 고르기　　　　　　　(라) 책 (마) 장바구니에 담기　　　　(바) 값 지불 (사) 배송 정보 입력　　　　　(아) 두 권을 골랐는가

문제
※답안 작성 요령 : 〈보기〉를 참고하여 작성하되, 〈온라인 서점에서 책 2권 사기〉의 (가)~(아) 중에서 골라 적어 넣으시오.

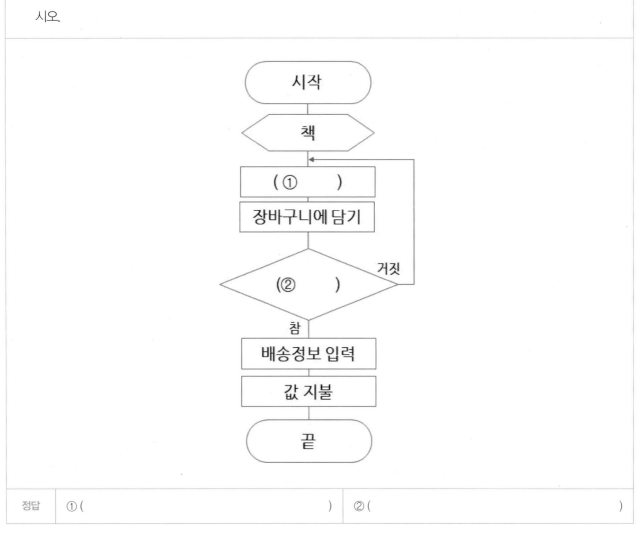

정답	① (　　　　　　　　　　　　　)	② (　　　　　　　　　　　　　)

문제 05 리트머스 시험지를 활용해 용액이 산성인지 알카리성인지 알아보는 실험에 대한 설명이다. 〈보기〉를 참고하여 〈문제〉의 빈칸을 완성하시오. (10점)

보기

〈리트머스 시험지 특징〉	〈초록색 용액 알아보기〉
리트머스 시험지는 붉은색과 푸른색 두 가지이다. 붉은색 종이는 알칼리성용액에 닿으면 푸른색으로 변한다. 푸른색 종이는 산성용액에 닿으면 붉은색으로 변한다.	(가) 시작 (나) 끝 (다) 초록색 용액 (라) 산성이다 (마) 중성이다 (바) 알칼리성이다 (사) 리트머스 시험지 : 붉은색 → 푸른색 (아) 리트머스 시험지 : 푸른색 → 붉은색

문제

※답안 작성 요령 : 〈보기〉를 참고하여 작성하되, 〈초록색 용액 알아보기〉의 (가)~(아) 중에서 골라 적어 넣으시오.

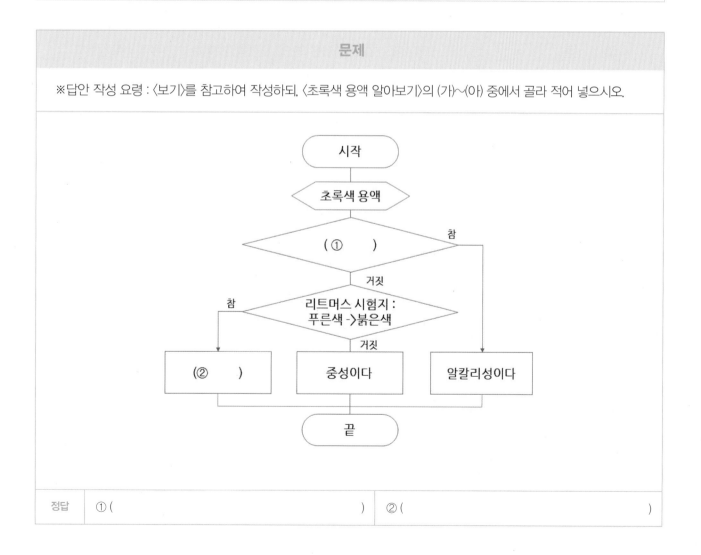

정답	① (	)	② (	)

과목 2 기본 프로그래밍

프로그래밍 작업 가이드

– 문제 파일 위치 : PART06₩기출유형문제 3회

– [수험번호–성명] 폴더를 마우스 오른쪽 버튼으로 클릭한 후, [이름 바꾸기]를 클릭

  → 본인의 [수험번호–성명]으로 수정하시오. (예: 10041004–홍길동)

– 본인의 [수험번호–성명]으로 수정된 폴더 안의 파일을 문항 별로 더블클릭하여 프로그램을 실행합니다.

– 문항 별 조건에 따라 작업을 완료하였으면, 파일〉저장하기 버튼을 클릭하여 저장합니다.

06 들판의 꽃들이 회전하며 크기를 바꾸도록, 아래 〈조건〉에 맞게 코딩하시오. (10점)

조건
– 엔트리 프로그램 화면 오른편 [블록 조립소]에 주어진 명령어 블록만을 사용한다.
– 시작하기 버튼(　　▶　　)을 클릭하면 들꽃(분홍)은 크기를 50으로, 들꽃(연보라)는 크기를 10으로 정한다.
– 들꽃(분홍)은 마우스포인터에 닿지 않으면 방향을 계속 15°씩 회전하고, 들꽃(연보라)에 닿으면 크기를 1씩 늘인다.
– 들꽃(연보라)는 마우스포인터에 닿지 않으면 방향을 계속 15°씩 회전하며 크기를 1씩 늘이고, 들꽃(분홍)에 닿으면 자신의 코드를 멈춘다.

07 놀이동산 안으로 들어가서 밤하늘의 큰별(노랑)을 세도록, 아래 〈조건〉에 맞게 코딩하시오. (10점)

조건
– 엔트리 프로그램 화면 오른편 [블록 조립소]에 주어진 명령어 블록만을 사용한다.
– 시작하기 버튼(　　▶　　)을 클릭하면 큰별(노랑)과 큰별(빨강)은 크기를 10으로 정하고, '노랑별' 변수를 0으로 정한다.
– 스페이스 키를 누르면 놀이동산의 모양이 나타나고, 크기를 50만큼 바꾸기를 100번 반복한 후 모양을 화면에 보이지 않도록 숨긴다.
– 스페이스 키를 누르면 큰별(노랑)과 큰별(빨강)은 1초 후에 1초 마다 x좌표 –220부터 200 사이의 무작위 수, y좌표 –10부터 100사이의 무작위 수 위치로 움직이고 크기를 10부터 50사이의 무작위 수로 바꾸기를 10번 반복한다.
– 큰별(노랑)을 클릭하면 '노랑별' 변수에 1씩 더하고, 큰별(빨강)을 클릭하면 '노랑별' 변수를 1씩 뺀다.

08 크리미와 브라운 중 같이 놀 고양이를 선택하도록, 아래 〈조건〉에 맞게 코딩하시오. (10점)

조건
– 엔트리 프로그램 화면 오른편 [블록 조립소]에 주어진 명령어 블록만을 사용한다. – 시작하기 버튼(▶)을 클릭하면 크리미는 x좌표 –160, y좌표 –90으로, 브라운은 x좌표 160, y좌표 –90 위치로 정하고, '고양이선택' 변수는 0으로 정한다. – 시작하기 버튼(▶)을 클릭하면 크리미는 2초 후 "크리미는 1"이라고 1초 동안 말하고, 브라운은 2초 후 "브라운은 2"라고 1초 동안 말한다. – 나는 "털이 하얀 크리미와 밤색인 브라운!"이라고 1초 동안 말하고, 이어서 "어느 고양이 친구랑 놀까?"라고 1초 동안 말한다. – 1을 누르면 '고양이선택'을 1로, 2를 누르면 '고양이선택'을 2로 정한다. – '고양이선택'이 1이면 나는 1초 동안 크리미의 위치로 이동하고 "크리미야 놀자!"라고 4초 동안 말한다. – '고양이선택'이 2이면 나는 1초 동안 브라운의 위치로 이동하고 "브라운아 놀자!"라고 4초 동안 말한다.

09 오리가 넘어지지 않고 돌부리를 뛰어 넘을 수 있도록, 아래 〈조건〉에 맞게 코딩하시오. (10점)

조건
– 엔트리 프로그램 화면 오른편 [블록 조립소]에 주어진 명령어 블록만을 사용한다. – 시작하기 버튼(▶)을 클릭하면 오리는 x좌표 –200, y좌표 –45 위치로 이동한다. – 오리는 0.1초 마다 '오리_1'과 '오리_2' 모양으로 번갈아가며 바꾼다. – 오리가 2만큼씩 계속 움직이고, 오리가 돌부리에 닿으면 1)~2)를 실행한다. 　1) 오리의 모양을 '오리_3'으로 바꾸고 자신의 다른 코드를 멈춘다. 　2) "아얏"이라고 2초 동안 말한 후 모든 코드를 멈춘다. – 스페이스 키를 누르면 오리가 위쪽으로 5만큼씩 15번 반복하여 올라가고, 아래쪽으로 5만큼씩 15번 반복하여 내려온다.

문제 10

호랑이가 나타나자 기린과 사슴이 도망가도록, 아래 〈조건〉에 맞게 코딩하시오. (10점)

조건
– 엔트리 프로그램 화면 [블록 꾸러미]에서 필요한 블록을 가져다 사용한다. – 시작하기 버튼(▶)을 클릭하면 호랑이를 x좌표 −190, y좌표 −50로, 기린은 x좌표 85, y좌표 −10으로, 사슴은 x좌표 40, y좌표 −45 위치로 정한다. – 호랑이는 0.1초 마다 '호랑이_1'과 '호랑이_2' 모양으로 번갈아가며 바꾼다. – 호랑이는 이동 방향으로 5만큼씩 10번 반복하여 움직인 후 자신의 다른 코드를 멈추고 '호랑이_어흥' 모양으로 바꾼 후 "어흥~"이라고 1초 동안 말하고 '호랑이가 나타났다' 신호를 보낸다. – '호랑이가 나타났다' 신호를 받으면 기린은 "호랑이가 나타났다!"라고 1초 동안 말한 후 좌우 모양을 바꾸고 오른쪽으로 10만큼씩 반복하여 움직인다. – '호랑이가 나타났다' 신호를 받으면 사슴은 "도망가자!"라고 1초 동안 말한 후 좌우 모양을 바꾸고 오른쪽으로 10만큼씩 반복하여 움직인다.

시험 종료 전

– 본인의 수험번호–성명 폴더 내에 작업한 답안 파일이 정상적으로 저장되었는지 확인합니다.

　→ 시험 종료 후, 감독관이 답안파일을 수거합니다.

– 수험번호, 성명을 잘못 기재하였거나, 답안 파일을 잘못 저장하여 발생한 문제나 불이익에 대한 일체의 책임은 수험자에게 있습니다.

– 감독관의 안내에 따라 시험지를 제출하고 퇴실합니다.

SW코딩자격(3급)
- Software Coding Qualification Test -

SW	시험 시간	급수	응시일	수험 번호	성명
엔트리 2.0 이상	45분	3	년 월 일		

시험자 유의 사항

- 수험자는 감독관의 안내에 따라 문제지와 시험용 SW 등의 이상 여부를 확인해야 합니다.
- 문제지는 시험이 끝난 후 답안지와 함께 제출해야 하며, 미제출 시 실격 처리 됩니다.
- 제한된 시간 내에 시험을 완료하여야 합니다.
- 시험 시작 후에는 화장실 출입이 불가하며, 시험 시간 중에는 퇴실할 수 없습니다.
- 시험 시간 중 고사실 내에서 휴대 전화기, 디지털카메라, MP3 등 전자 기기를 소지한 경우, 해당자의 시험을 무효로 처리하오니 절대 휴대하지 않도록 합니다.
- 부정 응시 및 문제 유출에 해당하는 행위 즉, 답안을 타인에게 전달 및 외부로 반출하는 경우, 자격기본법 제 32조에 의거 부정행위로 간주되어 해당자의 시험을 무효처리하며 민/형사상의 책임을 물을 수 있습니다.

답안 작성 요령

- 답안 작성 절차
    - 바탕화면(Desktop) / SW3-시험 / 수험번호-성명 / 파일에 답안을 작성 또는 작업 후 저장
- 시험을 완료한 수험자는 감독관의 안내에 따라 ①시험지를 제출하고 ②답안 파일을 저장한 후 퇴실합니다.

한 국 생 산 성 본 부

문제 01 유안이는 과천과학관에 가는 방법을 조사하고 있다. 〈보기〉를 참고하여 〈문제〉의 빈칸을 완성하시오. (10점)

보기

〈과천과학관에 가는 방법〉

가. 집에서 신분당선 판교역으로 걸어간다.

나. 신분당선을 타다가 강남역에서 2호선으로 환승한다.

다. 지하철 2호선을 타고 가다가 사당역에서 4호선으로 환승한다.

라. 4호선을 타고 가다가 대공원역에서 내린다.

마. 과천과학관까지 걸어간다.

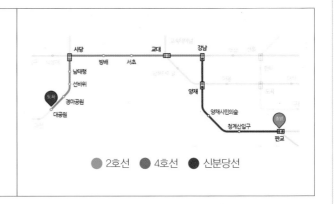

〈컴퓨팅 사고력 요소〉

자료 수집, 자료 분석, 자료 표현, 문제 분해, 추상화, 알고리즘과 절차화, 자동화, 시뮬레이션, 병렬화

문제

※답안 작성 요령 : 〈보기〉를 참고하여, 빈칸 ①과 ②를 채워 넣으시오.

- 〈컴퓨팅 사고력 요소〉 중 (①   )는(은) 〈과천과학관에 가는 방법〉의 가.~마.처럼 지하철을 타고 과학관에 가는 과정을 순서대로 표현한 것이다.

- 〈컴퓨팅 사고력 요소〉 중 (②   )는(은) 〈과천과학관에 가는 방법〉의 지하철 노선도처럼 과천과학관에 가는 경로를 단순화하여 표현한 것이다.

정답	① ( )	② ( )

문제 02 재성은 동물원을 다녀와 오늘 본 동물들을 이야기하고 있다. 보기를 참고하여 문제의 빈칸을 완성하시오. (10점)

보기	
〈재성이가 지우에게 말한 동물들〉	**〈추상화〉**
사자, 호랑이, 치타, 악어, 뱀, 기린, 독수리, 상어	불필요한 부분은 없애고 꼭 필요한 부분을 기준으로 단순화 시키는 것

문제

※답안 작성 요령 : 〈보기〉를 참고하여, 빈칸 ①번은 (가)~(라) 중 적당한 내용을 골라 기호로 적어 넣으시오. ②는 적당한 말을 〈재성이가 지우에게 말한 동물들〉에서 골라 적어 넣으시오.

다음은 재성이 지우와 대화한 내용이다. 대화 내용 중 〈추상화〉 개념을 고려하여 아래 빈칸을 채우시오.

재성 : 특히 기억나는 동물들을 말하고 보니, 내가 관심 있는 것은 (①)이라고 한마디로 말할 수 있네.

지우 : 그런데 이 동물 (②)만 예외구나. 난 네가 이야기 한 동물 중에 이 동물도 재밌었어.

재성 : 하하하, 맞아. 그 동물 앞에서 나도 한참 구경하다 왔었어.

(가) 털이 있는 동물
(나) 아가미가 있는 동물
(다) 고기를 먹는 동물
(라) 다리가 4개인 동물

정답	① ( )	② ( )

유진은 방문 기념 사탕봉지를 포장 중이다. 〈보기〉를 참고하여 〈문제〉의 빈 칸을 완성하시오. (10점)

보기

〈방문 기념 선물 만들기〉

원 모양 사탕   꽈배기 모양 사탕   하트 모양 사탕

	사탕 개수	각 봉지에 넣을 개수
원 모양	13	1
꽈배기 모양	30	3
하트 모양	24	( )

유진은 원 모양 13개, 꽈배기 모양 30개, 하트 모양 24개를 구입하였다.

문제

※답안 작성 요령 : 〈보기〉를 참고하여, 빈칸 ①과 ②를 채워 넣으시오.

보기의 표에서 각 사탕의 개수를 확인해 다음을 완성하시오. 유진은 생일파티에 친구를 초대해, 방문 기념 사탕 봉지를 주려고 한다. 표의 구성에 맞추어, 친구들에게 최대한 여러 개의 선물 봉지를 포장할 수 있도록 다음을 완성하시오.

한 봉지 안에 들어갈 사탕의 개수를 원 모양 1개, 꽈배기 모양 3개, 하트 모양 (①)개씩 넣으면 (②) 봉지의 포장을 완성해 친구들에게 줄 수 있다.

정답	① ( )	② ( )

04 채원이는 컵라면을 조리하려고 한다. 〈보기〉를 참고하여 〈문제〉의 빈칸을 완성하시오. (10점)

보기
〈컵라면 조리하기〉 (가) 3분이 지났는가?　　　　　　(나) 컵라면 포장 비닐을 뜯고 스프를 넣는다. (다) 뜨거운 물을 붓는다.　　　　　(라) 컵라면, 뜨거운 물 (마) 컵라면 뚜껑을 닫는다.　　　　(바) 컵라면 완성

문제

※답안 작성 요령 : 〈보기〉를 참고하여 작성하되, 〈컵라면 조리하기〉의 (가)~(바) 중 적절한 내용을 골라 빈칸 ①과 ②
　를 채워 넣으시오.

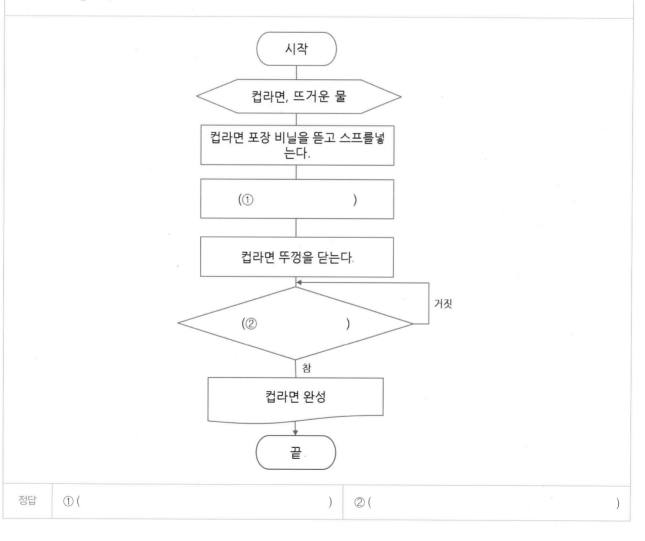

정답	① (　　　　　　　　　　　　　　)	② (　　　　　　　　　　　　　　)

문제 05 진수는 각도기와 자를 사용해 밑그림을 그리고 있다. 〈보기〉를 참고하여 〈문제〉의 빈칸을 완성하시오. (10점)

보기

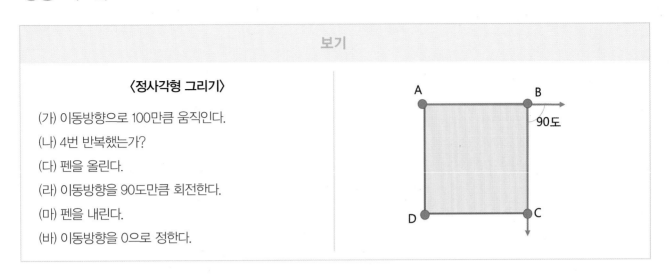

〈정사각형 그리기〉

(가) 이동방향으로 100만큼 움직인다.

(나) 4번 반복했는가?

(다) 펜을 올린다.

(라) 이동방향을 90도만큼 회전한다.

(마) 펜을 내린다.

(바) 이동방향을 0으로 정한다.

문제

※답안 작성 요령 : 〈보기〉를 참고하여 작성하되, 〈정사각형 그리기〉에서 적절한 내용을 골라 (가)~(바)의 기호로 적으시오.

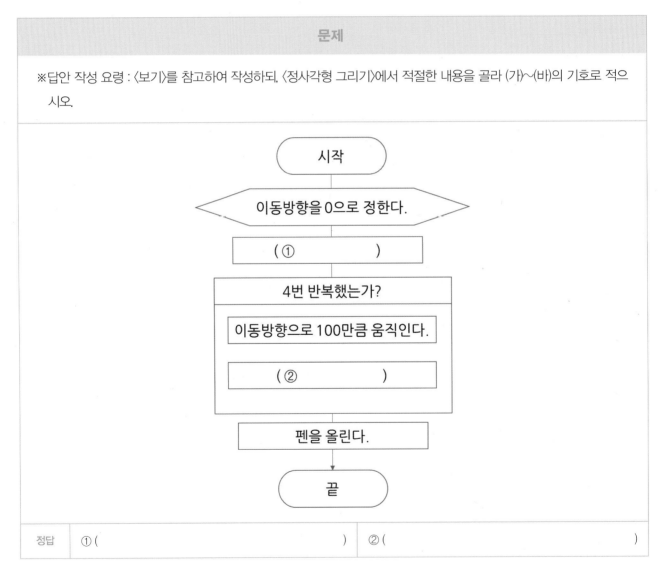

정답	① ( )	② ( )

프로그래밍 작업 가이드

– 문제 파일 위치 : PART06₩기출유형문제 4회

– [수험번호–성명] 폴더를 마우스 오른쪽 버튼으로 클릭한 후, [이름 바꾸기]를 클릭

　→ 본인의 [수험번호–성명]으로 수정하시오. (예: 10041004–홍길동)

– 본인의 [수험번호–성명]으로 수정된 폴더 안의 파일을 문항 별로 더블클릭하여 프로그램을 실행합니다.

– 문항 별 조건에 따라 작업을 완료하였으면, 파일〉저장하기 버튼을 클릭하여 저장합니다.

06 아기돼지가 눈썰매를 타고 설원을 내려오도록, 아래 〈조건〉에 맞게 코딩하시오. (10점)

조건
– 엔트리 프로그램 화면 오른편 [블록 조립소]에 주어진 명령어 블록만을 모두 사용한다. – 시작하기 버튼(　　▶　　)을 클릭하면 눈썰매가 x좌표 21, y좌표 44에 위치하고, 아기돼지는 계속하여 눈썰매 위치로 이동한다. – 눈썰매가 0.5초 동안 x좌표 –50, y좌표 –50의 위치로 이동한다. – 눈썰매가 이동 방향을 90도 바꾸고, 좌우 모양 뒤집기를 한다. – 눈썰매가 0.5초 동안 x좌표 100, y좌표 –100의 위치로 이동한 후, "와우!"라고 4초간 말한다.

07 버섯을 클릭하면 퀴즈의 답을 말하도록, 아래 〈조건〉에 맞게 코딩하시오. (10점)

조건
– 엔트리 프로그램 화면 오른편 [블록 조립소]에 주어진 명령어 블록만을 모두 사용한다. – 시작하기 버튼(　　▶　　)을 클릭하면 버섯은 1초 동안 x좌표 140, y좌표 –110부터 –150 사이의 무작위 수의 위치로 이동했다가, 2초 동안 x좌표 140, y좌표 –200 위치로 이동하기를 계속 반복한다. – 시작 화면에 "나이 많으신 분들이 좋아하는 폭포는?"이라는 글쓰기가 보인다. – 2초 뒤에 "버섯을 눌러보세요" 라고 글쓰기가 바뀌어 보인다. – 버섯을 클릭하면 '퀴즈정답' 신호를 보낸다. – 퀴즈 오브젝트는 '퀴즈정답' 신호를 받았을 때 "나이아가라 폭포"라고 글쓰기를 한 후 모든 코드를 멈춘다.

소피가 내는 구구단 문제를 풀 수 있도록, 아래 〈조건〉에 맞게 코딩하시오. (10점)

조건

– 엔트리 프로그램 화면 오른편 [블록 조립소]에 주어진 명령어 블록만을 모두 사용한다.
– 시작하기 버튼(▶   )을 클릭하면 '대답'과 변수 '단', '수', '정답'은 화면에서 보이지 않는다.
– 소피는 "소피의 구구단 퀴즈 시작"이라고 4초간 말한 후 5번 반복하여 다음과 같이 구구단 퀴즈를 내고 정답인지 오답인지 말한다.
  (1) '단'과 '수'를 1부터 9 사이의 무작위 수로 정한다.
  (2) '정답'은 (1)에서 무작위 수로 정한 '단'과 '수'를 곱한 값으로 정한다.
  (3) "(단)곱하기(수)=?"을 묻고 대답을 기다린다.
  (4) 만일 정답과 대답이 같다면, '소피_신남'으로 모양을 바꾸고 "정답입니다!"라고 2초간 말한다.
  (5) 아니면 '소피_시무룩'으로 모양을 바꾸고 "오답입니다!"라고 2초간 말한다.
  (6) 답변 후에는 '소피_미소'로 모양을 바꾼다.
– 5회 반복 후 "퀴즈 끝"이라고 2초간 말한다.

 비오는 날에 달팽이가 들판을 지나가도록, 아래 〈조건〉에 맞게 코딩하시오. (10점)

조건

– 엔트리 프로그램 화면 오른편 [블록 조립소]에 주어진 명령어 블록만을 모두 사용한다.
– 시작하기 버튼(▶   )을 클릭하면 달팽이는 x좌표 −199, y좌표 −81에 위치하고 효과를 모두 지우며, 물 방울은 이동 방향을 200°로 정한다.
– 물방울은 다음과 같이 땅으로 내리기를 10번 반복한다.
  (1) x좌표 −200부터 200사이의 무작위 수, y좌표 80 위치로 이동한다.
  (2) 벽에 닿을 때까지 이동 방향으로 5만큼 움직이기를 반복한다.
– 달팽이는 계속 반복하여 이동 방향으로 1만큼씩 움직이다가, 물방울에 닿으면 5만큼 투명해진다.

문제 10 곰이 울타리 장면을 지나 오솔길 장면을 달리도록, 아래 〈조건〉에 맞게 코딩하시오. (10점)

조건
– 엔트리 프로그램 화면 [블록 꾸러미]에서 필요한 블록을 가져다 사용한다.
– 시작하기 버튼(⬛▶⬛)을 클릭하면 '장면 1'이 시작된다. '장면 2'에서 눌러도 '장면 1'부터 시작한다.
– '장면 1'이 시작되었을 때 곰은 계속 반복해서 0.2초 마다 다음 모양으로 바꾼다.
– '장면 1'이 시작되었을 때 곰은 x좌표 −211, y좌표 −48에 위치한다. 이동 방향으로 계속 2만큼 움직여 가다가 오른쪽 벽에 닿으면 '다음' 장면을 시작한다.
– '장면 2'가 시작되었을 때 곰은 계속 반복해서 0.2초 마다 다음 모양으로 바꾼다.
– '장면 2'가 시작되었을 때 곰은 x좌표 −211, y좌표 −48에 위치한다. 이동 방향으로 계속 2만큼 움직여 가다가 그루터기에 닿으면 "여기서 쉬어가야겠다!"라고 1초간 말한 후 자신의 코드를 멈춘다.

시험 종료 전

– 본인의 수험번호−성명 폴더 내에 작업한 답안 파일이 정상적으로 저장되었는지 확인합니다.

  → 시험 종료 후, 감독관이 답안 파일을 수거합니다.

– 수험번호, 성명을 잘못 기재하였거나, 답안 파일을 잘못 저장하여 발생한 문제나 불이익에 대한 일체의 책임은 수험자에게 있습니다.

– 감독관의 안내에 따라 시험지를 제출하고 퇴실합니다.

SW코딩자격(3급)
- Software Coding Qualification Test -

SW	시험 시간	급수	응시일	수험 번호	성명
엔트리 2.0 이상	45분	3	년 월 일		

시험자 유의 사항

- 수험자는 감독관의 안내에 따라 문제지와 시험용 SW 등의 이상 여부를 확인해야 합니다.
- 문제지는 시험이 끝난 후 답안지와 함께 제출해야 하며, 미제출 시 실격 처리 됩니다.
- 제한된 시간 내에 시험을 완료하여야 합니다.
- 시험 시작 후에는 화장실 출입이 불가하며, 시험 시간 중에는 퇴실할 수 없습니다.
- 시험 시간 중 고사실 내에서 휴대 전화기, 디지털카메라, MP3 등 전자 기기를 소지한 경우, 해당자의 시험을 무효로 처리하오니 절대 휴대하지 않도록 합니다.
- 부정 응시 및 문제 유출에 해당하는 행위 즉, 답안을 타인에게 전달 및 외부로 반출하는 경우, 자격기본법 제 32조에 의거 부정행위로 간주되어 해당자의 시험을 무효처리하며 민/형사상의 책임을 물을 수 있습니다.

답안 작성 요령

- 답안 작성 절차
  - 바탕화면(Desktop) / SW3-시험 / 수험번호-성명 / 파일에 답안을 작성 또는 작업 후 저장
- 시험을 완료한 수험자는 감독관의 안내에 따라 ①시험지를 제출하고 ②답안 파일을 저장한 후 퇴실합니다.

한 국 생 산 성 본 부

문제 01 지후는 귀 체온계의 사용 설명서와 관련 뉴스 기사 내용을 비교하고 있다. 〈보기〉를 참고하여 〈문제〉의 빈칸을 완성하시오. (10점)

보기

〈귀 체온계 사용 설명서〉

귀 체온계의 전원을 켠다.

(가) 귀를 약간 잡아당겨 측정부와 고막이 일직선이 되도록 한다.

체온 측정부를 귓속에 넣는다.

(나) 1~2초 기다린다.

버튼을 누른다.

(다) 측정 완료 신호음을 듣고 뺀다

측정된 체온 값을 확인한다.

〈관련 뉴스 기사 내용〉

◆ 귀체온계는 귓속에 넣고 1~2초 경과 후 측정

귀체온계는 귀를 약간 잡아당겨 측정부와 고막이 일직선이 되도록 한 후 체온 측정부를 귓속에 넣고 1~2초 경과한 후에 측정한다. 정확한 체온 측정을 위해서는 측정부에 있는 센서 등을 소아가 입으로 빨거나 젖은 손으로 만지지 않도록 해야 한다.

– 출처 : 한국농업신문, 2016.12.19.

문제

※답안 작성 요령 : 〈보기〉를 참고하여 작성하되, 〈귀 체온계 사용 설명서〉에서 적절한 내용을 골라 ①, ②에 (가)~(다)의 기호로 적으시오.

〈귀 체온계 사용 설명서〉에 적힌 내용 중 (가), (나), (다) 내용을 살펴보고, 〈관련 뉴스 기사 내용〉과 비교하여 다음의 빈칸을 (가), (나), (다) 중에 골라 채워 넣으시오.

〈관련 뉴스 기사 내용〉과 〈귀 체온계 사용 설명서〉 두 가지에서 공통적으로 강조하는 내용은 측정부와 고막이 일직선이 되게 하라는 내용과 (①)는 내용이다. 또한 (②) 내용은 〈귀 체온계 사용 설명서〉에서만 언급하고 있다.

정답	① ( )	② ( )

문제 02 지훈이는 친구들과 단어가 적혀있는 여러 장의 카드로 카드게임 놀이를 하다가, 다음과 같은 12장의 카드를 모으게 되었다. 〈보기〉를 참고하여 〈문제〉의 빈칸을 완성하시오. (10점)

보기

〈지훈이가 모은 카드〉

한국	중국	서울
미국	프랑스	뉴욕
영국	필리핀	베트남
인도	북경	캐나다

〈구분〉

(가) 도시 이름
(나) 휴양지
(다) 국가 이름
(라) 언어

문제

※답안 작성 요령 : 〈보기〉를 참고하여 작성하되, 〈구분〉에서 적절한 내용을 골라 ①은 숫자로 적고, ②는 (가)~(라)의 기호로 적으시오.

지훈이가 가지고 있는 카드들을 한 가지 특징으로 묶고, 그 특징과 관련 없는 나머지 몇 개의 카드들은 다른 친구에게 넘겨주어야 한다. 넘겨주어야 할 카드는 모두 (①)개이며, 지훈이가 가진 카드의 특징을 한마디로 정리하면 (②)이다.

정답	① ( )	② ( )

문제 03 놀이터 터널형 미끄럼틀에서 아이들이 들어가 놀고 있다. 〈보기〉를 참고하여 〈문제〉의 빈칸을 완성하시오. (10점)

보기

〈터널형 미끄럼틀〉

경수
지영
미숙
성국
지우

〈움직임〉

(가) 경수 나가기
(나) 지영 나가기
(다) 미숙 나가기
(라) 성국 나가기
(마) 지우 나가기
(바) 경수 들어오기
(사) 지영 들어오기
(아) 미숙 들어오기
(자) 성국 들어오기
(차) 지우 들어오기

문제

※답안 작성 요령 : 〈보기〉를 참고하여 작성하되, 적절한 내용을 골라 ①, ②에 〈움직임〉의 (가)~(차)의 기호로 적으시오.

성국이가 갑자기 미끄럼틀 위쪽 방향으로 나가야 한다. 그런데 터널이어서 나가기 쉽지 않다. 성국이는 나가서 들어오지 않고, 다른 친구들은 나갔다가 다시 원래 자기 순서 및 자리로 돌아와야 한다면, 어떻게 순차적으로 움직여야 하는가? 아래에서 잘못된 단계인 (①), (②) 두 가지를 삭제해야 결과가 올바르게 된다.

(가) → (나) → (다) → (라) → (마) → (자) → (아) → (사) → (바)

| 정답 | ① (   ) | ② (   ) |

04 홍채인식 시스템에 홍채정보가 등록된 사람만 문을 통과할 수 있다. 〈보기〉를 참고하여 〈문제〉의 빈칸을 완성하시오. (10점)

보기
〈홍채인식 시스템〉 (가) 출입을 허용하지 않는다. (나) 홍채영역 이미지만 골라내어 패턴을 분석한다. (다) 카메라에 눈을 가까이하여 인식시킨다. (라) 인식된 패턴정보를 코드화 한다. (마) 시스템에 등록된 홍채패턴 들 중에 같은 정보가 있는가? (바) 출입을 허용한다.

문제

※답안 작성 요령 : 〈보기〉를 참고하여 작성하되, 〈홍채인식 시스템〉에서 적절한 내용을 골라 ①, ②에 (가)~(바)의 기호로 적으시오.

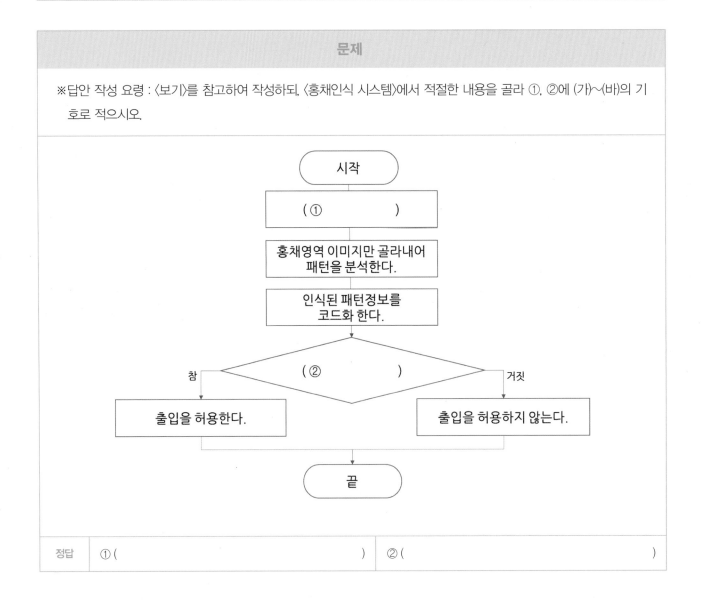

정답	① ( )	② ( )

05 재원이는 재익이와 놀이공원에 가서 함께 놀이기구를 타려고 한다. 〈보기〉를 참고하여 〈문제〉의 빈칸을 완성하시오. (10점)

보기

〈놀이기구 타기〉

(가) 탑승자 키가 140cm 이상인가?　　　　　(나) 놀이기구를 탄다.

(다) 친구와 놀이공원 매표소 앞에서 만난다.　　(라) 매표소에서 놀이공원 입장권을 산다.

(마) 같이 탈 놀이기구를 고른다.　　　　　　　(바) 다른 놀이기구를 타러 간다.

문제

※답안 작성 요령 : 〈보기〉를 참고하여 작성하되, 〈놀이기구 타기〉의 (가)〜(바) 중 적절한 내용을 골라 빈칸 ①과 ②를 채워 넣으시오.

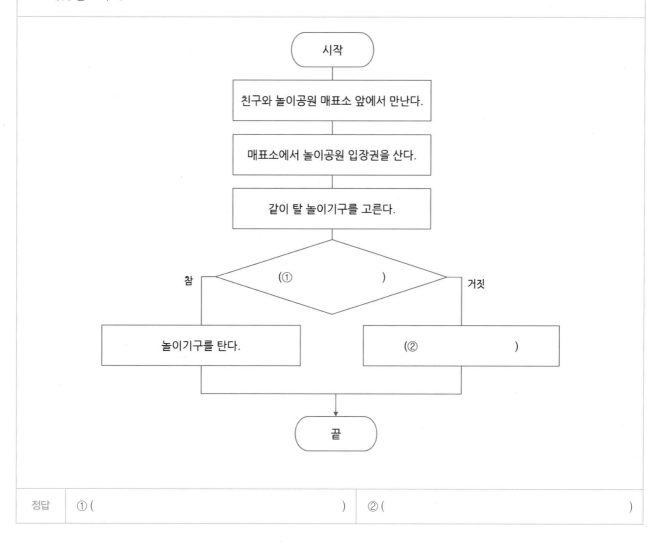

정답	① ( )	② ( )

프로그래밍 작업 가이드

– 문제 파일 위치 : PART06₩기출유형문제 5회

– [수험번호–성명] 폴더를 마우스 오른쪽 버튼으로 클릭한 후, [이름 바꾸기]를 클릭

  → 본인의 [수험번호–성명]으로 수정하시오. (예: 10041004–홍길동)

– 본인의 [수험번호–성명]으로 수정된 폴더 안의 파일을 문항 별로 더블클릭하여 프로그램을 실행합니다.

– 문항 별 조건에 따라 작업을 완료하였으면, 파일〉저장하기 버튼을 클릭하여 저장합니다.

문제 06 곰이 점프하여 올라타 시소 반대편 모자가 날아와 쓸 수 있도록, 아래 〈조건〉에 맞게 코딩하시오. (10점)

조건
– 엔트리 프로그램 화면 오른편 [블록 조립소]에 주어진 명령어 블록만을 모두 사용한다. – 시작하기 버튼(▶)을 클릭하면 모자는 x좌표 170, y좌표 –76에 위치하며 방향을 20°로 정한다. 시소는 x좌표 79, y좌표 –88에 위치하며 '시소_1'로 모양을 바꾼다. 곰은 x좌표 –184, y좌표 –63에 위치한다. – 곰이 "점프"라고 1초간 말한다. – 곰이 0.2초 동안 x좌표 –80, y좌표 100위치로 이동했다가 0.1초 동안 x좌표 –60, y좌표 0 위치로 이동한다. – 곰이 '시소탐' 신호를 보낸 후, 0.2초 동안 x좌표 –60, y좌표 –50으로 이동한다. – 시소는 '시소탐' 신호를 받았을 때 '시소_2'로 모양을 바꾸고 '쿵' 신호를 보낸다. – 모자는 '쿵' 신호를 받았을 때 0.5초 동안 x좌표 60, y좌표 40 위치로 이동했다가 0.5초 동안 x좌표 –75, y좌표 0 위치로 이동하고, 방향을 330°로 정한다.

07 물고기는 좌우로 움직이고 해파리는 물고기를 따라다니도록, 아래 〈조건〉에 맞게 코딩하시오. (10점)

조건

– 엔트리 프로그램 화면 오른편 [블록 조립소]에 주어진 명령어 블록만을 모두 사용한다.
  – 시작하기 버튼(▶   )을 클릭하면 물고기는 x좌표 –182, y좌표 –4에 위치하고, 해파리는 x좌표 –184, y좌표 –120에 위치한다.
  – 물고기는 이동 방향으로 2만큼 움직이다가 화면 끝에 닿으면 튕기기를 계속 반복한다.
  – 해파리는 2초 동안 물고기 위치로 이동하는 것을 계속 반복한다.
  – 해파리와 물고기는 0.2초마다 다음 모양으로 계속 모양을 바꾼다.

08 공을 몰아 골대에 넣을 수 있도록, 아래 〈조건〉에 맞게 코딩하시오. (10점)

조건

– 엔트리 프로그램 화면 오른편 [블록 조립소]에 주어진 명령어 블록만을 모두 사용한다.
  – 시작하기 버튼(▶   )을 클릭하면 공은 x좌표 –206, y좌표 –103에 위치한다.
  – 해적은 공을 막기 위해 계속 반복해서 3초마다 다음과 같이 움직인다.
   (1) x좌표 125, y좌표 –20 위치로 이동한다.
   (2) 2초 동안 x좌표 10, y좌표 –100부터 100사이의 무작위 수 위치로 이동한다.
  – 공을 키보드 상하좌우 키로 움직이며, 미로에 닿으면 미로 벽을 통과하지 못한다.
  – 해적은 공에 닿을 때까지 기다렸다가 "실패"라고 1초간 말한 뒤 모두 멈춘다.
  – 골대는 공에 닿을 때까지 기다렸다가 "골인"이라고 1초간 말한 뒤 모두 멈춘다.

문제 09 당근을 뽑아 맛있는 당근인지 썩은 당근인지 판단할 수 있도록, 아래 〈조건〉에 맞게 코딩하시오. (10점)

조건
– 엔트리 프로그램 화면 오른편 [블록 조립소]에 주어진 명령어 블록만을 모두 사용한다. – 시작하기 버튼(▶)을 클릭하면 '당근' 모양으로 바꾸고, 변수 '뽑기'는 실행 화면에서 보이지 않으며 1부터 2사이의 무작위 수로 정한다. – 당근을 클릭했을 때 y좌표를 30만큼 바꾼다. – '뽑기' 값이 1이면 '맛있는당근' 모양으로 바꾸고, "맛있겠다!"라고 4초간 말한다. – '뽑기' 값이 1이 아니면 '썩은당근' 모양으로 바꾸고, "에이~ 썩었네."라고 4초간 말한다.

문제 10 우주인들이 대화를 주고받으며 우주선 출입구를 찾아 들어갈 수 있도록, 아래 〈조건〉에 맞게 코딩하시오. (10점)

조건
– 엔트리 프로그램 화면 [블록 꾸러미]에서 필요한 블록을 가져다 사용한다. – 시작하기 버튼(▶)을 클릭하면 우주인1은 x좌표 −180, y좌표 −40에, 우주인2는 x좌표 −50, y좌표 90에 위치해 있다. 우주인1과 우주인2 둘 다 보이는 상태다. – 우주인1이 "이쪽 문으로 들어가자."라고 1초간 말한다. – 우주인2가 1초간 기다린 후 "네, 그쪽으로 갈게요."라고 1초간 말하고, 2초 동안 x좌표 −140, y좌표 30 위치로 이동한다. – 우주인 1은 3초간 기다린 후 2초 동안 x좌표 70, y좌표 −30 위치로 이동한 후 "여기야"라고 1초간 말하고 모양을 숨긴다. – 우주인2는 3초간 기다린 후, 2초 동안 x좌표 70, y좌표 −30 위치로 이동한 후 "넵, 수고하셨습니다."라고 1초간 말하고 모양을 숨긴다.

시험 종료 전

– 본인의 수험번호−성명 폴더 내에 작업한 답안 파일이 정상적으로 저장되었는지 확인합니다.

→ 시험 종료 후, 감독관이 답안파일을 수거합니다.

– 수험번호, 성명을 잘못 기재하였거나, 답안 파일을 잘못 저장하여 발생한 문제나 불이익에 대한 일체의 책임은 수험자에게 있습니다.

– 감독관의 안내에 따라 시험지를 제출하고 퇴실합니다.

SW코딩자격(3급)
- Software Coding Qualification Test -

SW	시험 시간	급수	응시일	수험 번호	성명
엔트리 2.0 이상	45분	3	년 월 일		

시험자 유의 사항

- 수험자는 감독관의 안내에 따라 문제지와 시험용 SW 등의 이상 여부를 확인해야 합니다.
- 문제지는 시험이 끝난 후 답안지와 함께 제출해야 하며, 미제출 시 실격 처리 됩니다.
- 제한된 시간 내에 시험을 완료하여야 합니다.
- 시험 시작 후에는 화장실 출입이 불가하며, 시험 시간 중에는 퇴실할 수 없습니다.
- 시험 시간 중 고사실 내에서 휴대 전화기, 디지털카메라, MP3 등 전자 기기를 소지한 경우, 해당자의 시험을 무효로 처리하오니 절대 휴대하지 않도록 합니다.
- 부정 응시 및 문제 유출에 해당하는 행위 즉, 답안을 타인에게 전달 및 외부로 반출하는 경우, 자격기본법 제 32조에 의거 부정행위로 간주되어 해당자의 시험을 무효처리하며 민/형사상의 책임을 물을 수 있습니다.

답안 작성 요령

- 답안 작성 절차
  - 바탕화면(Desktop) / SW3-시험 / 수험번호-성명 / 파일에 답안을 작성 또는 작업 후 저장
- 시험을 완료한 수험자는 감독관의 안내에 따라 ①시험지를 제출하고 ②답안 파일을 저장한 후 퇴실합니다.

한 국 생 산 성 본 부

문제 01 철수 엄마는 세탁기 코스를 선택해서 빨래를 하려고 한다. 〈보기〉를 참고하여 〈문제〉의 빈칸을 완성하시오. (10점)

보기

〈철수 엄마의 약속시간〉

철수 엄마는 오늘 점심 약속이 있다. 빨래를 끝내고 늦지 않게 모임에 시간에 맞춰 갈 수 있을지 걱정이다. 옆의 도표는 철수 엄마가 설정해 놓은 평상시의 세탁기 작동 절차이다.

〈세탁기 작동 절차〉

세탁 : 20분

↓

헹굼 : 15분*3회

↓

탈수 : 10분

문제

※답안 작성 요령 : 〈보기〉를 참고하여 작성하되, 〈세탁기 작동 절차〉에서 적절한 내용을 골라 ①, ②에 적어 넣으시오.

〈새롭게 설정한 세탁기 작동 절차〉

시간 단축을 위해 세탁기 코스 선택을 다시 조정하였다. 어떻게 모임에 늦지 않게 갈 수 있었을까?

철수 엄마는 세탁기 코스 선택을 눌러 (①) 코스의 횟수를 1회 줄이기로 했다. 그 후 다시 세탁 완료에 필요한 시간을 계산해 보니, (②)분 정도 줄일 수 있어서 그나마 조금 여유 있게 모임 장소로 출발할 수 있게 되었다.

정답	① ( )	② ( )

상봉은 자동으로 공을 쏘아 보내주는 기계로 탁구 연습을 하고 있다. 〈보기〉를 참고하여 〈문제〉의 빈칸을 완성하시오. (10점)

보기

〈탁구 연습 기계가 공을 보낸 순서〉

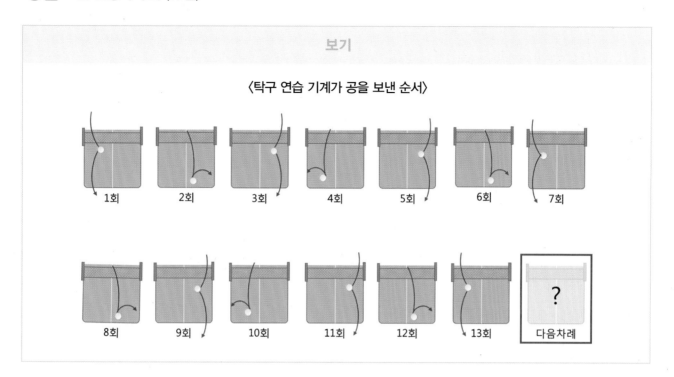

문제

※답안 작성 요령 : 〈보기〉를 참고하여 작성하되, 〈탁구연습 기계가 공을 보낸 순서〉를 살펴보고 적절한 내용을 골라 ①, ②에 (가)~(다)의 기호로 적으시오.

자동으로 공을 보내주는 기계가 '다음 차례'인 14번째로 보낼 때 공은 어느 위치로 오게 될까? 상봉은 '다음 차례'에는 왼쪽 오른쪽 중 (①) 방향의 탁구대 (②) 부분으로 공이 오겠다고 판단하여, 공을 받을 위치로 움직이면 된다.

(가) 왼쪽 (나) 오른쪽 (다) 위쪽 (라) 아래쪽

정답	① (　　　　　　　　　　　)	② (　　　　　　　　　　　)

문제 03

명탐정 K는 실종된 과학자 J가 남긴 중요한 연구 기록이 담긴 컴퓨터의 파일들을 열기 위해 암호를 맞춰보고 있다. 〈보기〉를 참고하여 〈문제〉의 빈칸을 완성하시오. (10점)

보기		

〈과학자 J의 파일 암호〉

파일 이름	암호	암호 해독 결과
기록201912010	24011	해독 성공
기록201912031	24030	해독 성공
기록202001051	02050	해독 성공
기록202003151	06150	해독 성공
기록202007200	(①)	해독 못함
기록202101251	(②)	해독 못함

〈명탐정 K가 알아낸 암호 해독 단서〉

– 파일 이름에서 기록 뒤의 숫자는 연도 네 자리, 월 두 자리, 일 두 자리, 그리고 숫자(0 혹은 1)를 적은 듯하다.
– 연도는 암호와 관계가 없다.
– 파일 이름의 월에 해당하는 숫자의 2배수를 암호에 적었다.
– 맨 끝의 한 자리 숫자에도 규칙이 있다.

문제

※답안 작성 요령 : 〈보기〉를 참고하여, 빈칸 ①과 ②를 채워 넣으시오.

〈보기〉에서 명탐정 K가 알아낸 암호 해독 단서를 참고하여, 표에서 암호해독을 성공하지 못한 나머지 두 개 파일의 암호들을 찾아내어 적어보시오.

– 기록202007200 파일의 암호: (①)
– 기록202101251 파일의 암호: (②)

정답	① ( )	② ( )

유나가 풍선 터뜨리기 게임을 만들려고 한다. 〈보기〉를 참고하여 〈문제〉의 빈칸을 완성하시오.(10점)

보기

〈풍선 터뜨리기 게임 만들기〉

(가) 풍선 터진 모양으로 바뀐 후, 0.2초 후 사라지기

(나) 점수가 10점인가?

(다) 미션 성공 출력하기

(라) 1초 후 화면에서 풍선 사라지기

(마) 마우스 클릭했을 때, 마우스 포인터에 풍선이 닿았나?

(바) 점수 1점 증가하기

(사) 점수를 0점으로 정하기

(아) 마우스 클릭해 풍선 터뜨리면, 1점씩 올라간다고 안내 문 보여주기

(자) 풍선이 화면 무작위 좌표위치에 나타나기

문제

※답안 작성 요령 : 〈보기〉를 참고하여 작성하되, 〈풍선 터뜨리기 게임 만들기〉에서 적절한 내용을 골라 (가)~(자)의 기호로 빈칸 ①과 ②를 채워 넣으시오.

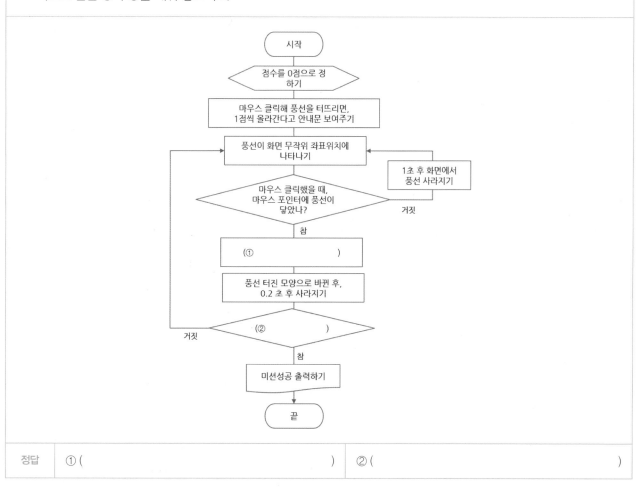

정답	① (	)	② (	)

05 준우는 키에 비해 체중이 적절한지 알려주는 프로그램을 만들려고 한다. 〈보기〉를 참고하여 〈문제〉의 빈칸을 완성하시오.(10점)

보기

〈체질량지수(BMI) 계산하기〉

(가) 체중을 키의 제곱으로 나눈 값을 변수 myBMI 값으로 정한다.

(나) "당신의 체질량지수는 정상입니다." 출력하기

(다) "당신의 체질량지수는 정상범위를 벗어났습니다." 출력하기

(라) 몸무게(kg), 키(m)를 입력한다.

(마) myBMI가 20 이상이고 24 미만인가?

(바) 변수 myBMI를 만든다.

문제

※답안 작성 요령 : 〈보기〉를 참고하여 작성하되, 〈체질량지수(BMI) 계산하기〉에서 적절한 내용을 골라 (가)~(바)의 기호로 빈칸 ①과 ②를 채워 넣으시오.

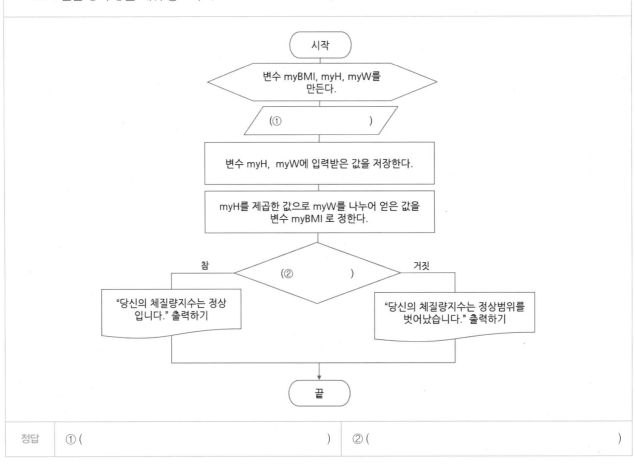

정답	① ( )	② ( )

프로그래밍 작업 가이드

– 문제 파일 위치 : PART06₩기출유형문제 6회

– [수험번호–성명] 폴더를 마우스 오른쪽 버튼으로 클릭한 후, [이름 바꾸기]를 클릭

　→ 본인의 [수험번호–성명]으로 수정하시오. (예: 10041004–홍길동)

– 본인의 [수험번호–성명]으로 수정된 폴더 안의 파일을 문항 별로 더블클릭하여 프로그램을 실행합니다.

– 문항 별 조건에 따라 작업을 완료하였으면, 파일〉저장하기 버튼을 클릭하여 저장합니다.

문제 06 로봇청소기가 시간 내에 청소를 마치고 충전기 위치로 가도록, 아래 〈조건〉에 맞게 코딩하시오. (10점)

조건
– 엔트리 프로그램 화면 오른편 [블록 조립소]에 주어진 명령어 블록만을 모두 사용한다. – 시작하기 버튼(　　　▶　　　)을 클릭하면 로봇청소기가 x좌표 –180, y좌표 –100에 위치하고, 방향과 이동 방향을 0°로 정한다. 붓의 색을 흰색으로, 붓의 굵기를 50으로 정하고 그리기 시작한다. – 로봇청소기는 다음과 같이 붓 그리기를 하고 충전기 위치로 이동한다. 　⑴ 초시계를 시작한다. 　⑵ 초시계 값이 30 이하인 동안에 이동 방향으로 7만큼 계속 움직인다. 　⑶ 초시계 값이 30을 넘으면 초시계를 정지한다. 　⑷ 충전기 쪽을 바라보고, 1초 동안 충전기 위치로 이동한 후, 방향을 0°로 한다. 　⑸ 붓 그리기 한 선들을 모두 지운다. – 로봇청소기는 벽에 닿으면 이동 방향으로 –1만큼 움직이고, 방향을 134° 만큼 회전하기를 계속한다.

문제 07 바람이 불어와 인디언 텐트가 날아가도록, 아래 〈조건〉에 맞게 코딩하시오. (10점)

조건
– 엔트리 프로그램 화면 오른편 [블록 조립소]에 주어진 명령어 블록만을 모두 사용한다. – 시작하기 버튼(▶)을 클릭하면 바람은 x좌표 −250, y좌표 110에 있고 '바람_1' 모양이며, 인디언텐트는 x좌표 157, y좌표 −22에 위치하고 방향을 0°로 한다. – 바람이 인디언 텐트에 닿을 때까지 이동 방향으로 10만큼 반복해 움직인 후 '바람_2' 모양으로 바꾸고 바람은 0.5초 동안 x좌표 350, y좌표 −50 위치로 이동한다. – 인디언 텐트는 바람에 닿은 후 0.1초 동안 60° 만큼 회전하고, 0.3초 동안 x좌표 350, y좌표 100 위치로 이동한다.

문제 08 온도 및 밝기에 따라 선풍기와 전등이 자동으로 작동하도록, 아래 〈조건〉에 맞게 코딩하시오. (10점)

조건
– 엔트리 프로그램 화면 오른편 [블록 조립소]에 주어진 명령어 블록만을 모두 사용한다. – 시작하기 버튼(▶)을 클릭하면 '온도' 변수는 20부터 30사이의 무작위 수로, '밝기' 변수는 1부터 200사이의 무작위 수로 계속 3초마다 반복하여 임의의 수를 정한다. – 전등의 '밝기' 값이 100보다 작으면 '전등켜짐'으로, 아니면 '전등꺼짐'으로 모양 바꾸는 것을 계속하여 판단하여 실행한다. – 선풍기 날개는 '온도' 변수가 25보다 작아질 때까지 반복하여 회전한다. – 회전을 멈췄다가도 '온도' 값이 25 이상 올라가면 선풍기 날개가 자동으로 다시 회전한다.

문제 09 돌대포가 자동으로 조준하여 해골병사에게 돌덩이를 발사하도록, 아래 〈조건〉에 맞게 코딩하시오. (10점)

조건
– 엔트리 프로그램 화면 오른편 [블록 조립소]에 주어진 명령어 블록만을 모두 사용한다. – 시작하기 버튼(⬛ ▶ ⬛)을 클릭하면 해골병사는 x좌표 −200, y좌표 −100 위치에 있고, 이동 방향을 90°로 정한다. – 해골병사는 계속 반복하여 0.1초마다 이동 방향으로 10만큼 움직이다가 화면 끝에 닿으면 튕기기를 한다. – 돌대포는 계속 반복하여 해골병사 쪽을 바라본다. – 돌덩이는 다음과 같이 3초 간격으로 해골병사를 향하여 계속 발사된다. 　(1) 돌대포 위치로 이동하고, 해골병사 쪽을 바라본다. 　(2) 돌덩이 모양을 보이기 한다. 　(3) 벽에 닿을 때까지 이동 방향으로 10만큼 움직이기를 반복한다. 　(4) 모양을 숨긴다. 　(5) 3초 기다린다.

문제 10 잠자리채로 잠자리를 5마리 잡도록, 아래 〈조건〉에 맞게 코딩하시오. (10점)

조건
– 엔트리 프로그램 화면 [블록 꾸러미]에서 필요한 블록을 가져다 사용한다. – 시작하기 버튼(⬛ ▶ ⬛)을 클릭하면 '잠자리 잡은수' 변수를 0으로 정한다. – 고추잠자리는 계속 반복하여 이동 방향으로 1부터 2사이의 무작위 수 만큼 움직이다가, 화면 끝에 닿으면 튕긴다. – 잠자리채는 계속 반복하여 마우스포인터 위치로 이동한다. – 고추잠자리를 클릭했을 때, 잠자리 잡은 수에 1만큼 더한다. 그리고 모양을 숨긴 후 2초 기다렸다가 다시 보인다. – 잠자리채는 잠자리 잡은수가 5가 될 때까지 기다렸다가 "5마리나 잡았네"라고 1초간 말한 후 모든 코드를 멈추기 한다.

시험 종료 전

– 본인의 수험번호–성명 폴더 내에 작업한 답안 파일이 정상적으로 저장되었는지 확인합니다.

　→ 시험 종료 후, 감독관이 답안 파일을 수거합니다.

– 수험번호, 성명을 잘못 기재하였거나, 답안 파일을 잘못 저장하여 발생한 문제나 불이익에 대한 일체의 책임은 수험자에게 있습니다.

– 감독관의 안내에 따라 시험지를 제출하고 퇴실합니다.

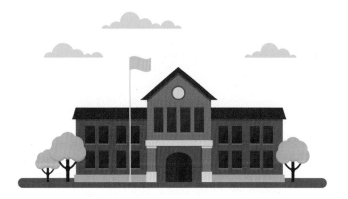

PART 7

최신 기출 유형
문제 풀이

1 : 최신 기출 유형 문제 1회 풀이

문제 ● ─ ● 문제 풀이

01

★ 학습 개념 이진수
★ 성취 기준 1.1.1. 생활 속에서 소프트웨어가 사용된다는 것을 예를 들어 설명할 수 있다.

풀이

정답 ① 0000, ② 0100
해설 십진수와 이진수 표현을 이해하고, 암호를 적용하면 비밀 메시지를 확인할 수 있습니다.
〈민서가 친구와 약속한 암호〉 표를 이용하여 학교 후문과 학교 운동장 암호에 매칭된 십진수를 찾아보면, 학교 후문은 0, 학교 운동장은 4임을 확인할 수 있습니다. 〈십진수를 이진수로 변환하기〉 표에서 십진수를 이진수로 변환된 수를 확인하여 학교 후문의 암호는 0000, 학교 운동장은 0100임을 확인합니다.

문제 ● ─ ● 문제 풀이

02

★ 학습 개념 패턴 찾기
★ 성취 기준 1.2.1. 상황 속에서 문제를 정확하게 표현할 수 있다.

풀이

정답 ① 나, ② 6
해설 작은 노란색 구슬 이후의 7개를 패턴에서 세면, 하늘색 육각형 4개, 작은 노란색 구슬 1개, 연두색 십자모양 1개가 됩니다. 한 패턴의 길이가 10cm이므로 60cm 이상이 되려면 6번 이상 반복해야 합니다.

문제 ● ─ ● 문제 풀이

03

★ 학습 개념 문제 표현, 추상화
★ 성취 기준 1.2.1. 상황 속에서 문제를 정확하게 표현할 수 있다.

풀이

정답 ① (나), (다), ② a, b
해설 두 개의 각이 같은 (라)는 이등변 삼각형입니다. 또한 (가) 정삼각형 역시 3개의 각이 같으므로 두 개 이상이라는 조건에 만족합니다. 따라서 이등변 삼각형에 해당하는 것은 (가)와 (라)이며, 문제는 이등변 삼각형이 아닌 것을 고르는 것이므로 (나)와 (다)를 고릅니다.
정삼각형과 이등변삼각형 두 가지 도형의 설명이 모두 해당되는 것은 a, b입니다. 삼각형에 대한 설명이므로 둘 다 해당됩니다. c는 정삼각형에 대해서만 설명하고 있고, d는 이등변삼각형에 대해서만 설명하고 있어서 해당되지 않습니다. e 역시 직각삼각형에 대해서만 설명하므로 정삼각형과 이등변삼각형에 대한 설명으로 보기에는 적합하지 않습니다.

04

★ 학습 개념 알고리즘
★ 성취 기준 1.3.2. 알고리즘이 갖추어야 할 조건을 이해하고 다양한 알고리즘을 작성할 수 있다.

풀이

정답 ① (마), ② (다)

해설 자동차가 목적지인 공원에 가기 위해서는 '출발'하여 갈림길에 닿았는가를 확인하며 계속 '앞으로' 가다가, 갈림길이라면 '오른쪽으로 회전'하여 '앞으로' 갑니다.

①의 답 '갈림길에 닿았는가?'는 조건 선택에 해당되므로 이를 확인합니다. 또한 ②의 답은 오른쪽으로 회전한 후에는 '앞으로 이동'이라고 명령합니다.

이 문제는 조건선택 상황이 참이 될 때까지 계속해서 반복적으로 작업을 실행해야 하는 상황입니다.

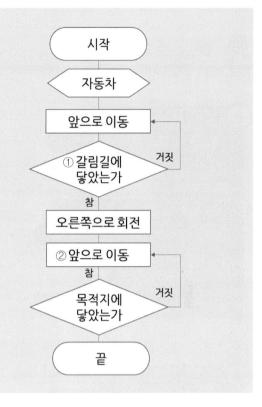

05

★ 학습 개념 알고리즘
★ 성취 기준 1.3.3. 일상생활의 문제해결을 위해 알고리즘을 설계할 수 있다.

풀이

정답 ① (가), ② (라)

해설 인원수라는 조건에 따라 놀이의 종류가 달라집니다. 술래잡기와 피구놀이의 조건을 만족하려면 우선은 인원수가 3명 이상이 되어야 하므로, ①번은 3명이 되어야 합니다. 그리고 4명 이상이 할 수 있는 놀이는 피구놀이이므로 ②번에는 '피구놀이로 정한다'가 되어야 합니다.

판단 조건의 참과 거짓 값에 따라 절차적으로 문제를 해결해 낼 수 있는지 확인해 볼 수 있는 문제입니다.

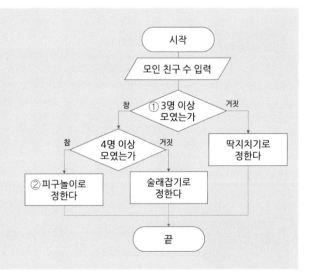

06

★ 학습 개념　순차, 반복, 선택, 신호, 모양
★ 성취 기준　2.2.2 주어진 블록을 순차적으로 사용하여 목표물까지 이동할 수 있다.

 : 엔트리봇 오브젝트

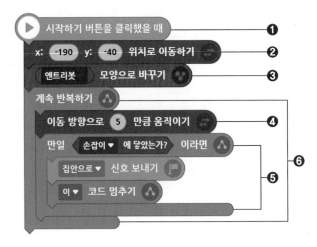

❶ **시작하기 버튼을 클릭했을 때** 블록으로 시작합니다.

❷ 엔트리봇의 처음 시작 위치를 정합니다.

❸ 엔트리봇의 시작 모양을 '엔트리봇'으로 정합니다.

❹ 엔트리봇이 집으로 5만큼씩 움직입니다.

❺ 만약 엔트리봇이 손잡이에 닿으면 '집안으로' 신호를 보내고, 이 코드를 멈춥니다.

❻ ❹~❺를 계속 반복합니다.

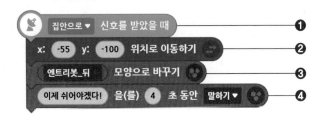

❶ '집안으로' 신호를 받았을 때 아래에 연결된 블록들을 실행합니다.

❷ 엔트리봇이 x좌표 −55, y좌표 −100에 위치합니다.

❸ 엔트리봇의 모양을 '엔트리봇_뒤'로 바꿉니다.

❹ "이제 쉬어야겠다!"라고 4초 동안 말합니다.

---

tip

대상없음 ▼ 신호 보내기 블록 이해하기

'신호'를 지정하여 그 신호를 보내는 블록입니다. 엔트리봇(🏃)이 현재 집으로 이동하고, 현관문 손잡이에 닿은 경우 거실(🖼)을 나타냄으로써 집 안에 들어간 것을 표현하기 위해 '신호'를 사용합니다.

 : 손잡이 오브젝트

❶ **시작하기 버튼을 클릭했을 때** 블록으로 시작합니다.

❷ 시작 시 손잡이가 화면에 보이도록 합니다.

❶ '집안으로' 신호를 받았을 때 아래에 연결된 블록을 실행합니다.

❷ 손잡이가 화면에 보이지 않도록 합니다.

: 마을 오브젝트

❶ 시작하기 버튼을 클릭했을 때 블록으로 시작합니다.

❷ 시작 시 마을이 화면에 보이도록 합니다.

: 거실 오브젝트

❶ 시작하기 버튼을 클릭했을 때 블록으로 시작합니다.

❷ 거실이 화면에 보이지 않도록 합니다.

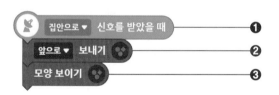

❶ '집안으로' 신호를 받았을 때 아래에 연결된 블록들을 실행합니다.

❷ 거실이 화면 앞으로 나타나도록 합니다.

❸ 거실이 화면에 보이도록 하여 장소가 거실로 바뀐 것을 표현합니다.

문제 ● 코딩 풀이

정답 파일 PART07₩기출유형문제 1회(정답)

07
★ 학습 개념 순차, 반복, 선택, 변수, 초시계, 비교 연산
★ 성취 기준 2.2.4. 다양한 조건을 고려하여 다른 동작을 하는 프로그램을 만들어 볼 수 있다.

동영상 강의

: 농구공 오브젝트

❶ 시작하기 버튼을 클릭했을 때 블록으로 시작합니다.

❷ 농구공의 시작 위치를 정합니다.

❸ '농구공기록' 변수를 0으로 정합니다.

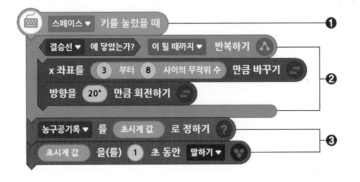

❶ 스페이스 키를 눌렀을 때 아래에 연결된 블록들을 실행합니다.

❷ 농구공이 결승선에 닿을 때까지 농구공이 x좌표를 3부터 8 사이의 무작위 수만큼 씩 바꾸면서 방향을 20° 만큼씩 회전하기를 반복합니다.

❸ '농구공기록' 변수 값을 '초시계 값'으로 정하여 농구공 기록을 값에 복사하여 넣고, '초시계 값'을 1초 동안 말합니다.

⚽ : 축구공 오브젝트

❶ 블록으로 시작합니다.

❷ 축구공의 처음 위치를 정합니다.

❸ '축구공기록' 변수를 0으로 정합니다.

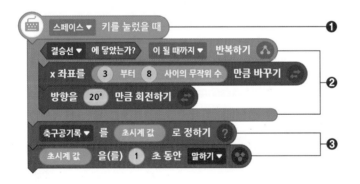

❶ 스페이스 키를 눌렀을 때 아래에 연결된 블록들을 실행합니다.

❷ 축구공이 결승선에 닿을 때까지 축구공이 x좌표를 3부터 8 사이의 무작위 수만큼 씩 바꾸면서 방향을 20° 만큼씩 회전하기를 반복합니다.

❸ '축구공기록' 변수 값을 '초시계 값'으로 정하여 축구공 기록을 값에 복사하여 넣고, '초시계 값'을 1초 동안 말합니다.

: 결승선 오브젝트

```
▶ 시작하기 버튼을 클릭했을 때 ──────────────────── ❶
공 빨리 굴리기 시합! 스페이스 키를 눌러주세요. 을(를) (1) 초 동안 말하기▼ ── ❷
  ◀ 농구공기록▼ 값 > 0 그리고▼ 축구공기록▼ 값 > 0 이(가) 될 때까지 기다리기 ── ❸
초시계 정지하기▼ ──────────────── ❹
(1) 초 기다리기
계속 반복하기
  만일 ◀ 농구공기록▼ 값 = 축구공기록▼ 값 이라면
    공동 우승! 을(를) 말하기▼ ── ❺
  아니면
    만일 ◀ 농구공기록▼ 값 > 축구공기록▼ 값 이라면
      축구공 승! 을(를) 말하기▼
    아니면                                              ── ❼
      농구공 승! 을(를) 말하기▼ ── ❻
```

❶ ▶ 시작하기 버튼을 클릭했을 때 블록으로 시작합니다.

❷ "공 빨리 굴리기 시합! 스페이스 키를 눌러주세요."라고 1초 동안 말합니다.

❸ '농구공기록'이 0보다 크고 '축구공기록'이 0보다 커질 때까지 기다립니다.

❹ '농구공기록'이 0보다 크고 '축구공기록'이 0보다 커지면 작동하던 초시계를 멈추고, 1초 기다립니다.

❺ 만약 '농구공기록'과 '축구공기록' 값이 같으면 "공동 우승!"이라고 말합니다.

❻ ❺가 아닌 경우 만약 '농구공기록'이 '축구공기록' 보다 크면 "축구공 승!"이라고 말하고, 그렇지 않으면 "농구공 승!"이라고 말합니다.

❼ ❺~❻의 조건을 계속 반복하여 검사합니다.

❶ 스페이스 키를 눌렀을 때 아래에 연결된 블록을 실행합니다.

❷ 초시계 작동을 시작합니다.

08

★ 학습 개념 순차, 반복, 선택, 이벤트, 변수, 신호
★ 성취 기준 2.2.6. 변수를 활용하여 프로그래밍할 수 있다.

동영상 강의

: 물조리개 오브젝트

❶  블록으로 시작합니다.

❷ '물주기' 변수를 0으로 정합니다.

❸ 물조리개의 모양을 '물조리개2'로 바꿉니다.

❶ 물조리개 오브젝트를 클릭했을 때 아래에 연결된 블록들을 실행합니다.

❷ '물주기' 변수를 1만큼 더합니다.

❸ 물조리개의 모양을 '물조리개1'로 바꾸고, 1초 후 다시 '물조리개2' 모양으로 바꿉니다.

: 화분 오브젝트

❶ 블록으로 시작합니다.

❷ 화분의 모양을 '화분1'로 정하고, '물주기' 값이 5가 될 때까지 기다립니다.

❸ '물주기' 값이 5가 되면 '화분2' 모양으로 바꾸고, '꽃활짝' 신호를 보냅니다.

: 오빠 오브젝트

❶ '꽃활짝' 신호를 받았을 때 아래에 연결된 블록을 실행합니다.

❷ '꽃활짝' 신호를 받은 오빠가 "저기 봐봐~ 꽃이 활짝 피었어!"라고 4초 동안 말합니다.

09

★ 학습 개념 순차, 반복, 선택, 변수, 논리 연산, 무작위 수
★ 성취 기준 2.2.4 다양한 조건을 고려하여 다른 동작을 하는 프로그램을 만들어 볼 수 있다.

▮ : 바구니 오브젝트

❶ 시작하기 버튼을 클릭했을 때 블록으로 시작합니다.

❷ 계속 반복하여 바구니가 아이와 함께 움직입니다.

🍎 : 사과 오브젝트

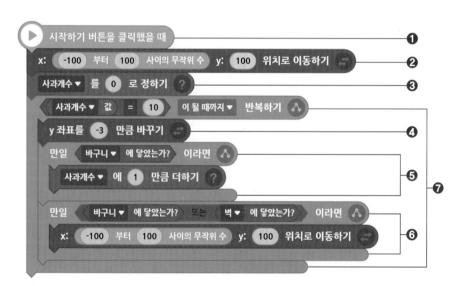

❶ 시작하기 버튼을 클릭했을 때 블록으로 시작합니다.

❷ 사과의 시작 위치를 x좌표는 −100부터 100 사이의 무작위 수, y좌표를 100의 위치로 정합니다.

❸ '사과개수' 변수를 0으로 정합니다.

❹ y좌표를 −3만큼씩 바꿉니다.

❺ 만약 사과가 바구니에 닿으면 '사과개수'를 1만큼 더합니다.

❻ 만약 사과가 바구니에 닿거나 벽에 닿으면 사과를 x좌표는 −100부터 100사이의 무작위의 수, y좌표는 100으로 위치를 바꿉니다.

❼ '사과개수' 변수가 10이 될 때까지 ❹~❻을 계속 반복합니다.

 블록 이해하기

x좌표는 −100부터 100까지의 무작위 수로, y좌표는 100 위치로 이동하는 블록입니다. 사과 나무에서 사과(🍎)가 무작위로 떨어지는 것을 표현하기 위해 x좌표는 사과 나무의 범위 내의 임의의 수로 지정합니다.

논리 연산 기능 알아보기

논리 연산의 '그리고'와 '또는' 기능을 아래의 표로 비교해봅니다.

블록	설명
참 그리고▼ 참	두 판단이 모두 참인 경우 '참'으로 판단합니다.
참 또는▼ 거짓	두 판단 중 하나라도 참인 경우 '참'으로 판단합니다.

바구니▼ 에 닿았는가? 또는▼ 벽▼ 에 닿았는가? 블록 이해하기

논리 연산 중 '또는'은 두 판단 중 하나라도 참인 경우 참으로 판단합니다. 따라서 바구니▼ 에 닿았는가? 의 판단과 벽▼ 에 닿았는가? 의 판단 중 하나라도 참인 경우에는 '참'으로 판단하여 명령이 실행됩니다.

 : 아이 오브젝트

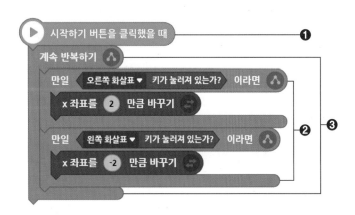

❶ ▶ 시작하기 버튼을 클릭했을 때 블록으로 시작합니다.

❷ 키보드에서 오른쪽 화살표 키를 누르면 오른쪽으로 2만큼씩 이동하고, 왼쪽 화살표 키를 누르면 왼쪽으로 2만큼씩 이동합니다.

❸ ❷의 조건을 계속하여 검사합니다.

❶ ▶ 시작하기 버튼을 클릭했을 때 블록으로 시작합니다.

❷ '사과개수'가 10이 될 때까지 기다립니다.

❸ '사과개수'가 10이 되면 "내가 딴 사과의 개수는 (사과개수)"라고 4초 동안 말합니다.

내가 딴 사과의 갯수는 과(와) 사과개수 ▼ 값 를 합치기 **블록 이해하기**

안녕! 과(와) 엔트리 를 합치기 는 입력한 두 내용을 결합하여 나타내는 블록입니다. 앞 부분에는 "내가 딴 사과의 개수는"을 입력하고, 뒷 부분에는 변수 '사과개수'를 연결하여 텍스트와 '사과개수' 변수의 값을 연결하여 결과로 나타납니다.

문제 **코딩 풀이**

정답 파일 PART07₩기출유형문제 1회(정답)

10
★ 학습 개념 순차, 반복, 선택, 모양
★ 성취 기준 2.2.3 반복되는 명령을 블록으로 만들 수 있다.

 : 캥거루 오브젝트

❶ ▶ 시작하기 버튼을 클릭했을 때 블록으로 시작합니다.

❷ 캥거루의 시작 위치를 정합니다.

---

❶ 캥거루 오브젝트를 클릭했을 때 아래에 연결된 블록들을 실행합니다.

❷ 캥거루가 5만큼씩 60번 반복하여 움직입니다.

 : 풍선1 오브젝트

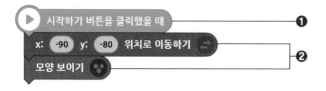

❶ ▶ 시작하기 버튼을 클릭했을 때 블록으로 시작합니다.

❷ 풍선1의 시작 위치를 정하고 화면이 보이도록 합니다.

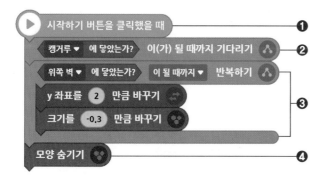

❶ ▶ 시작하기 버튼을 클릭했을 때 블록으로 시작합니다.

❷ 풍선1이 캥거루에 닿을 때까지 기다립니다.

❸ 풍선1이 위쪽 벽에 닿을 때까지 풍선1을 위로 2만 큼 바꾸고, 크기를 0.3만큼 줄이기를 반복합니다.

❹ 풍선1이 위쪽 벽에 닿으면 풍선1이 화면에 보이지 않도록 합니다.

크기를 `-0.3` 만큼 바꾸기 **블록 이해하기**

크기를 지정한 크기만큼 바꾸는 블록입니다. 풍선( )이 하늘로 올라갈수록 점점 멀어지는 원근감을 표현하기 위해 크기를 마이너스(-) 값으로 바꿉니다.

: 풍선2 오브젝트

❶ [▶ 시작하기 버튼을 클릭했을 때] 블록으로 시작합니다.

❷ 풍선2의 시작 위치를 정하고 실행 화면에 보이도록 합니다.

❶ [▶ 시작하기 버튼을 클릭했을 때] 블록으로 시작합니다.

❷ 풍선2가 캥거루에 닿을 때까지 기다립니다.

❸ 풍선2가 위쪽 벽에 닿을 때까지 풍선2를 위로 2만큼 바꾸고, 크기를 0.3만큼 줄이기를 반복합니다.

❹ 풍선2가 위쪽 벽에 닿으면 풍선2가 화면에 보이지 않도록 합니다.

: 풍선3 오브젝트

❶ [▶ 시작하기 버튼을 클릭했을 때] 블록으로 시작합니다.

❷ 풍선3의 시작 위치를 정하고 실행 화면에 보이도록 합니다.

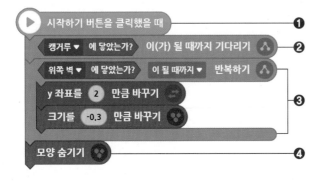

❶ [▶ 시작하기 버튼을 클릭했을 때] 블록으로 시작합니다.

❷ 풍선3이 캥거루에 닿을 때까지 기다립니다.

❸ 풍선3이 위쪽 벽에 닿을 때까지 풍선3을 위로 2만큼 바꾸고, 크기를 0.3만큼 줄이기를 반복합니다.

❹ 풍선3이 위쪽 벽에 닿으면 풍선3이 실행 화면에 보이지 않도록 합니다.

Chapter

2 : 최신 기출 유형 문제 2회 풀이

문제 → **문제 풀이**

01

★ 학습 개념 문제 표현
★ 성취 기준 1.2.1. 상황 속에서 문제를 정확하게 표현할 수 있다.

풀이

정답 ① 3개, ② 사회발표자료(또는 사회발표자료.pptx)
해설 그림에 해당하는 jpg는 그림 폴더에, wav와 mp3 파일은
음악 폴더에 ent와 sb2 파일은 코딩연습 폴더에 각 폴더를 만
들어 파일들을 이동시킵니다. 그러므로 폴더는 3개가 필요합니
다. 그리고 남아있는 하나씩만 있는 파일들을 크기 순서로 나
열하면, 사회발표자료.pptx 파일이 3번째로 큰 파일입니다.

☐ 이름	유형	크기
☐ 상품정보_키보드.pdf	Microsoft Edge P...	653KB
☐ 국어과제.hwp	한컴오피스 한글 ...	336KB
☐ 사회발표자료.pptx	Microsoft PowerP...	33KB
☐ 과목별관련도서.xlsx	Microsoft Excel ...	7KB
☐ 그림	파일 폴더	
☐ 음악	파일 폴더	
☐ 코딩연습	파일 폴더	

〈파일을 정리한 이후의 모습〉

문제 → **문제 풀이**

02

★ 학습 개념 패턴 찾기
★ 성취 기준 1.2.1. 상황 속에서 문제를 정확하게 표현할 수 있다.

풀이

정답 ① 영희, ② 지수
해설 영희는 수요일이 제일 빨리 끝나는 날인데 제일 늦게 끝난다고 이야기 했고, 지수는 월요일에는 미술이 화요일에
는 체육이 연속으로 2교시 수업하는데 미술 한 과목만 연속 수업이라고 이야기 했습니다.
시간표를 살펴보고 규칙과 패턴을 찾아내어 정확하게 표현할 수 있는지 알아보는 문제입니다.

문제 → **문제 풀이**

03

★ 학습 개념 이미지 표현
★ 성취 기준 1.1.2. 창의 · 융합시대에서 컴퓨팅 사고력의 필요성을 이해한다.

풀이

정답 ① 2, 3, ② 0, 5
해설 첫 줄은 흰색이 2칸 나온 뒤 검은색이 3칸 나옵니다. 그러므로 2, 3이라고 할 수 있습니다. 또한, 셋째 줄은 검은
색부터 나오기 때문에 우선 맨 앞에 0을 씁니다. 그리고 검은색 칸의 수가 5개이므로 0, 5라고 하면 됩니다.

04

★ 학습 개념 알고리즘
★ 성취 기준 1.3.2. 알고리즘이 갖추어야 할 조건을 이해하고 다양한 알고리즘을 작성할 수 있다.

풀이

정답 ① (다), ② (라)

해설 '숫자'는 1부터 시작합니다. '숫자'의 값이 10보다 작은 것이 참인 경우에는 '합'과 '숫자'를 더합니다. 그리고 '숫자'는 1씩 커집니다. 이를 반복하면 첫 번째 실행 시 0+1, 두 번째 실행 시 1+2, 세 번째 실행 시 (1+2)+3, 네 번째 실행 시 (1+2+3)+4, 다섯 번째 실행 시 (1+2+3+4)+5 이렇게 반복하여 열 번째 실행 시 (1+2+3+4+5+6+7+8+9)+10을 실행할 것입니다. 그리고 1만큼 커져서 위로 올라가 다시 내려올 때 숫자는 11이 되어, 10보다 작냐는 질문에 거짓이 됩니다. 그러므로 더 이상 '합'에 '숫자'를 더하는 실행을 하지 못하고 값을 출력하게 됩니다. 즉, 그 값은 (1+2+3+4+5+6+7+8+9)+10의 결과 값인 55가 출력될 것입니다.

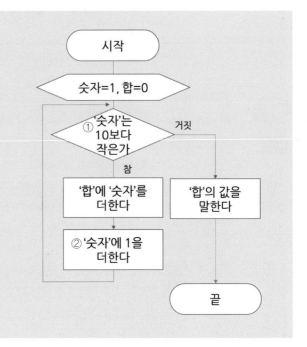

05

★ 학습 개념 알고리즘
★ 성취 기준 1.3.3. 일상생활의 문제해결을 위해 알고리즘을 설계할 수 있다.

풀이

정답 ① (사), ② (라)

해설 순서도를 보면 1만원을 가지고 있습니다. 조건 분기문이 나와야하므로 선택을 해야하는 질문을 찾으면 ① 1만원 이상 가지고 있는가를 알 수 있고, 1만원 이상 가지고 있으면 카네이션을 산다고 하니 그 반대되는 결과를 찾으면 ② 카네이션을 못산다 임을 알 수 있습니다.

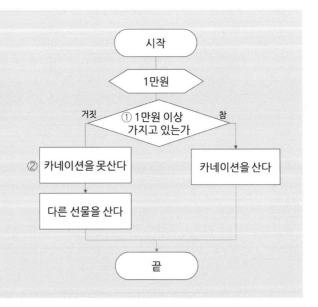

06

★ 학습 개념 순차, 반복, 선택, 관계 연산
★ 성취 기준 2.2.4 다양한 조건을 고려하여 다른 동작을 하는 프로그램을 만들어 볼 수 있다.

동영상 강의

🚕 **: 택시 오브젝트**

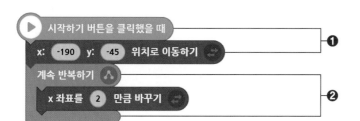

❶ 시작하기 버튼을 클릭하면 택시의 처음 위치를 정합니다.

❷ 택시가 2만큼씩 움직이기를 반복합니다.

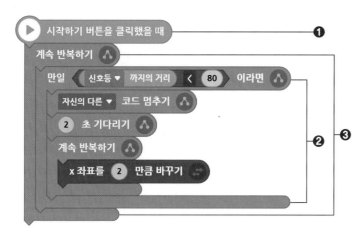

❶ (▶) 시작하기 버튼을 클릭했을 때 블록으로 시작합니다.

❷ 택시와 신호등까지의 거리가 80보다 작다면 자신의 다른 코드를 멈추고, 2초 후 다시 움직이기를 반복합니다.

❸ ❷의 조건을 계속 반복하여 검사합니다.

---
tip

블록 이해하기

택시(🚕)와 신호등(🚦)까지의 거리가 80보다 작은 경우 달리고 있는 자신의 다른 코드를 멈추는 블록입니다. 신호등까지의 거리를 비교 연산에 넣은 이유는 횡단보도 앞의 정지선에 멈추는 것을 표현하기 위한 것입니다.

🚦 **: 신호등 오브젝트**

❶ 시작하기 버튼을 클릭하면 신호등의 모양을 '빨강신호등' 모양으로 정합니다.

❷ 신호등과 택시까지의 거리가 80보다 작을 때까지 기다립니다.

❸ 2초 후 '초록신호등' 모양으로 변경합니다.

07

★ 학습 개념 순차, 반복, 선택, 변수, 관계 연산
★ 성취 기준 2.2.6 변수를 활용하여 프로그래밍할 수 있다.

 : 요거트 오브젝트

❶ [▶ 시작하기 버튼을 클릭했을 때] 블록으로 시작합니다.

❷ 요거트의 시작 위치를 정합니다.

❶ 요거트 오브젝트를 클릭했을 때 아래에 연결된 블록들을 실행합니다.

❷ '돈' 변수에서 2000만큼 뺍니다.

❸ 요거트를 0.5초 동안 '나'의 위치로 이동합니다.

 : 두유 오브젝트

❶ [▶ 시작하기 버튼을 클릭했을 때] 블록으로 시작합니다.

❷ 두유의 시작 위치를 정합니다.

❶ 두유 오브젝트를 클릭했을 때 아래에 연결된 블록들을 실행합니다.

❷ '돈' 변수에서 500만큼 뺍니다.

❸ 두유를 0.5초 동안 '나'의 위치로 이동합니다.

 : 컵케이크 오브젝트

❶ [▶ 시작하기 버튼을 클릭했을 때] 블록으로 시작합니다.

❷ 컵케이크의 시작 위치를 정합니다.

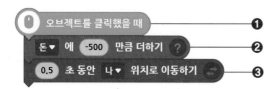

❶ 컵케이크 오브젝트를 클릭했을 때 아래에 연결된 블록들을 실행합니다.

❷ '돈' 변수에서 500만큼 뺍니다.

❸ 컵케이크를 0.5초 동안 '나'의 위치로 이동합니다.

 : 나 오브젝트

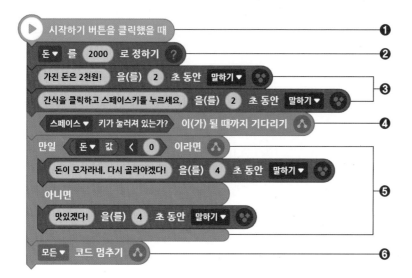

❶ 시작하기 버튼을 클릭했을 때 블록으로 시작합니다.

❷ '돈' 변수를 2000으로 정합니다.

❸ 나는 "가진 돈은 2천원!"이라고 2초 동안 말하고, 이어서 "간식을 클릭하고 스페이스키를 누르세요."라고 2초 동안 말합니다.

❹ 스페이스 키를 누를 때까지 기다립니다.

❺ 스페이스 키를 눌렀을 때 만약 '돈'이 0보다 작으면 "돈이 모자라네. 다시 골라야겠다!"라고 4초 동안 말하고, 그렇지 않다면 "맛있겠다!"라고 4초 동안 말합니다.

❻ ❺의 조건을 실행한 후에 모든 코드를 멈춥니다.

tip

스페이스 ▼ 키가 눌러져 있는가? 이(가) 될 때까지 기다리기 블록 이해하기

참 이(가) 될 때까지 기다리기 블록은 판단이 참이 될 때까지 실행하지 않고 기다리다가 판단이 참인 상황이 되면 아래 연결된 블록들을 실행합니다. 스페이스 키가 눌러질 때까지 기다리는 것은 나(🧑)가 간식을 모두 고른 후에 값을 계산하도록 하기 위함입니다.

08

★ 학습 개념 순차, 반복, 선택, 관계 연산, 초시계 값, 모양
★ 성취 기준 2.2.3 반복되는 명령을 블록으로 만들 수 있다.

 : 스케이트 엔트리봇 오브젝트

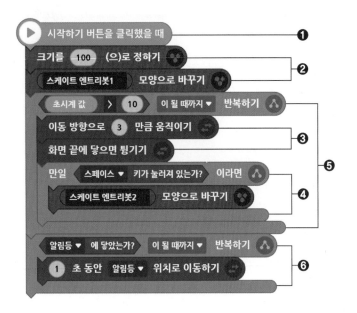

❶ (▶ 시작하기 버튼을 클릭했을 때) 블록으로 시작합니다.

❷ 스케이트 엔트리봇의 크기를 100으로 정하고, 모양을 '스케이트 엔트리봇1'으로 바꿉니다.

❸ 스케이트 엔트리봇 오브젝트가 이동 방향으로 3만큼씩 움직이고, 화면 끝에 닿으면 튕기도록 합니다.

❹ 스페이스 키를 누르면 모양을 '스케이트 엔트리봇2'로 바꿉니다.

❺ 초시계 값이 10보다 클 때까지 ❸~❹를 계속 반복합니다.

❻ 초시계 값이 10보다 크면, 알림등에 닿을 때까지 1초 동안 알림등의 위치로 이동합니다.

❶ (▶ 시작하기 버튼을 클릭했을 때) 블록으로 시작합니다.

❷ 초시계가 작동을 시작하고, 알림등은 '파란 LED_켜짐' 모양으로 정합니다.

❸ 초시계 값이 10보다 클 때까지 기다립니다.

❹ 초시계 값이 10보다 크면 알림등을 '빨간 LED_켜짐'으로 바꿉니다.

❺ "휴식시간입니다!"라고 1초 동안 말합니다.

tip

스케이트 엔트리봇( )과 알림등( )은 초시계 값이 10보다 크면 휴식시간이 시작되어 알림등이 켜지도록 하기 위해 순차적으로 시점에 맞게 상황이 변하도록 코드를 작성합니다.

09
★ 학습 개념 순차, 반복, 선택, 변수, 관계 연산
★ 성취 기준 2.2.4 다양한 조건을 고려하여 다른 동작을 하는 프로그램을 만들어 볼 수 있다.

동영상 강의

 : 엔트리봇 오브젝트

❶ ▶ 시작하기 버튼을 클릭했을 때 블록으로 시작합니다.

❷ '생각한 숫자' 변수를 1부터 9사이의 무작위 수로 정하고, '기회' 변수는 3으로 정합니다.

❸ 엔트리봇은 "숫자를 맞춰봐. 맞출 기회는 단 3번!"라고 4초 동안 말합니다.

❹ 엔트리봇은 "이 숫자가 생각한 숫자니?"라고 묻고 대답을 기다립니다. 실행 화면 하단에 대답을 입력하는 란이 생성됩니다.

❺ 만약 생각한 숫자의 값과 대답이 같다면 "맞아, 정답이야."라고 말하고 반복을 중단합니다.

❻ 만약 생각한 숫자의 값과 대답이 다르다면 기회를 1 감소합니다. 이때 만약 기회 값이 0이라면 "아쉽게도 못맞췄구나!"라고 4초 동안 말한 뒤 모든 코드를 멈춰 실행을 종료하고, 기회 값이 1 이상이라면 "틀렸어. 다시 생각해봐."라고 2초 동안 말합니다.

❼ ❹~❻의 과정을 '기회' 변수 값만큼 반복합니다. 이를 통해 질문에 대한 대답을 할 수 있는 기회가 총 3번임을 표현했습니다.

──────────────────────────────── tip

생각한 숫자 ▼ 값 블록 이해하기

변수는 변하는 수로, 데이터를 넣고 꺼낼 수 있는 공간을 의미합니다. '생각한 숫자' 변수에는 컴퓨터가 생각한 숫자를 담아 놓고 묻고 답하기의 '대답'과 비교합니다.

10
★ 학습 개념 순차, 반복, 선택, 이벤트, 신호
★ 성취 기준 2.2.5 이벤트의 개념을 이용하여 프로그래밍 할 수 있다.

동영상 강의

✏ : 연필버튼 오브젝트

❶ 연필버튼 오브젝트를 클릭했을 때 아래에 연결된 블록들을 실행합니다.

❷ 연필 버튼을 누르면 '그리기신호'를 보냅니다.

✏ : 연필 오브젝트

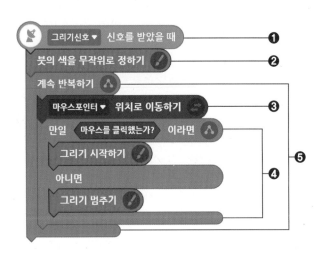

❶ '그리기신호' 신호를 받았을 때 아래에 연결된 블록들을 실행합니다.

❷ 붓의 색을 무작위로 정합니다.

❸ 연필은 마우스 포인터의 위치와 함께 움직입니다.

❹ 만약 마우스를 클릭했다면 그리기를 시작하고, 마우스를 클릭하지 않은 경우라면 그리기를 멈춥니다.

❺ ❸과 ❹를 계속 반복하여 실행합니다.

─────────────────────────────── tip

 블록 이해하기

연필 버튼(✏)이 '그리기신호'를 보내면 연필(✏)은 그 신호를 받습니다. '그리기신호'를 받은 연필은 마우스를 따라다니며, 마우스를 클릭하는 동안 그림을 그립니다.

Chapter

3 : 최신 기출 유형 문제 3회 풀이

문제 ▸ 문제 풀이

01

★ 학습 개념 문제 해결
★ 성취 기준 1.2.1. 다양한 문제 해결 방법을 찾아낼 수 있다.

풀이

정답 ① 승재, ② 2칸

해설 서율이와 승재가 가위바위보를 하여 계단을 올라가는 게임을 하고 있는데 〈게임 규칙〉을 확인해보면, 가위바위보 중 어떤 것을 내어서 이겼는지에 따라 계단을 올라가는 개수가 다르며, 비기거나 지면 계단을 올라가지 않습니다.

게임	서율	승재
첫 번째	가위 (+ 3)	보
두 번째	바위	보 (+ 5)
세 번째	가위	가위

첫 번째 게임에서는 서율이가 가위를 내서 이겼으므로 서율이가 3개의 계단을 올라갑니다. 두 번째 게임에서는 승재가 보를 내서 이겼으므로 승재가 5개의 계단을 올라갑니다. 3번째 게임에서는 비겼으므로 둘다 올라가지 않습니다. 따라서, 가위바위보 3번을 진행한 지금, 승재가 2칸 더 높은 계단에 올라갔습니다.

문제 ▸ 문제 풀이

02

★ 학습 개념 추상화
★ 성취 기준 1.2.1. 상황 속에서 문제를 정확하게 표현할 수 있다.

풀이

정답 (가), (다) 순서 상관없음.

해설 교통수단 중 헬리콥터에는 바퀴가 없고, 지상에서 달릴 수 없습니다. 그러므로 (나)번은 공통점이 될 수 없습니다. '엔진이 있다'와 '사람이 탈 수 있다' 이 두 가지가 위 4가지 교통수단들의 공통점입니다.

컴퓨팅 사고력에서 추상화의 능력은 이처럼 여러 상황 속의 공통적이고 뺄 수 없는 부분만을 뽑아내는 사고의 과정입니다.

03
★ 학습 개념 절차적 문제 해결
★ 성취 기준 1.1.2. 창의 · 융합시대에서 컴퓨팅 사고력의 필요성을 이해한다.

풀이

정답 ① (나), ② (가)

해설 엄마의 심부름 중 국수가 제일 우선순위이고, 그 다음 차례는 우유입니다. 민재가 사 먹고 싶어 하는 것은 심부름 하고 남은 돈으로 하는 것이며 과자와 아이스크림 중 아이스크림이 꼭 먹고 싶다고 했으므로, 민재의 우선순위는 아 이스크림이고 다음이 과자입니다. 엄마의 심부름 목록이 민재의 간식목록보다 우선순위가 높으므로, 순서대로 정리하 면 "국수 → 우유 → 아이스크림 → 과자"입니다.

여러 가지의 일들이 있을 때 중요한 순서대로 목록을 정리할 필요가 생깁니다. 이 문제는 실생활에서 컴퓨팅 사고가 적용된 예로 심부름 과정 중에 물건을 사야 할 우선순위를 정하는 방법을 통해 정렬이 무엇인가에 대한 개념을 익힐 수 있는 문제입니다.

04
★ 학습 개념 알고리즘
★ 성취 기준 1.3.1. 실생활의 사례와 연계하여 알고리즘이 무엇인지 그 의미와 중요성을 알 수 있다.

풀이

정답 ① (다), ② (아)

해설 온라인에서 책을 사기 위한 과정을 순서도로 그려 보면 책을 고르고 장바구니에 담은 후 조건 선택을 판 단하는 과정이 필요합니다. 따라서 장바구니에 담기 전 에 ① 책 고르기 과정이 필요합니다. ② 두 권을 골랐는 지를 확인하고, 두 권을 모두 고른 경우에 배송 정보를 입력하고 값을 지불하여 쇼핑을 마칩니다.

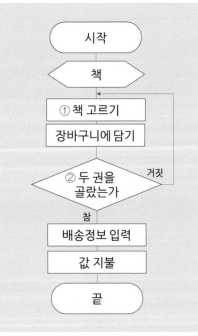

05

★ 학습 개념 알고리즘
★ 성취 기준 1.3.3. 일상생활의 문제 해결을 위해 알고리즘을 설계할 수 있다.

풀이

정답 ① (사), ② (라)

해설 붉은색 리트머스 시험지는 알칼리성용액에 닿으면 푸른색으로 변하고, 푸른색 리트머스 시험지는 산성용액에 닿으면 붉은색으로 변합니다. 두 번째 분기문에서는 푸른색 리트머스 시험지가 어떻게 변하는지를 분기하므로, 첫 번째 분기문에서는 붉은색 리트머스 시험지가 어떻게 변하는지 확인해야 하므로 ① 리트머스 시험지 : 붉은색→푸른색입니다.

리트머스 시험지가 푸른색에서 붉은색으로 변하면 산성용액이므로 두 번째 분기문의 참인 결과는 ② 산성이다 입니다.

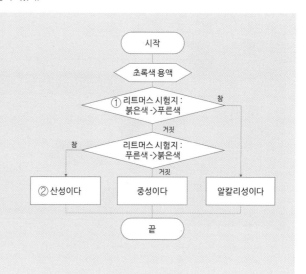

정답 파일 PART07₩기출유형문제 3회(정답)

06

★ 학습 개념 순차, 반복, 선택, 논리 연산
★ 성취 기준 2.2.4 다양한 조건을 고려하여 다른 동작을 하는 프로그램을 만들어 볼 수 있다.

동영상 강의

❀ : 들꽃(분홍) 오브젝트

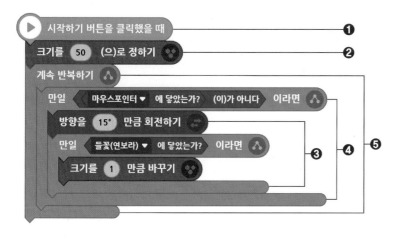

❶ 🕹️ 시작하기 버튼을 클릭했을 때 블록으로 시작합니다.

❷ 들꽃(분홍)의 크기를 50으로 정합니다.

❸ 들꽃(분홍) 오브젝트의 방향을 15° 만큼 회전하고, 만약 들꽃(분홍)이 들꽃(연보라)에 닿으면 크기를 1만큼 늘입니다.

❹ 만약 들꽃(분홍) 오브젝트가 마우스 포인터에 닿지 않았다면, ❸의 과정을 실행합니다.

❺ 계속 반복하여 ❹의 조건을 검사하고 실행합니다.

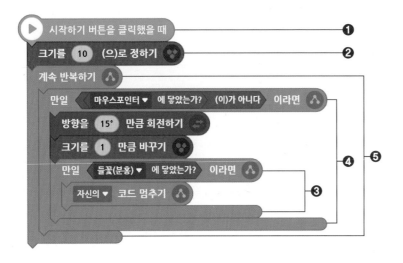

❶ 시작하기 버튼을 클릭했을 때 블록으로 시작합니다.

❷ 들꽃(연보라)의 시작 크기를 10으로 정합니다.

❸ 만약 들꽃(연보라)가 들꽃(분홍)에 닿으면 자신의 코드를 멈춰 마우스포인터에 닿지 않은 경우에도 들꽃(연보라)가 더 이상 회전하거나 커지지 않도록 합니다.

❹ 마우스포인터에 닿지 않은 경우라면 들꽃(연보라)는 방향을 15° 만큼 회전하고, 크기를 1만큼 늘인 뒤 ❸의 조건을 확인하여 실행합니다.

❺ 계속 반복하여 ❹의 조건을 검사합니다.

tip

마우스포인터 ▼ 에 닿았는가? (이)가 아니다 블록 이해하기

참 (이)가 아니다 은 입력된 값이 참이면 거짓을, 거짓이면 참을 검사하는 논리연산의 블록입니다. 들꽃(분홍)( )이 마우스포인터에 닿지 않은 경우에만 회전하고 닿은 경우에는 회전을 멈추도록 논리 언산자를 이용하어 조건을 준 것입니다.

문제 ➤ 코딩 풀이   정답 파일 PART05₩기출유형따라하기 3회₩정답

07
★ 학습 개념 순차, 반복, 선택, 변수, 이벤트, 무작위수
★ 성취 기준 2.2.5 이벤트의 개념을 이용하여 프로그래밍할 수 있다.

동영상 강의

: 놀이동산 오브젝트

❶ 스페이스 키를 눌렀을 때 아래에 연결된 블록들을 실행합니다.

❷ 놀이동산이 화면에 보이도록 합니다.

❸ 놀이동산의 크기를 50만큼 늘이는 것을 100번 반복하고, 놀이동산이 화면에 보이지 않도록 합니다.

 **: 큰별(노랑) 오브젝트**

❶ 시작하기 버튼을 클릭했을 때 블록으로 시작합니다.

❷ 큰별(노랑)의 크기를 10으로 정합니다.

❸ '노랑별' 변수를 0으로 정합니다.

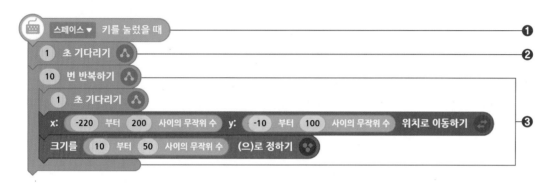

❶ 스페이스 키를 눌렀을 때 아래에 연결된 블록들을 실행합니다.

❷ 1초 기다립니다.

❸ 큰별(노랑)을 1초 마다 지시된 범위의 무작위 위치와 크기로 바꾸기를 10번 반복합니다.

❶ 큰별(노랑) 오브젝트를 클릭했을 때 아래에 연결된 블록들을 실행합니다.

❷ '노랑별' 변수를 1만큼 더합니다.

: 큰별(빨강) 오브젝트

❶ 시작하기 버튼을 클릭했을 때 블록으로 시작합니다.

❷ 큰별(빨강)의 시작 크기를 10으로 정합니다.

❶ 스페이스 키를 눌렀을 때 아래에 연결된 블록들을 실행합니다.

❷ 1초 기다립니다.

❸ 큰별(빨강)을 1초 마다 지시된 범위의 무작위 위치와 크기로 바꾸기를 10번 반복합니다.

❶ 큰별(빨강) 오브젝트를 클릭했을 때 아래에 연결된 블록들을 실행합니다.

❷ '노랑별' 변수를 1만큼 뺍니다.

문제 → 코딩 풀이　　　　　　정답 파일 PART07₩기출유형문제 3회(정답)

08
★ 학습 개념 순차, 반복, 선택, 변수, 관계 연산, 좌표값
★ 성취 기준 2.2.4 다양한 조건을 고려하여 다른 동작을 하는 프로그램을 만들어 볼 수 있다.

동영상 강의

: 크리미 오브젝트

❶ 블록으로 시작합니다.

❷ 크리미의 시작 위치를 정합니다.

❸ 2초 후 "크리미는 1"이라고 1초 동안 말합니다.

: 브라운 오브젝트

❶ 블록으로 시작합니다.

❷ 브라운의 시작 위치를 정합니다.

❸ 2초 후 "브라운은 2"라고 1초 동안 말합니다.

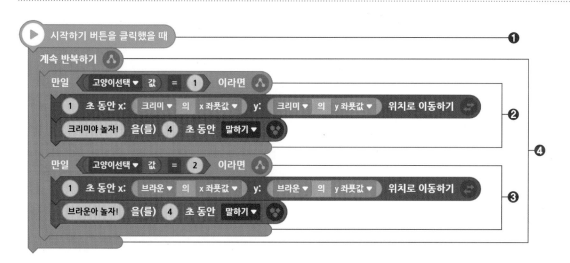

❶ 시작하기 버튼을 클릭했을 때 블록으로 시작합니다.

❷ '고양이선택' 변수를 0으로 정합니다.

❸ 나는 "털이 하얀 크리미와 밤색인 브라운!"라고 1초 동안 말하고, 이어서 "어느 고양이 친구랑 놀까?"라고 1초 동안 말합니다.

❹ 만약 키보드에서 1을 누르면 '고양이선택'을 1로 정하고, 2를 누르면 '고양이선택'을 2로 정할 조건을 계속 반복하여 검사합니다.

❶ 시작하기 버튼을 클릭했을 때 블록으로 시작합니다.

❷ 만약 '고양이선택'이 1이면 1초 동안 크리미의 위치로 이동하고, "크리미야 놀자!"라고 4초 동안 말합니다.

❸ 만약 '고양이선택'이 2이면 1초 동안 브라운의 위치로 이동하고, "브라운아 놀자!"라고 4초 동안 말합니다.

❹ ❷와 ❸을 계속 반복합니다.

tip

블록 이해하기

엔트리봇의 x좌표값 블록은 선택한 오브젝트 또는 자신의 특정 정보값(x좌표, y좌표, 방향, 이동 방향, 크기, 모양 번호, 모양 이름)을 나타냅니다. 크리미( )의 x좌표값과 y좌표값 위치로 이동하는 것은 즉, 크리미의 위치로 이동하는 것과 같습니다.

09

★ 학습 개념 순차, 반복, 선택, 모양
★ 성취 기준 2.1.2 자료의 입출력문을 작성할 수 있다.

동영상 강의

🐤 : 오리 오브젝트

❶ [▶ 시작하기 버튼을 클릭했을 때] 블록으로 시작합니다.

❷ 오리의 시작 위치를 정합니다.

❸ 오리가 이동 방향으로 2만큼 움직입니다.

❹ 오리가 돌부리에 닿은 경우 넘어지는 모양인 '오리_3'으로 바꾸고 자신의 다른 코드를 멈춥니다. 그리고 "아얏!"이라고 2초 동안 말하고 모든 코드를 멈춥니다.

❺ 계속 반복하여 ❸과 ❹를 실행합니다.

❶ [▶ 시작하기 버튼을 클릭했을 때] 블록으로 시작합니다.

❷ 오리가 걷는 모습을 표현하기 위하여 오리의 모양을 0.1초 마다 '오리_1'과 '오리_2'로 번갈아가며 바꿉니다.

❶ 스페이스 키를 눌렀을 때 아래에 연결된 블록들을 실행합니다.

❷ 오리가 위로 5만큼씩 15번 반복하여 뛰어오릅니다.

❸ 오리가 아래로 5만큼씩 15번 반복하여 내려옵니다.

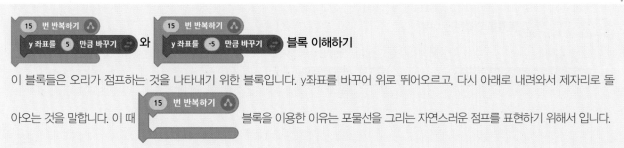

이 블록들은 오리가 점프하는 것을 나타내기 위한 블록입니다. y좌표를 바꾸어 위로 뛰어오르고, 다시 아래로 내려와서 제자리로 돌아오는 것을 말합니다. 이 때  블록을 이용한 이유는 포물선을 그리는 자연스러운 점프를 표현하기 위해서 입니다.

문제 ● → 코딩 풀이

정답 파일 PART07\기출유형문제 3회(정답)

10
★ 학습 개념 순차, 반복, 선택, 모양
★ 성취 기준 2.2.3 반복되는 명령을 블록으로 만들 수 있다.

동영상 강의

🐯 **: 호랑이 오브젝트**

❶ 🕹 시작하기 버튼을 클릭했을 때 블록으로 시작합니다.

❷ 호랑이의 처음 위치를 정합니다.

❸ 호랑이가 5만큼씩 10번 반복하여 움직이고, 자신의 다른 코드를 멈춥니다.

❹ 호랑이의 모양을 '호랑이_어흥'으로 바꾸고, "어흥~"이라고 1초 동안 말한 후 '호랑이가 나타났다' 신호를 보냅니다.

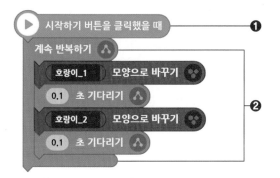

❶ 🕹 시작하기 버튼을 클릭했을 때 블록으로 시작합니다.

❷ 호랑이가 걷는 모습을 표현하기 위하여 호랑이 모양을 0.1초 마다 '호랑이_1'과 '호랑이_2' 모양으로 번갈아가며 계속 바꿉니다.

tip

 블록을 연결하는 이유

각 블록을 실행하는 경우, 눈으로 판단하기 어려울 정도로 빠르게 실행됩니다. 따라서 호랑이(🡆)의 모양이 바뀌는 것을 확인하기 위해 [호랑이_1 모양으로 바꾸기] 블록 다음에 [0.1 초 기다리기] 블록을 연결하는 것입니다.

: 기린 오브젝트

❶ [시작하기 버튼을 클릭했을 때] 블록으로 시작합니다.

❷ 기린의 처음 위치를 정합니다.

❶ '호랑이가 나타났다' 신호를 받았을 때 아래에 연결된 블록들을 실행합니다.

❷ 기린은 신호를 받으면 "호랑이가 나타났다!"라고 1초 동안 말하고, 좌우 모양을 뒤집고 10만큼씩 반복하여 움직입니다.

: 사슴 오브젝트

❶ [시작하기 버튼을 클릭했을 때] 블록으로 시작합니다.

❷ 사슴의 시작 위치를 정합니다.

❶ '호랑이가 나타났다' 신호를 받았을 때 아래에 연결된 블록들을 실행합니다.

❷ 사슴은 신호를 받으면 "도망가자!"라고 1초 동안 말하고, 10만큼씩 반복하여 움직입니다.

Chapter

4 : 최신 기출 유형 문제 4회 풀이

문제 → 문제 풀이

01

★ 학습 개념 컴퓨팅 사고력
★ 성취 기준 1.1.2. 창의 융합시대에서 컴퓨팅 사고가 무엇인지 설명할 수 있다.

풀이

정답 ① 알고리즘(과 절차화), ② 추상화

해설 컴퓨팅 사고력의 요소는 자료 수집, 자료 분석, 자료 표현, 문제 분해, 추상화, 알고리즘과 절차화, 자동화, 시뮬레이션, 병렬화가 있습니다. 과천과학관에 가는 방법을 순서대로 작성한 것은 알고리즘이며, 과천과학관에 가는 경로를 단순화하여 표현한 것은 추상화 개념입니다.

알고리즘은 문제를 해결하거나 어떤 목표를 달성하기 위해 수행되는 과정을 순서적 단계로 표현한 것이며, 추상화는 문제 해결을 위해 반드시 필요한 핵심 요소를 파악하고 복잡함을 단순화하는 것을 의미합니다.

문제 → 문제 풀이

02

★ 학습 개념 문제표현, 추상화
★ 성취 기준 1.2.1. 상황 속에서 문제를 정확하게 표현할 수 있다.

풀이

정답 ① (다), ② 기린

해설 재성이가 지우에게 말한 "사자, 호랑이, 치타, 악어, 뱀, 기린, 독수리, 상어" 동물들 중 기린 하나를 뺀 대다수 동물의 공통점은 고기를 먹는 육식동물이라는 점입니다. 그러므로 ①의 답은 '(다) 고기를 먹는 동물'입니다. 털이 있는 동물이라 하기엔 악어, 뱀이 둘이나 있고, 아가미가 있는 동물이라 하기엔 상어 하나 뿐이고, 다리가 4개인 동물이라 하기엔 뱀, 독수리, 상어가 해당되지 않습니다. 그러므로 이 동물 하나가 예외적이라는 것은 '기린'이라고 볼 수 있습니다. 기린은 초식동물이므로 추상화로 표현한 '고기를 먹는 동물'에서 생략될 수 있는 동물입니다.

03

★ 학습 개념 문제 해결 방법 탐색
★ 성취 기준 1.2.1. 상황 속에서 문제를 정확하게 표현할 수 있다.

풀이

정답 ① 2, ② 10
해설 원 모양 1개, 꽈배기 모양 3개, 하트 모양 2개씩 넣으면 총 10봉지의 선물 포장을 완성할 수 있습니다. 각 봉지 안의 구성이 같아야 한다고 했으므로, 원 모양은 1개씩 넣으면 13봉지를 만들 수 있을 것 같지만, 꽈배기 모양은 3개씩 넣으면 10봉지가 되므로 13봉지는 불가능합니다. 그러므로 꽈배기 모양에 맞춰서 10봉지를 맞추도록 구성해야 합니다. 즉, 하트 모양을 2개씩 넣어 종류별로 같은 수로 구성하여 10봉지를 만들 수 있습니다.

04

★ 학습 개념 알고리즘
★ 성취 기준 1.3.2 알고리즘이 갖추어야 할 조건을 이해하고 다양한 알고리즘을 작성할 수 있다.

풀이

정답 ① (다) 뜨거운 물을 붓는다. ② (가) 3분이 지났는가?
해설 이 알고리즘은 컵라면을 요리하여 완성하는 과정을 표현한 것입니다. 컵라면 포장 비닐을 뜯고 스프를 넣습니다. 컵라면과 뜨거운 물을 준비하고, 뜨거운 물을 부은 다음 컵라면 뚜껑을 닫습니다. 라면이 익는 시간인 3분이 지나면 컵라면이 완성되도록 순서도에 작성하면 됩니다.

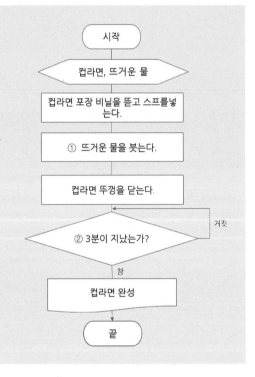

05
★ 학습 개념 알고리즘 개념과 중요성, 순서도 작성
★ 성취 기준 1.3.2. 알고리즘이 갖추어야 할 조건을 이해하고 다양한 알고리즘을 작성할 수 있다.

풀이

정답 ① (마), ② (라)

해설 정사각형 그리기의 알고리즘에서 보면, 4각형의 변의 개수는 4개이므로 변을 4번 그리며, 또한 외각의 크기인 90도 만큼 회전합니다. 만일 정삼각형을 그리려 한다면 3번 반복하여 선을 그리며 한 외각인 120도씩 회전하면 정삼각형을 그릴 수 있게 됩니다. 응용해서 다른 다각형을 그리는 순서도도 생각해 봅시다.

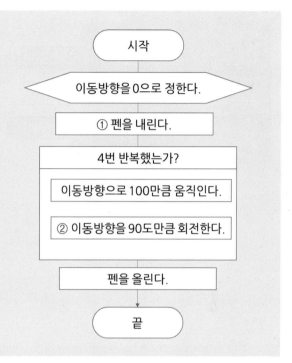

정답 파일 PART07₩기출유형문제 4회(정답)

06
★ 학습 개념 순차, 반복, 모양
★ 성취 기준 2.2.2. 주어진 블록을 순차적으로 사용하여 목표물까지 이동할 수 있다.

동영상 강의

 : 아기돼지 오브젝트

❶ 🄿 시작하기 버튼을 클릭했을 때 블록으로 시작합니다.

❷ 아기돼지 오브젝트의 위치를 눈썹매 위치로 이동하는 것을 계속 반복합니다. 이는 눈썹매의 위치와 항상 같이 위치하도록 하기 위함입니다.

❶ 시작하기 버튼을 클릭했을 때 블록으로 시작합니다.

❷ 눈썹매의 시작 위치를 x좌표 21, y좌표 44로 정합니다.

❸ 0.5초 동안 x좌표 −50, y좌표 −50의 위치로 이동합니다.

❹ 이동 방향을 90° 만큼 회전합니다.

❺ 눈썹매 오브젝트의 좌우 모양을 뒤집어 눈썹매의 방향을 바꾼 것처럼 표현합니다.

❻ 눈썹매 오브젝트가 0.5초 동안 x좌표 100, y좌표 −100의 위치로 이동해 내려옵니다.

❼ "와우!"를 4초 동안 말합니다.

문제 ── 코딩 풀이

정답 파일 PART07₩기출유형문제 4회(정답)

07
★ 학습 개념 순차, 반복, 이벤트
★ 성취 기준 2.2.5. 이벤트의 개념을 이용하여 프로그래밍 할 수 있다.

동영상 강의

Text : 퀴즈 오브젝트

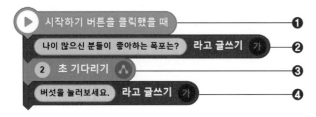

❶ 시작하기 버튼을 클릭했을 때 블록으로 시작합니다.

❷ 퀴즈 오브젝트가 "나이 많으신 분들이 좋아하는 폭포는?"이라고 글쓰기를 합니다.

❸ 2초 기다립니다.

❹ 퀴즈 오브젝트가 "버섯을 눌러보세요."라고 글쓰기를 합니다.

❶ '퀴즈정답' 신호를 받았을 때 아래에 연결된 블록들을 실행합니다.

❷ 퀴즈 오브젝트가 "나이아가라 폭포"라고 글쓰기를 합니다.

❸ 모든 코드를 멈춥니다. 이는 모든 코드를 멈추게 하여 모든 오브젝트들이 작동하는 것을 멈추게 하기 위함입니다.

🍄 : 버섯 오브젝트

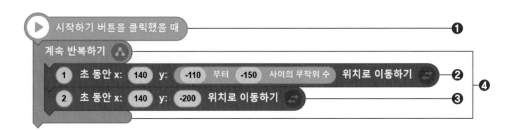

❶  블록으로 시작합니다.

❷ 1초 동안 x좌표 140, y좌표 −110부터 −150 사이의 무작위 수 위치로 이동해 올라옵니다. 즉, 버섯 오브젝트가 화면 아래에서 올라올 때마다 매번 조금 높거나 조금 낮게 불규칙적인 높이로 올라옵니다.

❸ 2초 동안 x좌표 140, y좌표 −200 위치로 이동합니다. 올라왔던 버섯 오브젝트가 화면 아래로 다시 내려갑니다.

❹ ❷~❸을 계속 반복합니다.

❶ 버섯 오브젝트를 클릭했을 때 아래에 연결된 블록들을 실행합니다.

❷ 오브젝트를 클릭했을 때 '퀴즈정답' 신호를 보냅니다. 버섯이 보낸 '퀴즈정답' 신호를 퀴즈 오브젝트가 받아 "나이아가라 폭포"라고 글쓰기를 합니다.

08
★ 학습 개념 순차, 반복, 선택, 무작위 수, 변수
★ 성취 기준 2.2.6 변수를 활용하여 프로그래밍 할 수 있다.

동영상 강의

🍲 : 소피 오브젝트

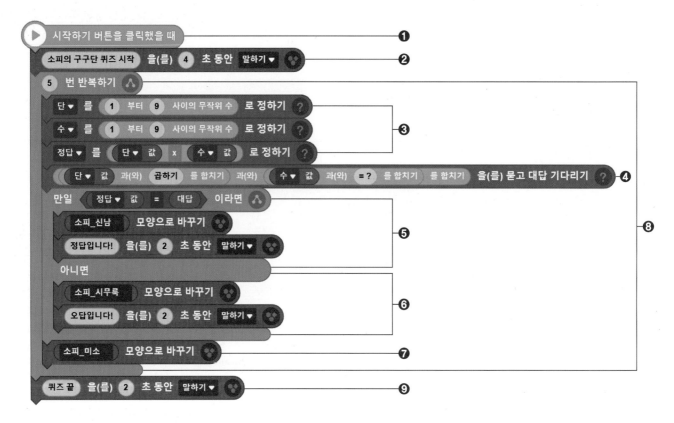

❶ [▶ 시작하기 버튼을 클릭했을 때] 블록으로 시작합니다.

❷ "소피의 구구단 퀴즈 시작"이라고 4초 동안 말합니다.

❸ '단'과 '수'를 1부터 9 사이의 무작위 수로 정하고, '정답'은 단값과 수값을 곱한 값으로 정합니다.

❹ "단값 곱하기 수값=?" 라고 묻고 대답을 기다립니다.

❺ 만약 정답값과 대답이 같다면 '소피_신남' 모양으로 바꾸고 "정답입니다!"라고 2초 동안 말합니다.

❻ 만약 정답값과 대답이 같지 않다면 '소피_시무룩' 모양으로 바꾸고 "오답입니다!"라고 2초 동안 말합니다.

❼ 정답/오답에 대해 말하기가 끝난 후, '소피_미소' 모양으로 바꿉니다.

❽ ❸~❼을 5번 반복합니다.

❾ "퀴즈 끝"이라고 2초 동안 말합니다.

❶ ▶ 시작하기 버튼을 클릭했을 때 블록으로 시작합니다.

❷ '대답' 값을 화면에서 보이지 않도록 합니다.

❸ '단' 변수를 화면에서 보이지 않도록 합니다.

❹ '수' 변수를 화면에서 보이지 않도록 합니다.

❺ '정답' 변수를 화면에서 보이지 않도록 합니다.

─── tip

합치기 블록 활용하기

합치기 블록을 사용하면 형태가 다른 값들을 하나로 합칠 수 있습니다. 변수의 값과 문자는 형태가 다르지만 이 블록을 사용해 한 번에 같이 말하기 할 수 있습니다.

합치기 블록으로 [단값 곱하기 수값 =?] 만들기

① 안녕! 과(와) 엔트리 를 합치기 블록을 2개 가져와
안녕! 과(와) 안녕! 과(와) 엔트리 를 합치기 를 합치기 와 같이 둘을 하나로 합칩니다.

② 변수 값들 단▼ 값 과 수▼ 값 블록을 [자료(?)] 카테고리에서 가져와 넣고, '곱하기'를 직접 입력해 넣어, 단▼ 값 과(와) 곱하기 과(와) 수▼ 값 를 합치기 를 합치기 와 같이 만듭니다.

③ 이에 안녕! 과(와) 엔트리 를 합치기 블록을 하나 더 가져와 ②에서 만든 블록을 연결한 후, '= ?'를 입력해 넣습니다. 변수와 문자를 한 번에 말할 수 있는
단▼ 값 과(와) 곱하기 과(와) 수▼ 값 를 합치기 를 합치기 과(와) = ? 를 합치기 블록이 완성되었습니다.

4곱하기6= ?

정답 파일 PART07₩기출유형문제 4회(정답)

문제 ← → 코딩 풀이

09
★ 학습 개념 순차, 반복, 선택, 무작위 수
★ 성취 기준 2.2.4 다양한 조건을 고려하여 다른 동작을 하는 프로그램을 만들어 볼 수 있다.

동영상 강의

🌢 : 물방울 오브젝트

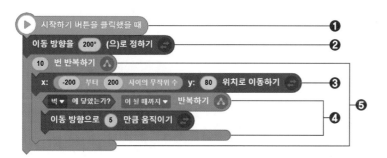

❶ ▶ 시작하기 버튼을 클릭했을 때 블록으로 시작합니다.

❷ 이동 방향을 200°로 정합니다. 물방울이 땅에 떨어질 때 사선으로 떨어지도록 이동 방향을 설정합니다.

❸ x좌표 −200부터 200 사이의 무작위 수, y좌표 80의 위치로 이동합니다. 즉, 물방울이 화면 위쪽에서 임의의 x좌표 위치에 나타나게 됩니다.

❹ 물방울 오브젝트가 땅에 닿을 때까지 5만큼씩 움직입니다.

❺ ❸~❹를 10번 반복합니다.

🐌 : 달팽이 오브젝트

❶ [▶ 시작하기 버튼을 클릭했을 때] 블록으로 시작합니다.

❷ 달팽이의 시작 위치를 x좌표 −199, y좌표 −81로 정합니다.

❸ 투명도 효과를 사용하므로, 처음에는 달팽이 오브젝트가 원래 상태가 되도록 효과를 지워줍니다.

❹ 달팽이 오브젝트를 이동 방향으로 1만큼씩 이동합니다.

❺ 달팽이 오브젝트가 이동 중 물방울에 닿으면 투명도 효과를 5만큼씩 주어 점점 투명하게 됩니다.

❻ ❹~❺를 계속 반복합니다.

────────────────────────────────────── tip

[색깔/밝기/투명도] 효과 블록 이해하기

'~효과를 주기'와 '~효과를 정하기'를 구분하여 사용해야 합니다.
– 색깔, 밝기, 투명도 효과를 입력한 값만큼 바꾸거나, 지정한 값으로 정할 수 있습니다.

~효과를 주기	~효과를 정하기
[색깔 ▼ 효과를 10 만큼 주기] 현재 오브젝트 색을 기준으로 입력한 값만큼 색깔 효과 값을 더합니다. 수가 아무리 커지거나 작아져도 0~100을 주기로 하여 색깔 효과가 반복됩니다.	[색깔 ▼ 효과를 100 (으)로 정하기] 입력한 값이 아무리 크거나 작아도 0~100을 주기로 하여 색의 값을 보여줍니다.
[밝기 ▼ 효과를 10 만큼 주기] 입력한 값만큼 더 밝아집니다. 100 이상 더 밝아질 수 없고, −100보다 더 어두워질 수 없습니다.	[밝기 ▼ 효과를 100 (으)로 정하기] −100~100 사이의 범위로 설정할 수 있습니다. (−100 이하는 −100으로 처리, 100 이상은 100으로 처리됨)
[투명도 ▼ 효과를 10 만큼 주기] 입력한 값만큼 더 투명해집니다.	[투명도 ▼ 효과를 100 (으)로 정하기] 0~100 사이의 범위로 설정할 수 있습니다. (0 이하는 0으로, 100 이상은 100으로 처리됨. 100일 때 완전히 투명해짐.)

10
★ 학습 개념 순차, 반복, 선택, 장면, 모양
★ 성취 기준 2.2.9. 장면 연결 등을 통해 두 개 이상의 장면을 구성할 수 있다.

[장면 1]

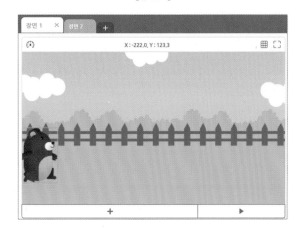

 : 곰 오브젝트

❶ 〔시작하기 버튼을 클릭했을 때〕 블록으로 시작합니다.

❷ '장면 1'을 시작합니다.

❶ [장면 1]이 시작되었을 때 아래에 연결된 블록들을 실행합니다.

❷ 곰의 시작 위치를 x좌표 −211, y좌표 −48로 정합니다.

❸ 곰 오브젝트가 이동 방향으로 2만큼 움직입니다.

❹ 곰 오브젝트가 오른쪽 끝까지 오면 '다음' 장면을 시작합니다.

❺ ❸~❹를 계속 반복합니다.

❶ [장면 1]이 시작되었을 때 아래에 연결된 블록들을 실행합니다.

❷ 곰 오브젝트가 달리기를 하는 것처럼 0.2초 마다 다음 모양으로 바꾸기를 계속합니다.

[장면 2]

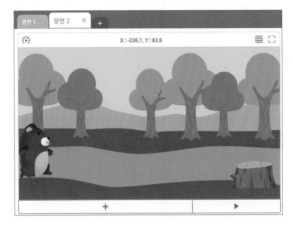

 **: 곰 오브젝트**

❶ 블록으로 시작합니다.

❷ '장면1'을 시작합니다. '장면 2'에서 시작하기 (▶) 버튼을 클릭하여도 '장면 1'부터 시작합니다.

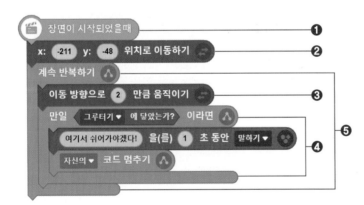

❶ [장면 2]가 시작되었을 때 아래에 연결된 블록들을 실행합니다.

❷ 곰의 시작 위치를 x좌표 −211, y좌표 −48로 정합니다.

❸ 곰 오브젝트가 이동 방향으로 2만큼 움직입니다.

❹ 곰 오브젝트가 그루터기에 닿으면 "여기서 쉬어가야겠다!"라고 1초 동안 말한 후 자신의 코드를 멈춥니다.

❺ ❸~❹를 계속 반복합니다.

❶ [장면 2]가 시작되었을 때 아래에 연결된 블록들을 실행합니다.

❷ 곰 오브젝트가 달리기를 하는 것처럼 0.2초마다 다음 모양으로 바꾸기를 계속합니다.

장면 전환 이해하기

장면 전환은 [장면 1]에서 [장면 2]로 이동하기 위한 기능입니다. [장면 1]에서는 곰 오브젝트가 울타리를 지나고 있으며, [장면 2]에서는 오솔길을 걷고 있는 것을 표현하였습니다. [장면 1]과 [장면 2]에 같은 오브젝트인 곰을 추가하여, 곰이 걸어가서 다음 장소로 이동한 것 같은 장면의 변화를 느낄 수 있도록 하였습니다.

[장면 1]   [장면 2]

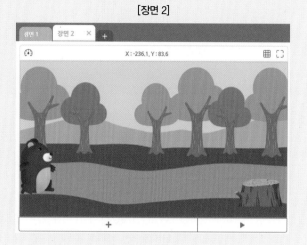

5 : 최신 기출 유형 문제 5회 풀이

문제	문제 풀이

01

★ 학습 개념 절차적 문제 해결의 의미와 중요성, 자료 수집
★ 성취 기준 1.1.2. 창의 · 융합시대에서 컴퓨팅 사고가 무엇인지 설명할 수 있다.

풀이

정답 ① (나), ② (다)

해설 '(나) 1~2초 기다린다' 내용은 〈관련 뉴스 내용〉과 〈귀 체온계 사용설명서〉에서 모두 강조하고 있습니다. 그러나 '(다) 측정완료 신호음을 듣고 뺀다'라는 내용은 〈귀 체온계 사용설명서〉에만 언급하고 있습니다.

귀 체온계는 소프트웨어가 들어있는 간단한 도구이지만, 이 간단한 귀 체온계에서도 소프트웨어의 원리와 절차적 사용의 중요성을 발견해 볼 수 있습니다.

문제	문제 풀이

02

★ 학습 개념 문제 표현, 추상화
★ 성취 기준 1.2.1. 상황 속에서 문제를 정확하게 표현할 수 있다.

풀이

정답 ① 3, ② (나)

해설 지훈이가 가지고 있는 카드들 중 대다수의 카드들은 국가 이름이 적힌 카드입니다. 그러므로 국가 이름이 적힌 카드가 아닌 카드들을 친구에게 넘겨준다면, '서울, 뉴욕, 북경' 세 개의 카드가 될 것입니다.

또한 세 개의 카드를 넘겨주고 나서 가지고 있는 대부분의 카드들의 특징을 한마디로 정의 한다면, 국가 이름이므로 (다)번이 답이 됩니다. 덜 중요 한 것을 제외하고 꼭 필요한 것만 남겨서 그것의 특징을 찾는 추상화 개념을 연습할 수 있는 내용입니다.

03

★ 학습 개념 문제 해결 방법 단순화, 절차적 실행
★ 성취 기준 1.2.2. 다양한 문제 해결 방법을 찾아낼 수 있다.

풀이

정답 ① (마), ② (자)

해설 단순히 생각하면 '앞자리 친구들 나가기', '성국 나가기', '나갔던 자리 친구들 들어오기' 과정만 실행하면 원하는 결과를 얻을 수 있습니다. 여러 단계라 복잡해 보이더라도 문제의 해결 방법을 단순화하면 쉽게 해결할 수 있습니다. 터널이라 나갈 수 있는 방향으로 한 명씩만 나가거나 들어와야 합니다. 성국이 위쪽으로 나간다고 했으므로, 위쪽 방향으로 앞에 앉은 친구들이 순서대로 나가야 합니다. 그러므로 (가) → (나) → (다) 과정은 맞습니다. 그리고 성국이 나가므로 (라) 단계도 맞습니다. 그런데 (마) 단계가 실행된다면 나갈 필요가 없는 지우까지 나간 것이 되므로 (마) 단계는 필요 없으므로 삭제합니다. 또한 (자) 단계를 실행하면 나가서 돌아오지 않기로 한 성국이 돌아온 것이 되므로 (자) 단계도 삭제합니다. 단계가 너무 많거나 복잡해 보이면 단순화할 수 있는 개념들로 묶어서 살펴보면서 쉽게 해결하도록 합니다.

[올바른 절차]

– 앞자리 친구들 나가기 (가) → (나) → (다)

– 성국 나가기 (라)

– 나갔던 앞자리 친구들 돌아오기 (아) → (사) → (바)

04

★ 학습 개념 알고리즘 개념과 중요성, 순서도 작성
★ 성취 기준 1.3.1. 실생활의 사례와 연계하여 알고리즘이 무엇인지 그 의미와 중요성을 알 수 있다.

풀이

정답 ① (다), ② (마)

해설 사람의 눈을 카메라에 가까이하여 인식시키면, 홍채인식시스템은 그 중에서 홍채 부분 이미지만 골라내어 그 패턴을 분석합니다. 그리고 그 이미지를 코드화하여, 기존에 시스템에 가지고 있던 홍채 정보들과 비교합니다. 기존에 등록된 정보들 중 출입 허용 목록에 새로 분석해낸 홍채 정보와 같은 것이 있다면 출입을 허용합니다.

우리 생활 속 새로운 기술들에도 소프트웨어의 알고리즘은 중요하게 사용되고 있습니다. 알고리즘을 살펴보고 개선하여 더 편리한 발명품도 만들 수 있도록 시도해 봅시다.

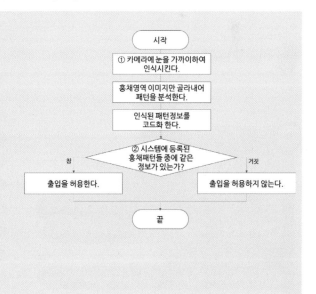

05

★ 학습 개념 알고리즘
★ 성취 기준 1.3.2 알고리즘이 갖추어야 할 조건을 이해하고 다양한 알고리즘을 작성할 수 있다.

풀이

정답 ① (가) 탑승자 키가 140cm 이상인가?.
② (바) 다른 놀이기구를 타러 간다.
해설 이 알고리즘은 친구와 놀이동산에서 만나서 놀이기구를 선택하여 타는 과정을 나타낸 것입니다. 순서도에서 같이 고른 놀이기구가 탈 수 있는 조건인 탑승자 키 140cm 이상인지 확인하고, 조건이 참이면 놀이기구를 타고, 거짓이면 다른 놀이기구를 타러 가도록 합니다.

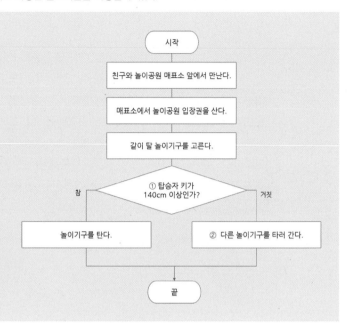

정답 파일 PART07₩기출유형문제 5회(정답)

06

★ 학습 개념 순차, 모양, 신호
★ 성취 기준 2.2.2. 주어진 블록을 순차적으로 사용하여 목표물까지 이동할 수 있다.

동영상 강의

 : 곰 오브젝트

❶ 시작하기 버튼을 클릭했을 때
❷ x: -184 y: -63 위치로 이동하기
❸ 점프 을(를) 1 초 동안 말하기▼
❹ 0.2 초 동안 x: -80 y: 100 위치로 이동하기
❺ 0.1 초 동안 x: -60 y: 0 위치로 이동하기
❻ 시소탐▼ 신호 보내기
❼ 0.2 초 동안 x: -60 y: -50 위치로 이동하기

❶ 시작하기 버튼을 클릭했을 때 블록으로 시작합니다.

❷ 곰 오브젝트의 시작 위치를 x좌표 −184, y좌표 −63으로 정합니다.

❸ "점프"라고 1초 동안 말하기 합니다.

❹ 0.2초 동안 x좌표 −80, y좌표 100 위치로 이동합니다. 곰이 시소 쪽으로 뛰어 오릅니다.

❺ 0.1초 동안 x좌표 −60, y좌표 0 위치로 이동합니다. 뛰어오른 상태에서 내려오며 시소에 탑니다.

❻ '시소탐' 신호를 보냅니다.

❼ 0.2초 동안 x좌표 −60, y좌표 −50 위치로 이동합니다. 시소가 기울어 밑으로 내려갑니다.

⚊⚊ : 시소 오브젝트

❶ 블록으로 시작합니다.

❷ 시소 오브젝트의 시작 위치를 x좌표 79, y좌표 −88 로 정합니다.

❸ '시소_1' 모양으로 바꾸기를 합니다. 곰이 타기 전 시소 모습입니다.

❶ '시소탐' 신호를 받았을 때 아래에 연결된 블록들을 실행합니다.

❷ '시소_2' 모양으로 바꾸기를 합니다. 곰이 올라탄 후 기울어진 시소 모습입니다.

❸ '쿵' 신호를 보냅니다. 시소가 기울어져 땅에 닿으 며 쿵하는 신호를 보냅니다.

🎩 : 모자 오브젝트

❶ 블록으로 시작합니다.

❷ 모자의 시작 위치를 x좌표 170, y좌표 −76으로 정 합니다. 곰이 있는 시소의 반대편에 모자가 있습니 다.

❸ 모자의 방향을 20°로 정합니다.(모자 그림을 회전 하여 기울어져 보이게 합니다.)

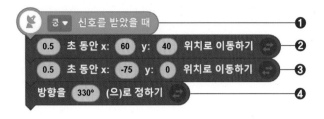

❶ '쿵' 신호를 받았을 때 아래에 연결된 블록들을 실행합니다.

❷ 0.5초 동안 x좌표 60, y좌표 40 위치로 이동합니다. 시소가 기울어지며 반대편에 있던 모자가 공중으로 떠오릅니다.

❸ 0.5초 동안 x좌표 −75, y좌표 0 위치로 이동합니다. 곰 머리 위로 모자가 떨어집니다.

❹ 모자의 방향을 330°로 정합니다. 모자 앞쪽을 살짝 들어 곰이 머리에 모자를 제대로 쓰도록 모자의 방향을 정해줍니다.

tip

[이동 방향과 방향]

펭귄의 이동 방향과 방향을 구분하여 다음 내용을 살펴봅시다. 화면 가운데 있던 펭귄이 귤이 있는 위치로 가게 하기 위해서는 이동 방향을 60°로 정한 후, 그 방향으로 움직이게 합니다. 그리고 펭귄을 눕게 하려면 그림의 방향을 90°로 정해줍니다.

이동 방향 : 좌표를 바꾸어 움직일 방향

(오브젝트 이동방향의 초기 값은 90°로 설정되어 있습니다.)

`이동 방향을 60° (으)로 정하기` 블록을 `이동 방향으로 100 만큼 움직이기` 블록과 함께 사용하여 펭귄을 입력한 방향으로 움직이게 합니다.

방향 : 그림이 회전되어 보이는 방향

(오브젝트 방향의 초기 값은 0°로 설정되어 있습니다.)

만약 `방향을 90° (으)로 정하기` 블록을 사용하면, 펭귄이 입력한 각도로 회전합니다.

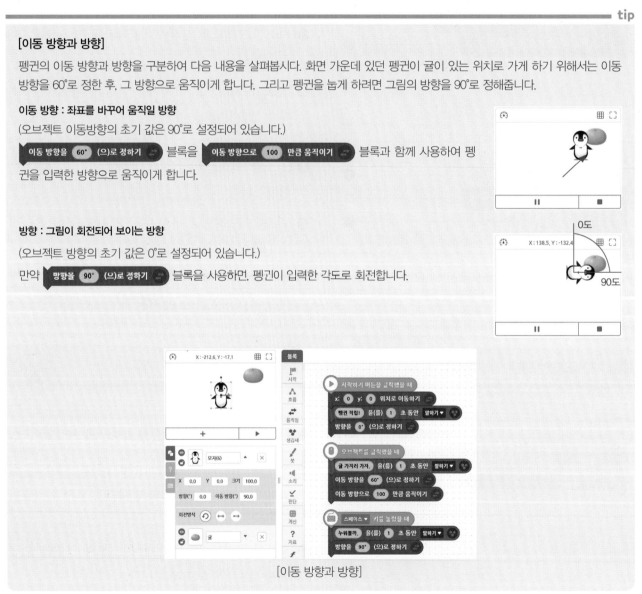

[이동 방향과 방향]

07
★ 학습 개념　순차, 반복, 모양
★ 성취 기준　2.2.3. 반복되는 명령을 블록으로 만들 수 있다.

 : 물고기 오브젝트

❶ 　시작하기 버튼을 클릭했을 때　 블록으로 시작합니다.

❷ 물고기 오브젝트의 시작 위치를 x좌표 −182, y좌표 −4로 정합니다.

❸ 물고기 오브젝트가 이동 방향으로 2만큼씩 움직이고, 화면 끝에 닿으면 튕기기를 계속 반복합니다.

❶ 　시작하기 버튼을 클릭했을 때　 블록으로 시작합니다.

❷ 물고기 오브젝트가 0.2초 마다 다음 모양으로 바꾸는 것을 계속 반복합니다.

 : 해파리 오브젝트

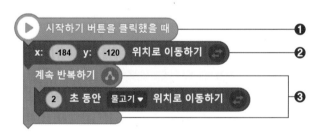

❶ 　시작하기 버튼을 클릭했을 때　 블록으로 시작합니다.

❷ 해파리 오브젝트의 시작 위치를 x좌표 −184, y좌표 −120로 정합니다.

❸ 해파리 오브젝트가 2초 동안 물고기 위치로 이동하기를 계속 반복합니다.

❶ 블록으로 시작합니다.

❷ 해파리 오브젝트가 0.2초 마다 다음 모양으로 바꾸는 것을 계속 반복합니다.

문제 ┈┈▶ 코딩 풀이

정답 파일 PART07₩기출유형문제 5회(정답)

08
★ 학습 개념 순차, 반복, 선택, 이벤트
★ 성취 기준 2.2.5. 이벤트의 개념을 이용하여 프로그래밍할 수 있다.

동영상 강의

👤 : 해적 오브젝트

❶ 블록으로 시작합니다.

❷ 해적 오브젝트의 시작 위치를 x좌표 125, y좌표 −20로 정합니다.

❸ 3초 기다립니다.

❹ 해적 오브젝트가 2초 동안 x좌표 10, y좌표 −100부터 100 사이의 무작위 수 위치로 이동합니다. 즉, 화면 가운데 정도의 위아래 랜덤 위치로 갔다가 원래 자리로 돌아옵니다.

❺ 3초 기다립니다.

❻ ❷~❺를 계속 반복합니다.

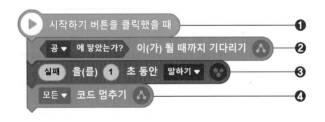

❶ 블록으로 시작합니다.

❷ 공 오브젝트에 닿을 때까지 기다립니다.

❸ "실패"라고 1초 동안 말하기 합니다.

❹ 모든 코드를 멈춥니다.

`공 ▼ 에 닿았는가? 이(가) 될 때까지 기다리기` **블록 이해하기**

해적 오브젝트가 공에 닿을 때까지 기다렸다가 이 블록 아래에 연결된 블록을 실행합니다.

다음의 오른쪽 코드처럼 블록을 조립해도 같은 내용을 실행합니다. 즉, 아래 두 코드의 실행 결과는 같습니다.

단, 위의 두 코드에서 각각 `모든 ▼ 코드 멈추기` 블록을 사용하지 않을 경우 공에 닿으면 왼쪽의 코드는 "실패"를 1초만 말하는 반면, 오른쪽 코드에서는 "실패"를 계속 반복해서 말하게 됩니다.

🚩 : 골대 오브젝트

```
시작하기 버튼을 클릭했을 때 ──────────── ❶
  공 ▼ 에 닿았는가? 이(가) 될 때까지 기다리기 ── ❷
  골인 을(를) 1 초 동안 말하기 ▼ ──────────── ❸
  모든 ▼ 코드 멈추기 ─────────────────── ❹
```

❶ `시작하기 버튼을 클릭했을 때` 블록으로 시작합니다.

❷ 공 오브젝트에 닿을 때까지 기다립니다.

❸ "골인"이라고 1초 동안 말하기를 합니다.

❹ 모든 코드를 멈춥니다.

⚽ : 공 오브젝트

```
시작하기 버튼을 클릭했을 때 ──────────── ❶
  x: -206 y: -103 위치로 이동하기 ──────── ❷
```

❶ `시작하기 버튼을 클릭했을 때` 블록으로 시작합니다.

❷ 공 오브젝트의 시작 위치를 x좌표 −206, y좌표 −103으로 정합니다.

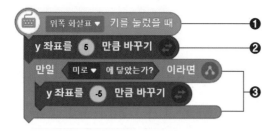

① 블록으로 시작합니다.

② 키보드 위쪽 화살표 키를 눌렀을 때 y좌표를 5만큼 바꿉니다.(공이 화면 위로 움직입니다.)

③ 미로에 닿으면 y좌표를 −5만큼 바꿉니다. 즉, 미로 벽을 통과하지 못합니다.

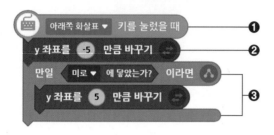

① 아래쪽 화살표 키를 눌렀을 때 블록으로 시작합니다.

② 키보드 아래쪽 화살표 키를 눌렀을 때 y좌표를 −5만큼 바꿉니다.(공이 화면 아래로 움직입니다.)

③ 미로에 닿으면 y좌표를 5만큼 바꿉니다. 즉, 미로 벽을 통과하지 못합니다.

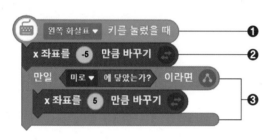

① 왼쪽 화살표 키를 눌렀을 때 블록으로 시작합니다.

② 키보드 왼쪽 화살표 키를 눌렀을 때 x좌표를 −5만큼 바꿉니다.(공이 화면 왼쪽으로 움직입니다.)

③ 미로에 닿으면 x좌표를 5만큼 바꿉니다. 즉, 미로 벽을 통과하지 못합니다.

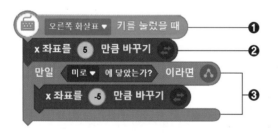

① 오른쪽 화살표 키를 눌렀을 때 블록으로 시작합니다.

② 키보드 오른쪽 화살표 키를 눌렀을 때 x좌표를 5만큼 바꿉니다. (공이 화면 오른쪽으로 움직입니다.)

③ 미로에 닿으면 x좌표를 −5만큼 바꿉니다. 즉, 미로 벽을 통과하지 못합니다.

---

tip

미로 벽을 통과하지 못하게 하는 원리

키보드 오른쪽 화살표 키를 예로 들어보겠습니다. 오른쪽 화살표 키를 눌렀을 때 x좌표를 5만큼 바꾸게 됩니다. 그때 벽에 닿았다면 바로 갔던 만큼 반대로 되돌아 옵니다. 5만큼 더했다가 다시 −5만큼 바꾸어주면 결과적으로 0이 되므로 좌표 값은 바뀌지 않게 됩니다. 이 과정이 매우 빠른 순간에 실행되므로, 화살표 키를 눌렀을 때 벽에 닿으면 통과하지 못하고 공이 벽 앞에 멈춰있는 것처럼 보이게 됩니다.

동영상 강의

09

★ 학습 개념 순차, 선택, 관계 연산, 변수, 무작위 수
★ 성취 기준 2.2.6. 변수를 활용하여 프로그래밍할 수 있다.

🏃 : 당근 오브젝트

```
▶ 시작하기 버튼을 클릭했을 때                     ❶
    당근   모양으로 바꾸기                         ❷
  변수  뽑기 ▼  숨기기  ?                          ❸
  뽑기 ▼  를   1  부터   2  사이의 무작위 수  로 정하기  ?   ❹
```

❶ ▶ 시작하기 버튼을 클릭했을 때 블록으로 시작합니다.

❷ 당근 오브젝트의 모양을 '당근'으로 바꿉니다.

❸ '뽑기' 변수를 숨기기하여 화면에서 보이지 않게 합니다.

❹ '뽑기' 변수를 1부터 2사이의 무작위 수로 정합니다.

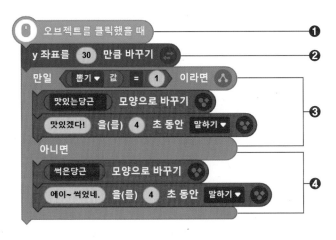

❶ 당근 오브젝트를 클릭했을 때 아래에 연결된 블록들을 실행합니다.

❷ 당근 오브젝트의 y좌표를 30만큼 변경합니다. 즉, 당근을 위로 뽑아 올립니다.

❸ '뽑기' 값이 1이면 '맛있는당근' 모양으로 바꾸고, "맛있겠다!"라고 4초 동안 말합니다.

❹ '뽑기' 값이 1이 아닌 경우 '썩은당근' 모양으로 바꾸고, "에이~ 썩었네."라고 4초 동안 말합니다.

---

tip

```
뽑기 ▼  를   1  부터   2  사이의 무작위 수  로 정하기  ?
```
블록 이해하기

이처럼 블록을 조립하고 수의 범위를 설정하면, 변수 값을 무작위 수로 정하여 사용할 수 있습니다. 보통 변수 값을 정할 때는 0이나 10 등의 숫자 하나로 정하여 사용하곤 하지만, 이와 같이 무작위수를 사용하여 정할 수도 있습니다.
이 문제에서 '뽑기' 변수를 1부터 2 사이의 무작위 수로 정한다는 것은, 시작하기(▶) 버튼을 눌러 실행했을 때 변수를 1 또는 2 중에서 골라 하나로 정한다는 뜻입니다. 만일 범위를 1부터 5사이의 무작위수로 정하기로 한다면 1, 2, 3, 4, 5 숫자 중에서 하나를 무작위로 골라 '뽑기' 변수로 정하겠다는 의미입니다.

10
★ 학습 개념 순차, 모양
★ 성취 기준 2.2.10. 대화하기를 사용하여 스토리를 창작할 수 있다.

 : 우주인1 오브젝트

❶ 시작하기 버튼을 클릭했을 때 블록으로 시작합니다.

❷ 우주인1 오브젝트의 시작 위치를 x좌표 −180, y좌표 −40로 정합니다.

❸ 우주인1 오브젝트의 모양을 보이게 합니다.

❹ "이쪽 문으로 들어가자."라고 1초 동안 말합니다.

❺ 3초 동안 기다립니다. 우주인2 오브젝트가 1초 동안 말하고, 2초 동안 위치를 이동하는 시간을 기다리는 것입니다.

❻ 2초 동안 x좌표 70, y좌표 −30으로 이동합니다. 우주선 출입구로 갑니다.

❼ "여기야"라고 1초 동안 말합니다.

❽ 모양을 숨기기 합니다. 숨기기 하여 우주선으로 들어간 것처럼 만듭니다.

❶ [시작하기 버튼을 클릭했을 때] 블록으로 시작합니다.

❷ 우주인2 오브젝트의 시작 위치를 x좌표 −50, y좌표 −90로 정합니다.

❸ 모양을 보이게 합니다.

❹ 1초 기다립니다. 우주인1 오브젝트가 말하는 동안 기다리는 것입니다.

❺ "네, 그쪽으로 갈게요."라고 1초 동안 말합니다.

❻ 2초 동안 x좌표 −140, y좌표 30으로 이동하여 우주인1 오브젝트 옆으로 갑니다.

❼ 3초 동안 기다립니다. 우주인1 오브젝트가 우주선 출입구로 이동하고 말하는 동안 기다리는 것입니다.

❽ 2초 동안 x좌표 70, y좌표 −30으로 이동하여 우주선 출입구로 갑니다.

❾ "넵, 수고하셨습니다."라고 1초 동안 말합니다.

❿ 모양을 숨기기 합니다. 즉, 우주선 안으로 들어갑니다.

6 : 최신 기출 유형 문제 6회 풀이

문제 ──● 문제 풀이

01

★ 학습 개념 문제 해결 방법 개선, 절차적 실행
★ 성취 기준 1.1.1. 생활 속에서 소프트웨어가 사용된다는 것을 예를 들어 설명할 수 있다.

풀이

정답 ① 헹굼, ② 15분

해설 가전제품인 세탁기에도 소프트웨어가 들어있습니다. 우리가 조정하는 대로 횟수도 선택할 수 있고, 예약 시간도 설정할 수 있습니다. 그러나 부분적인 조정들은 할 수 있지만, "세탁 → 헹굼 → 탈수"라는 절차적인 과정은 필수적으로 거쳐야 세탁이 완료될 수 있습니다. 그러므로 1회씩인 세탁과 탈수는 제외할 수 없고, 3회로 정해져 있는 헹굼의 횟수를 1회 줄여 2회로 하여 세탁을 마무리할 수 있습니다. 헹굼 시간은 1회당 15분이므로 헹굼 횟수를 1회 줄임으로써 15분의 시간을 단축할 수 있습니다.

문제 ──● 문제 풀이

02

★ 학습 개념 문제 해결 방법 단순화, 패턴 분석
★ 성취 기준 1.2.2. 다양한 문제 해결 방법을 찾아낼 수 있다.

풀이

정답 ① (나), ② (라)

해설 반복되는 작업을 프로그램하여 기계로 실행시키면 매우 편리하고 효율적입니다. 계속 반복해서 공을 상대방에게 쳐줘야 하는 탁구 연습에 공을 자동으로 보내주는 기계는 매우 유용하지요. 계속 반복되는 작업을 살펴보니 다음과 같은 패턴이 있다면 다음 차례에는 어디로 공이 오는지 파악할 수 있을 것입니다.

복잡해 보이는 패턴이지만, 단순화해서 살펴보면 다음 차례의 위치를 알 수 있습니다. 먼저, '왼쪽–오른쪽'을 살펴봅시다. 계속 왼→오→오 패턴이 반복됨을 알 수 있습니다. 그러므로 다음 차례에는 오른쪽으로 공이 올 것입니다. 또한 '위–아래'를 살펴봅시다. 위와 아래가 한 번씩 계속 반복됨을 알 수 있습니다. 다음 차례에는 아래로 공이 올 것입니다. 그러므로 ①번은 '(나)오른쪽', ②번은 '(라)아래'를 고르면 답이 될 것입니다.

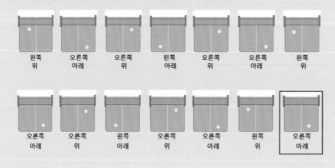

03

★ 학습 개념 패턴 찾기

★ 성취 기준 1.2.1. 상황 속에서 문제를 정확하게 표현할 수 있다.

풀이

정답 ① 14201, ② 02250

해설 월에 해당하는 두 자리 숫자의 두 배의 수를 암호의 숫자로 사용합니다. 날짜에 해당하는 숫자는 변형하지 않습니다. 맨 끝에 붙은 한 자리 숫자 0 혹은 1은 0이면 1로 바꾸고 1이면 0으로 바꿉니다. 이와 같은 규칙에 의해, 기록 202007200 파일은 월에 해당하는 날짜인 07에 곱하기 2를 하여 14가 되고, 날짜인 20은 그대로 쓰고, 0은 1로 바꿔 줍니다. 즉, 암호는 142010이 됩니다. 기록202101251 파일의 암호는 01의 두 배수인 02를 쓰고, 날짜에 해당하는 수인 25는 그대로 쓰고, 뒤의 1은 0으로 바꿔 주면 0이 되어 022500이 됩니다.

04

★ 학습 개념 알고리즘

★ 성취 기준 1.3.3. 일상생활의 문제 해결을 위해 알고리즘을 설계할 수 있다.

풀이

정답 ① (바), ② (나)

해설 풍선 터뜨리기 게임에서 점수를 증가시키는 알고리즘에 대한 순서도입니다. 첫 번째 조건 판단에서 마우스로 클릭했고 그 클릭한 위치가 풍선을 클릭한 위치인지 판단하여 그 결과에 따라 다른 명령을 실행하도록 합니다. 만약 판단 결과가 참이라면 점수를 1씩 증가하도록 하고 풍선도 터진 모양으로 잠시 0.2초 볼 수 있도록 한 후 사라지게 합니다. 거짓이라면 1초 기다린 후 풍선이 안보이도록 화면에서 사라지게 합니다. 두 번째 조건 판단 순서도 기호에서 '점수가 10점인가?' 판단합니다. 참인 경우라면 '미션성공'이라 하고 끝나게 됩니다. 거짓인 경우에는 다시 풍선이 무작위 좌표 위치에 나타나고 득점을 할 수 있는 일련의 과정을 실행하게 됩니다. 즉, 조건 선택 알고리즘을 사용해 '★게임내용'이라고 표시된 게임 중 실행할 명령을 10점이 될 때까지 반복할 수 있습니다.

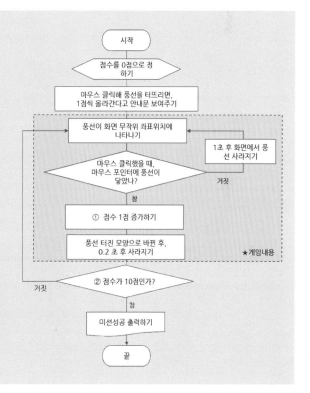

05

—

풀이

★ 학습 개념 알고리즘
★ 성취 기준 1.3.3. 일상생활의 문제 해결을 위해 알고리즘을 설계할 수 있다.

정답 ① (라), ② (마)

해설 만들어둔 변수 myH에 입력한 키값을 저장하고, myW에 입력한 몸무게 값을 저장하여, 체질량지수(BMI) 공식에 맞게 계산합니다. BMI를 구하는 공식인 키를 제곱한 값으로 체중을 나누면 값을 구할 수 있습니다. 이 결과 값이 20 이상~ 24 미만인지 판단합니다. 판단 결과 값이 참이면 정상 범위로 보고, 체질량지수가 정상이라고 출력해 줍니다. 거짓이라면 즉 정상 범위를 벗어나 있다면 체질량지수가 정상 범위를 벗어났다고 출력해 줍니다. BMI 값이 정상 범위보다 작으면 저체중, 정상 범위보다 큰 경우에는 과체중 혹은 비만 범위에 속하게 됩니다.

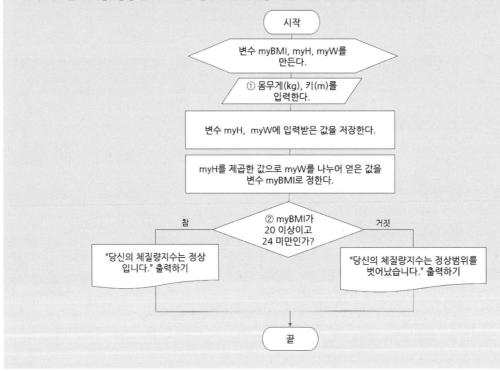

- 시작
- 변수 myBMI, myH, myW를 만든다.
- ① 몸무게(kg), 키(m)를 입력한다.
- 변수 myH, myW에 입력받은 값을 저장한다.
- myH를 제곱한 값으로 myW를 나누어 얻은 값을 변수 myBMI로 정한다.
- ② myBMI가 20 이상이고 24 미만인가?
  - 참 → "당신의 체질량지수는 정상입니다." 출력하기
  - 거짓 → "당신의 체질량지수는 정상범위를 벗어났습니다." 출력하기
- 끝

tip

BMI(Body Mass Index: 체질량 지수)는 무엇일까요?

체질량 지수(BMI) = 체중(kg)을 키(m)의 제곱으로 나눈 값

직접 체지방 등을 측정하여 나온 수치가 아니므로 엄밀한 의학적 의미로 사용하기보다는, 간단한 계산으로 비만인지 정상 범위인지 알아볼 때 BMI 지수를 사용합니다.

06
★ 학습 개념 순차, 반복, 선택, 관계 연산
★ 성취 기준 2.2.4. 다양한 조건을 고려하여 다른 동작을 하는 프로그램을 만들어 볼 수 있다.

동영상 강의

◉ : 로봇청소기 오브젝트

❶ [시작하기 버튼을 클릭했을 때] 블록으로 시작합니다.

❷ 로봇청소기의 시작 위치를 x좌표 −180, y좌표 −100으로 정합니다.

❸ 방향을 0°로 정하고, 이동 방향을 0°로 정합니다. 즉, 청소기 그림이 위쪽을 보고 있고, 이동 방향도 위쪽으로 설정합니다.

❹ 붓의 색을 흰색으로 정하고, 굵기를 50으로 정합니다. 붓의 굵기는 청소기 사이즈인 50으로 하여 청소기가 지나간 자리가 청소기 사이즈만큼 흰색으로 그려지도록 합니다.

❺ 그리기를 시작합니다.

❻ 초시계를 시작합니다.

❼ 초시계 값이 30보다 작거나 같은 동안 계속해서 이동 방향으로 7만큼 움직입니다.

❽ 초시계 값이 30보다 커지면 초시계를 정지합니다. 화면에 보이는 초시계 값이 계속 커지는 것을 멈춥니다.

❾ 충전기 쪽을 바라보고, 1초 동안 충전기 위치로 이동합니다.

❿ 방향을 0°로 정하여 줍니다. 처음 시작할 때처럼 로봇청소기가 위쪽을 보고 있게 합니다.

⓫ 모든 붓을 지우기 합니다. 화면에 그려졌던 청소기가 지나간 자리의 흰색 선이 모두 지워집니다.

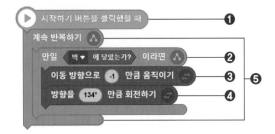

❶ [▶ 시작하기 버튼을 클릭했을 때] 블록으로 시작합니다.

❷ 로봇청소기 오브젝트가 벽에 닿았는지를 판단하여 안쪽에 연결된 블록들을 실행합니다.

❸ 로봇청소기가 벽에 닿은 경우, 이동 방향으로 −1만큼 움직입니다. 즉, 청소기가 이동하던 방향의 반대 방향인 뒤로 물러납니다.

❹ 방향을 134°만큼 회전합니다.

❺ ❷∼❹를 계속 반복합니다.

why

청소기가 벽에 닿았을 때 뒤로 이동시킨 후 회전하는 이유?

벽에서 일단 떨어지지 않으면 벽에 닿은 것으로 판단해서, 로봇청소기가 계속해서 빙글빙글 돌게 됩니다. 특히 로봇청소기가 벽 모서리에 닿았을 때 너무 작은 각도로 회전하면 모서리에서 벗어나지 못하고 몇 번씩 그 모서리 쪽에서 계속 회전하게 됩니다. 한 번에 벗어나기 위해서는 134도 정도로 돌려주면 쉽게 코너 지역을 벗어나 청소를 계속할 수 있게 됩니다.

문제 ⇢ 코딩 풀이

정답 파일 PART07₩기출유형문제 6회(정답)

07

★ 학습 개념 순차, 반복, 선택, 모양
★ 성취 기준 2.2.2. 주어진 블록을 순차적으로 사용하여 목표물까지 이동할 수 있다.

동영상 강의

✈ : **바람 오브젝트**

❶ [▶ 시작하기 버튼을 클릭했을 때] 블록으로 시작합니다.

❷ 바람 오브젝트의 시작 위치를 x좌표 −250, y좌표 110으로 정합니다.

❸ 모양은 '바람_1'로 바꿉니다.

❹ 인디언텐트에 닿을 때까지 계속 반복해서 이동 방향으로 10만큼 움직입니다.(오브젝트 정보 창에 미리 설정되어 있을 경우 코드로 설정하지 않아도 해당 이동 방향으로 움직입니다. 단, 문제에 지시 사항이 있을 경우에는 이동 방향도 블록으로 설정하도록 합니다.)

❺ '바람_2' 모양으로 바꿉니다. 인디언텐트에 부딪혀 바람이 거세집니다.

❻ 바람이 0.5초 동안 x좌표 350, y좌표 −50 위치로 이동합니다.

 : 인디언텐트 오브젝트

❶ (▶) 시작하기 버튼을 클릭했을 때 블록으로 시작합니다.

❷ 인디언텐트 오브젝트의 시작 위치를 x좌표 157, y좌표 −22로 정합니다.

❸ 방향을 0°로 정합니다. 인디언텐트 오브젝트가 바르게 세워져 있습니다.

❹ 바람에 닿을 때까지 기다립니다.

❺ 0.1초 동안 방향을 60° 만큼 회전합니다. 바람을 맞아 인디언텐트 오브젝트가 기울어집니다.

❻ 인디언텐트 오브젝트가 0.3초 동안 x좌표 350, y좌표 100의 위치로 이동하여 바람에 날아가는 것을 표현합니다.

tip

이 문제에 사용된 [흐름] 카테고리 블록 비교하기

참 이 될 때까지 ▼ 반복하기	참 이(가) 될 때까지 기다리기
거짓일 때 이 안의 블록을 계속 반복해 실행	참일 때 이 아래의 블록실행
참일 때 이 아래의 블록실행	

참 이 될 때까지 ▼ 반복하기 블록은 판단이 참이 될 때까지 안에 연결된 블록들을 반복해 실행합니다. 즉, 판단 값이 거짓이면 블록 안의 내용을 반복해 실행합니다. 그러다가 판단이 참이 되는 순간 블록 아래에 연결된 그 다음 블록들을 실행합니다.

참 이(가) 될 때까지 기다리기 블록은 판단 값이 참이 될 때까지 기다리다가 참이 되는 순간 바로 아래 연결된 블록들을 실행합니다.

08
★ 학습 개념 순차, 반복, 선택, 모양, 관계 연산
★ 성취 기준 2.2.3. 반복되는 명령을 블록으로 만들 수 있다.

동영상 강의

📢 : 전등 오브젝트

❶ 블록으로 시작합니다.

❷ '온도' 변수 값을 20부터 30 사이의 무작위 수로 정합니다.

❸ '밝기' 변수 값을 1부터 200 사이의 무작위 수로 정합니다.

❹ 3초 기다립니다.

❺ ❷~❹를 계속 반복합니다. 3초마다 온도와 밝기가 계속 바뀝니다.

❶ 블록으로 시작합니다.

❷ 변수 '밝기' 값이 100보다 작다면 '전등켜짐' 모양으로 바꿉니다. 어둡다면 불을 켭니다.

❸ 변수 '밝기' 값이 100보다 작지 않다면 '전등꺼짐' 모양으로 바꿉니다. 밝으면 불을 끕니다.

❹ ❷~❸을 계속 반복합니다.

❶ 시작하기 버튼을 클릭했을 때 블록으로 시작합니다.

❷ 변수 '온도' 값이 25보다 작아질 때까지 반복해서 방향을 30°만큼 회전합니다. 즉 온도가 낮아져 시원하면 선풍기날개가 더 이상 돌지 않습니다.

❸ ❷를 계속 반복합니다.

tip

항상 온도를 확인해 자동으로 선풍기가 작동하는 원리

참 이 될 때까지▼ 반복하기 블록으로도 반복하기를 합니다. 그런데 계속 반복하기 블록으로 또 감싸서 반복하도록 조립한 이유는 무엇일까요? 아래 두 코드를 비교해 봅시다.

왼쪽 코드와 같이 만들어 실행하면, 계속 온도 값을 판단하므로 언제든 25℃ 이상이면 선풍기날개가 자동으로 회전하기를 반복하고 온도가 낮아지면 자동으로 멈춥니다. 한 번 작동했다가 멈췄더라도 더워지면 자동으로 다시 작동합니다.

그러나 오른쪽 코드와 같이 만들어 실행하면, 시작한 후 설정된 온도 값이 25℃보다 낮다면 이후 다시 온도가 올라가더라도 선풍기날개는 회전하지 않습니다. 또한 온도 값이 25℃ 이상인 상태로 시작해서 선풍기날개가 회전한다 하더라도 온도가 25℃ 미만으로 떨어질 때까지만 선풍기날개를 회전하기를 반복한 후 멈춥니다. 이후 온도가 오르더라도 선풍기는 다시 작동하지 않습니다.

즉, 항상 온도를 확인해 작동하게 하려면 왼쪽 코드와 같이 만들어야 합니다. (실제 스마트 홈 시스템을 구축할 경우 부착된 센서가 계속 온도 값을 판단하는 이와 같은 역할을 합니다.)

09
★ 학습 개념 순차, 반복, 선택, 모양
★ 성취 기준 2.2.3. 반복되는 명령을 블록으로 만들 수 있다.

 : 해골병사 오브젝트

❶ [▶ 시작하기 버튼을 클릭했을 때] 블록으로 시작합니다.

❷ 해골병사 오브젝트의 시작 위치를 x좌표 −200, y 좌표 −100으로 정합니다.

❸ 이동 방향을 90°로 정합니다.

❹ 0.1초 기다립니다. 지연 시간을 조정하면, 움직임 속도를 조절할 수 있습니다.

❺ 이동 방향으로 10만큼 움직입니다.

❻ 화면 끝에 닿으면 튕깁니다. (오브젝트 회전방식이 좌우회전(회전방식 ↻ ↔ →)으로 설정되어, 벽에 튕겨도 뒤집어지지 않습니다.)

❼ ❹~❻을 계속 반복합니다.

 : 돌대포 오브젝트

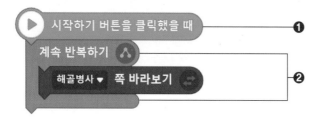

❶ [▶ 시작하기 버튼을 클릭했을 때] 블록으로 시작합니다.

❷ 계속 반복하여 해골병사 오브젝트가 있는 쪽을 바라봅니다.

❶  블록으로 시작합니다.

❷ 돌덩이 오브젝트의 위치를 돌대포 위치로 이동합니다. 돌대포에서 발사되어야 하므로 발사 전에는 돌대포 위치에 있습니다.

❸ 해골병사 쪽을 바라봅니다.

❹ 돌덩이 오브젝트가 보이게 됩니다.

❺ 벽에 닿을 때까지 이동 방향으로 10만큼 계속 움직입니다. 해골병사 쪽을 바라보게 했으므로 해골병사가 있는 방향으로 발사됩니다.

❻ 벽에 닿은 후 돌대포는 보이지 않게 합니다.

❼ 3초 기다립니다. 돌대포 발사 간격입니다.

❽ ❷~❼을 계속 반복합니다.

문제 ➝ 코딩 풀이

정답 파일 PART07\기출유형문제 6회(정답)

10
★ 학습 개념 순차, 반복, 선택, 무작위 수, 변수, 관계 연산
★ 성취 기준 2.2.6. 변수를 활용하여 프로그래밍할 수 있다.

동영상 강의

: 고추잠자리 오브젝트

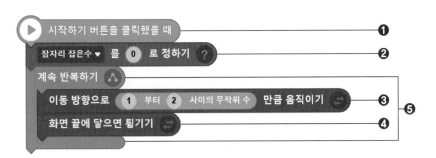

❶ 블록으로 시작합니다.

❷ '잠자리 잡은수' 변수를 0으로 정합니다.

❸ 이동 방향으로 1부터 2 사이의 무작위 수 만큼 움직입니다. 잠자리가 같은 속도로 날지 않고 빠르거나 느리게 속도를 바꾸며 날아다닙니다.

❹ 화면 끝에 닿으면 튕깁니다.

❺ ❷~❹를 계속 반복합니다.

❶ 고추잠자리 오브젝트를 클릭했을 때 아래에 연결된 블록들을 실행합니다.

❷ '잠자리 잡은수' 변수에 1만큼 더합니다. 잠자리 오브젝트를 클릭해서 잡을 때마다 변수가 1씩 커집니다.

❸ 모양을 숨깁니다. 잡으면 사라집니다.

❹ 2초 기다리기 합니다.

❺ 모양을 보이기 합니다.

: 잠자리채 오브젝트

❶ 블록으로 시작합니다.

❷ 마우스포인터 위치로 계속 반복하여 이동합니다. 실행 화면에서 마우스 이동하는 위치로 잠지리채가 계속 이동하므로 잠자리채를 들고 다니는 것처럼 보입니다.

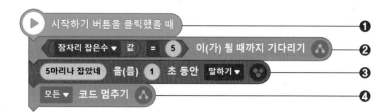

❶ ▶ 시작하기 버튼을 클릭했을 때 블록으로 시작합니다.

❷ '잠자리 잡은수' 변수 값이 5인지 판단하여, 참이 될 때 아래에 연결된 블록들을 실행합니다.

❸ "5마리나 잡았네" 라고 1초 동안 말합니다.

❹ 모든 코드를 멈춥니다.

용기는
항상 크게 울부짖는 것이 아니다.
용기는
하루의 마지막,
"내일 다시 해보자" 라고 말하는
작은 목소리일 때도 있다.

〈 메리 앤 라드마커 〉

영진
닷컴

당신의 합격을 위한

이렇게
기막힌
적중률

Y.
영진닷컴